教育部人文社会科学重点研究基地云南大学

西南边疆少数民族研究中心文库·反思民族志研究丛书

云南大学民族学一流学科建设经费资助

# 山村史诗
## 南溪纳西族村民日志的重构性解读与反思

SHANCUN SHISHI
NANXI NAXIZU CUNMIN RIZHI DE CHONGGOUXING JIEDU YU FANSI

和晓蓉 李继群 著

人民出版社

**反思民族志研究丛书**

主　编：何　明
副主编：高志英

# 中国知识生产的反思——"反思民族志丛书"
# 总　序

何　明

在云南大学"211工程"三期民族学重点学科建设中，我负责"云南少数民族调查研究基地"建设项目。2003年开始在云南少数民族农村建设了10个调查研究基地（之后又有所增加），而该项目不仅要建设房屋及其相关设施设置等供师生进入农村进行田野调查时所需的生活和工作基础设施，而且要推进科学研究、人才培养等学科内涵建设，其中包括由作为"我者"的村民记录本村发生的事情的"村民日志"和作为"他者"的学者长期跟踪调查及民族志研究。"村民日志"和学者跟踪调查及民族志研究两项学术规划的目的，是推动中国民族学和人类学界从中国的田野经验回应后现代人类学及其反思民族志。

众所周知，中国学界自20世纪初引进民族学和人类学学科之后不久就出现了近半个世纪的国际学术交流"空窗期"，直到21世纪初期中国学界仍然延续着现代人类学及之前的理论方法，进化化、传播论、结构—功能主义在中国的阴影延长了半个多世纪。民族志研究主要受以实证主义认识论为基础的"科学民族志"影响而固化成马林诺夫斯基式民族志范式，设定学者的田野调查和撰写的民族志能够客观真实地呈现对象世界。

然而，国际的科学技术突飞猛进、哲学思潮不断更迭。爱因斯坦的相对论、海森堡的测不准定律等科学发现揭示了近代以来自然科学的局限性，德里达的解构主义、赛义德的"东方学"等后现代主义思潮则着力批判西方理性主义和殖民主义所形塑的意识形态、剥离"词"与"物"的"分离术"以及知识与权力、学术与政治的关系等。在此背景下，后现代人类学应运而生，对现代人类学及其科学民族志进行解构，对其所宣称的"客观性"进行"祛魅"，揭露田野调查和民族志文本写作过程中的权力关系、研究者的社会文化母体和个人观念意识等"主观性"的局限，强劲的"反思"旋风把马林诺夫斯基等人创立的现代人类学及其"科学民族志"拉下神坛。

后现代人类学所倡导的反思民族志与现代人类学的科学民族志的区别在什么地方呢？一言以蔽之，后者是本体论的民族志，前者是知识论的民族志。现代人类学承认"我者"与"他者"之间存在不同文化体系所形成的距离和隔阂，但认为这种距离和隔阂可以通过研究者深入研究对象的生活并参与观察、学习与掌握研究对象的语言等田野调查技术"钻进土著的心里"，从而缩小距离与消除隔阂，撰写出的民族志能够客观准确地呈现研究对象的真实世界。而后现代人类学则认为，"我者"与"他者"之间的距离根源于认识论，特别是近代以来西方剥离"词"与"物"关系的"分离术"，只采用一些技术或技巧根本无济于事，只有通过不断反思与批判西方近代以来形成的意识形态及"词"与"物"的"分离术"才能弥合与克服。因此，民族志的价值在于揭开民族志的知识生产面纱，揭露其中不平等的权力关系，批判西方与殖民地的支配与被支配关系及其意识形态。

为此，我们尝试用中国的田野故事与后现代人类学进行对话。组织撰写"村民日志"的目的是"释放被遮蔽或压抑的文化持有者的话语权，让其拥有自主的文化叙述与解释权利，形成独特的文化持有者的'单音位'文化撰写模式"①，故第一辑"村民日志"（共 10 部）于2006 年出版时冠以"新实验民族志丛书"之名。该丛书组织老师们调查研究与撰写反思民族志，则是为呈现研究者与研究对象之间交互主体性的建构过程及其所达成的程度，反思中国学者研究中国的民族志知识生产。

如果说"村民日志"是文化持有者的"单音位""歌唱"，那么本套"反思民族志丛书"则力求为研究者和研究对象搭建起共同的"多音位"的"对唱"与"合唱"的舞台。我们坚信，我们能够为世界民族学和人类学的进步奉献中国经验和中国智慧。

是为序。

2019 年 10 月 6 日

于白沙河寓所

---

① 何明：《文化持有者的"单音位"文化撰写模式——村民同志的民族志实验意义》，《民族研究》2006 年第 5 期。

# 目　录

## 下　篇　日志外的追问

# 有关南溪村和纳西族调查研究基地
# 及村寨日志的简况
## （代前言）

## 一、有关南溪村

南溪行政村隶属丽江玉龙县黄山镇，位于云南省丽江市玉龙纳西族自治县的南方，丽江古城西南角，现丽江市玉龙县、鹤庆县、玉龙县拉市乡的交界处，北纬26度，东经99度附近。其东部与黄山镇的文华村相接壤，交界处为文笔峰下水泥路终点处；北部与太安的吉子村相接壤，以鸡冠山西麓为界；西部与太安汝南村相接壤；南部与七河白族乡的后山、前山两村相接壤。距太安乡的太安街十二公里，七河街二十三公里，鹤庆辛屯街二十三公里，距玉龙县城二十四公里。

整个行政村地形以山地为主，间有地势稍平的缓坡地带，地势较平坦的有较大的"笃古坝"和较小的"旦都坝"。平均斜度为20度至35度。平坝四周的主要山脉有：北面文笔山，南面母猪山，西面鸡冠山，东面阿雄山、火把山。整个南溪的平均海拔为3200米，气候属典型的山地高寒气候，中午最热时一般不超过25度，无霜期为120天，平均气温为7℃—9℃。最低气温为–10℃—–8℃。冬天常下雪，常结冰。素有"清明断雪，谷雨断霜"的说法。

南溪村也是黄山镇唯一的一个高寒行政村，下辖金龙、文屏、满上、满中、满下、旦前、旦后、鹿子8个自然村。满上、满中、满下集中在笃古坝北部的鸡冠山下，满上位于满中的东北，相隔2公里，满下位于满中的正西边，相距半里多。且后与满下相距 5 公里，位于满下村的西南边，两村间有一宽约 200 米的山谷相连，村道从中通过。且前在且后的西南边，相距 1 公里。鹿子在且后正东边，相距 3 公里；与笃古坝隔山而邻，从鹿子走山路到村公所约有 2 公里。金龙则在笃古坝的东部，要从满上绕路往东北边走 4 公里多，文屏在金龙的东边，也可以从满中翻山而达。

图 1　鸡冠神山下的村落

　　南溪在明代以前当属于"崩"人①居地。明朝木氏土司将其辟为牧马场是慧眼独具，即看中了它的独特条件与魅力：四周环山，中间不仅有相对平坦开阔的坝子，还有三条溪水从西北面山上流下穿过坝子并在坝子南部形成天然湖，多余的水又从湖畔落水洞泄出，因而无水患。湖水四周在夏季是烂漫多彩的花原草坝，再往四周有零星的以畜牧为主的濮人农田，栽种着高寒作物土豆和青稞、荞麦。春夏山花遍野，气候宜人；冬季时整个坝子却是银装素裹，木楞房和其上袅袅的炊烟悠悠然陪伴着漫长的寒冷季节。茂密的原始森林静静守护着这份秘密的美丽，一切寂静一切纯净，

①　纳西语音译。有说是普米人，或说是濮人，尚无定论，学者倾向于濮人说。

一个架在半空中的人间仙境，一个半封闭的、连马匹也不易失散的天然优良牧场。

木氏土司为了饲养当时贵为朝廷供马的丽江马，特地从束河古镇迁来两户纳西族居民当养马人。自此大部分崩人被迫迁移，只留下一户，这一户后来与纳西族相互通婚，最后也融合进了纳西族①。清代开始，木氏土司逐渐衰落，至雍正年间"改土归流"，木氏在丽江的统治结束，养马场的历史也由此终结。但由于丽江马在明代时作为朝廷贡马而享有盛誉，至清代朝廷下诏在北胜州（今丽江永胜县）开辟"茶马互市"，丽江马的交易量增大，南溪也由牧马场演变成了丽江马的供应地之一。这一时期，又从太安、丽江坝子等地迁来了很多农户，南溪人口在这一时期获得了长足的增长，具备了现在的村落布局和人口基础。新中国成立后的"大跃进"时期，倡导开垦山地，转向以农业为主，南溪的养马业由此终结。

南溪行政村的建制历史是从民国时期开始的。民国时成立过南山乡政府，除管辖现有的南溪村外，还包括现属太安乡的吉子、汝南以及七河的前山、后山。新中国成立后，沿袭了旧制；1958 年成立南溪公社，辖区不变；1962 年重新划分，撤销南溪公社，改为南溪大队，相当于村一级的行政单位，南溪由此隶属于黄山公社。20 世纪 80 年代初撤销公社、大队的建制，设立区乡建制，南溪由大队改称为乡，仍为行政村级别。80 年代后期，区乡又改为乡村两级，南溪乡又改为南溪行政村，属黄山乡。2002 年 10 月 6 日，黄山乡撤乡改镇。该镇地处丽江古城西南郊，是典型的农业大乡，有"丽江粮仓"之称。该镇民俗风情淳朴浓郁，田园风光秀丽迷人，民居建筑、生活习俗、宗教信仰、饮食服饰、音乐舞蹈等都具有纳西民族的典型性和代表性，因而又是丽江西线旅游的重要区域。南溪在这个文化氛围中"高高在上"地居于文笔山顶坪坝。半封闭自足的自然环境为南溪世代居民提供了生养繁衍的资源，生态循环基本处于良性状态。村民

---

① 满中村和月林家为唯一的有崩人血统的后裔，现在他 5 个女儿外嫁后，已没有人丁。

姓氏均为和姓。自称和他称都是纳西，这种情况在丽江很少见。

南溪最大的坝子是满中、满上、满下 3 个自然村所在的"笃古坝"，意为"上面的坝子"。这个悠然世外的高山坝子，不仅养育木氏供马，更为重要的，也让东巴教及其文化在这里扎根并逐渐繁荣，逐渐成为丽江东巴教圣地之一，历史上有名的东巴代代相传，东巴文化曾经非常发达。① 时至今日，南溪村独特的地理历史环境，使之与仅隔不到 30 公里的丽江城区、汉文化以及现代科技文化核心圈保持了一种若即若离的关系。道路的畅通以及多数中青年村民的进城务工使村民们对城市生活、城市文化并不陌生，并不断接受和吸收，但又不致被动地快速同化。这个独特的"中心边缘性"，使之拥有了一种"边缘自主性"，而且这种边缘自主性贯穿于南溪八百年历史和当下的社会文化变迁之中，使南溪村的文化传承和变迁在特定的传承场当中呈现出自己独特的方式和进程。

得益于特殊的地理历史条件，南溪保留着相对完整的纳西族传统文化，表现在服饰、起居、娱乐、丧葬、婚恋、节庆、祭祀、歌舞、建筑、手工制作等多个方面。改革开放以后，我国社会经济的飞速发展，以及丽江旅游业的发展，对南溪村的社会文化变迁产生了深刻的影响。从文化传承的角度，南溪的边缘性优势还在于，可以较少地（在一段时期内）受制于旅游业的冲击，有条件在一个相对的缓冲地带、缓冲空间内逐步走向传统文化的恢复与再传承，在此意义上，我们将南溪村描述为：在纳西族传统文化精神尚存，民族语言、习俗、相关文化事项等文化符号依然有效，传统生活方式仍在继续这样的背景下，一个相对封闭且自然生态环境得到基本保存的，以若干个和姓纳西族家族聚合而居，从而构成的历史的和当

---

① 南溪历史上每年都举行祭天、祭自然神、大祭风等仪式。民国时期东巴伟建是丽江西部片区著名的大东巴，经常到龙蟠、九河、石鼓、巨甸、鲁甸、塔城等周边纳西族村社主持祭祀仪式。1982 年腊月初二，南溪最后一个东巴吾瑞才（1900—1982 年）去世，东巴教的传承基本中断，目前在世的东巴后人有满下村的和利元等，但已经不会东巴仪式了。

下的以东巴教及其文化表象为主干的纳西族传统文化传承场。① 此外，南溪村的家族体系尚有较完整保留，但各家族从无族长。在每个家族内部皆有不成文的惯制规约。家族是南溪村人社会交往的最重要组织和行为归属，在当今社会生活中仍然发挥着其基本的社会组织和社会协调作用。

图 2　村中的纳西族老奶奶

截至 2017 年底，南溪村共有 382 户，1558 人②，耕地 5485 亩，林地 61572 亩。③ 经济总收入 18826716 元（其中农业收入 6213939 元，林业收入 1230000 元，其他收入 11382766 元）④。由于云南大学的纳西族调查研

① 该表述摘自我们呈交给黄山镇政府的项目建议书《试论少数民族心灵传承文化的恢复与再传承：以南溪村为例（代项目建议书）》，和晓蓉、和继全，2008 年。因各种主客观原因，该项目没有得到全面实施，仅在南溪完小的东巴文字教学、乡土知识教学上有所体现。

② 到 2018 年年底有农户 383 户，1539 人，农民人均纯收入 12000 元。

③ 《2017 年云南省农村经营管理情况统计表：丽江市玉龙县黄山镇南溪村》，1—1、1—2、1—3 表。

④ 引自南溪村委会 2017 年的《南溪村脱贫攻坚工作报告》。

究基地建在满中村，而日志记录员和尚勋老师为满下村人，所以我们以往主要的调研活动多集中在笃古坝中这三个村；日志所呈现的更多的也是这三个村的情况，其他村落有所关涉。

## 二、有关纳西族调查研究基地

2003 年夏天，云南大学在南溪完成少数民族调查研究基地——纳西族基地的选点工作并开始了为期两年的筹备、基建工作，日志记录员的挑选和日志记录工作同时推进。基地自 2005 年开始运作，到目前已经成功举办七期民族学 / 人类学研究生田野调查（包括四期民族学 / 人类学暑期学校），接待约 150 名来自全国各大院校以及国外院校的硕士生和博士生，以及若干国内外学者的专题调研。据不完全统计，至少 5 名硕士研究生在基地完成学位论文，研究生发表论文十余篇，学者论文 8 篇。已出版新民族志专著《雅阁丽轮——玉龙县黄山镇纳西族村民日志》（第一卷，2004—2005）①《溪村社会》②，专题研究报告《心灵之河——南溪村民族信仰文化的三十年变迁》③、《社会背景下的仪式变迁——南溪村的信仰传统研究》④，论文《流动于"中心"和"边缘"之间——云南丽江市"南溪帮"出租车司机劳工群体研究》⑤，乡村振兴发展报告专题《丽江玉龙县黄山镇南溪村发展报告》等，此外有大量研究生和本科生的田野实习调查报告。

---

① 洪颖、和晓蓉主编，和尚勋记录：《雅阁丽轮——玉龙县黄山镇纳西族村民日志》，中国社会科学出版社 2008 年版。

② 杨杰宏：《溪村社会》，远方出版社 2005 年版。

③ 张跃、何明主编：《中国少数民族农村 30 年变迁》，民族出版社 2009 年版，第 678—707 页。

④ 何明主编：《云南十村》，民族出版社 2009 年版，第 457—485 页。

⑤ 洪颖、王晨娜：《流动于"中心"和"边缘"之间——云南丽江市"南溪帮"出租车司机劳工群体研究》，《西南边疆民族研究》2012 年第 8 辑。

日志记录员和尚勋以及影像记录员和丽军为学院信息库建设提供了大量影视、图像资料。2008 年至 2013 年期间为开展传统文化进学校工作，基地聘请丽江东巴博物馆的东巴传人和丽宝每月一次为南溪完小学生教授东巴文字和东巴绘画。2008 年至 2014 年，不定期聘请南溪村民间艺人和万里、和万花等人为南溪完小学生教授纳西族民歌、打跳、本土知识。南溪完小学生在丽江市县历次民族歌舞表演、民族传统文化知识比赛中均获得优良成绩。

感谢南溪村民和村干部的全心支持与维护，以及和尚勋老师的全力管理，还有木府博物院的慷慨支持，南溪基地已经历经了 15 年时光，在南溪村的陪伴下继续着她的发展与变迁。

# 三、关于日志和日志记录员

在村民日志第一卷前言中我们写道："寻找和确定记录员人选对于我们这些以民族学或人类学研究人员自居的学者来说是一大考验：究竟什么样的人员最适合于该项工作？在目标村寨是否刚好就有这样的人选？这几乎有点赌博的意味。镇政府有关人员推荐给我们的第一位记录员是满中村村民组长和国高，兼任行政村团支部书记和农科员，他本人对我们的工作积极支持，读过民族中学，对村中传统文化事项也能作粗略解释。这似乎是一个较理想的人选，但在试记录过程中，他对此项工作的不适合显现了出来：汉语表达和记叙能力低，且常因忙于做小生意而耽误记录，而且记录也大多以他家庭事项为主，变成了家庭日志，致使我们最终无法采用。所幸，黄山镇政府人员还推荐了另外一位人选和尚勋，当时对他的情况介绍极其简单：他是退休小学教师，字写得很好。当他被叫到村委会时，我们看到一个 50 开外的老者，一身破旧的劳动衣装和泥泞的雨靴，一手抱一个 3 岁左右的光屁股孙儿，一手还牵着另一个小孙女，我们不禁心里嘀咕：这样的人就算他愿意做，可他能保证时间的投入吗？抱着试一试的心态，我们向他讲解了项目实施意图，他对这一事情的回应简直出人意料——他很明确地表示能为村子留下点历史是他应做的事情。在不断的接触中，我们知道作为退休教师的他，经济条件在村里算是优越的，我们为他记日志的劳动所支付的那点报酬其实无关紧要，他在山下的儿子媳妇多次让他放弃这活计去帮他们带小孩，他最终坚持要守候这份责任。从2004年1月1日起，村里多了他四处走动、寒暄观察的身影，即使他本人因事外出，也会安排他的老妈妈（夫人）把村中一天的事尽量打听到，他回家后再补记。其结果，就是摆在我们面前的超过30万字的日志稿。我们庆幸：我们赢了。"①

基地始建、村民日志开篇至2019年已经15年，我们的确赢了！记录员和尚勋老师恪守约定，克服种种困难，除去2013年特殊情况外，一直坚持撰写村寨日志。在将一个村寨的生活轮转不断定格于文字图景的同时，已经创造了一个奇迹：世界上持续记录村寨日志达15年之久的第一人。日志第一卷集结了2004和2005两年的日志约30万字，已于2008年出版；即将出版的第二卷始于2006年，截至2018年，横跨13个年头。其中2012、2016、2017、2018四年为概述，2013年缺记，其余八年为基本完整的全年性日志，字数逾百万。整体来看，其中四年的概况式写作，虽然失去了日志的特色，但是换个角度看，又有了年志的意味，并且对以往年份的生产生活重要事件和进程进行了回溯或总括式叙述，以及一定的反思；记录视角从村寨移位城市，二者从而具有了互补的作用。光阴如梭，回望之时，虽有缺憾，但浩浩百万之言，已然酝酿了一种史诗的规模、格调和韵味。

今天，记录员和尚勋业已两鬓斑白，成了七旬老者。其间他经历了家

① 何明总主编，洪颖、和晓蓉编著：《雅阁丽轮——玉龙县黄山镇南溪村纳西族村民日志》，中国社会科学出版社2008年版，前言。

庭、家族的诸多悲欢离合，亲人和自身疾痛、云南大学支持经费的时断时续等各种艰难险阻，但一直没有放弃记录工作。虽然他说由于他本人长时间离开南溪村和村民，造成眼乏、身短、目空、手不力的客观现实，深表歉意。但客观来看，经年之志，已经成就了一个平凡的传奇。

我们的反思民族志《山村史诗——南溪纳西族村民日志的重构性解读与反思》基于上述背景展开书写。

# 导言　何以反思

何谓反思民族志，似乎没有一个统一的界定。特别是以"新民族志"的具体成果——我们的村民日志及其生成背景（特定村寨、特定民族学调查研究基地、特定记录人和特定的基地负责人即反思民族志书写者这样一堆史无前例的组合）为对境时，一切现有理论和阐释工具都变得模糊无力，难以依靠。而在实际书写中，我们确乎需要回答至少这几个方面的问题：为什么要反思？我们建立的纳西族调查研究基地在其中起到什么作用？南溪村民日志能够给予我们什么？从日志记录员那里，我们可以得到什么？南溪村寨又给予了我们什么？我们可以用什么方法展开讨论和书写？可以想见，这些问题是相互交叉和相互支撑的，并且只有在文本的不断成型中，这些问题才会得到相对完整的回答，这是一个尝试性的反思过程。以下仅只是一个初步的思考。

## 一、为什么要反思

对于这个显要的问题，我们需要首先回到村民日志的倡建人何明教授那里。自 2008 年何明教授在村民日志第一卷总序《"他者的倾诉"：还话语权予文化持有者》一文，以及随后发表的《文化持有者的"单音位"撰写模式——"村民日志"的民族志实验意义》[①]，批评回应了西方人类

---

① 何明:《文化持有者的"单音位"文化撰写模式——村民日志的民族志实验意义》,《民族研究》2006 年第 5 期。

学的若干关涉点，并对此"新民族志"进行了界定和阐释后，没有见到在这方面有所超越的"他者"。又一个十年过去，随着村民日志第二卷即将出版，何明教授在相关文论中对以村寨日志为具体呈现形式的"新民族志"的预期似乎都化为了现实，甚至还有突破。就我们南溪基地而言，综观总共15年的南溪村村民日志，虽然有种种的不足和缺憾①，但"村民日志"的旨归——"更彻底地让研究对象发出自己的声音""无须再去想方设法地'钻进土著人的心里'"②这一目的似乎已经全然地达到。这种成功首先是自发自在的，同时也是相对于西方民族志及相关理论观点而言的。因此可以说，我们主要的反思起点和基础就是何明教授的相关反思。

何明教授的论述，首先梳理了民族志的发展历程，全面回应了西方人类学对传统民族志的自我反思以及此类反思的局限与不足，意图以新民族志——具体来说就是村民日志的形式，来克服传统民族志的缺陷、摆脱人类学的困境，"跨越现存民族志文体的局限，描绘出更丰富的异文化经验图景"，"更注重对他们赋予研究对象以意义的过程的反思，并更彻底地让研究对象能发出自己的声音"③。其次是分析了村民日志这种具体的"新民族志"，其总体的方法和意义：文化持有者真正成为文化书写的主人，是正品的主位，他的书写是对本文化的记录和反思，其视域与其所归属的文化和社会有着高度的叠合性和融合度，其叙述场域具有完全的自然性和常态化，由此，文化持有者的关注视角、价值观念、情感模式等主体性在村

① 这些不足和缺憾我们将在书写过程中具体呈现。
② 何明：《"他者的倾诉"：还话语权予文化持有者——"新民族志实验丛书"总序》，《雅阁丽轮——玉龙县黄山镇南溪村纳西族村民日志》，中国社会科学文献出版社2008年版，第7页。
③ 何明："他者的倾诉"：《还话语权予文化持有者——"新民族志实验丛书"总序》，《雅阁丽轮——玉龙县黄山镇南溪村纳西族村民日志》，中国社会科学文献出版社2008年版，第7页。

民日志中得到逼真而完整的表达①。

实际情况确乎如此吗？对照手头厚重的村民日志稿，作为守望者和反思者的我们②，首先需要对何明教授的"理论预判"与日志记录人的"实践结果"进行对比分析。在此基础上，对特定的村民日志文本进行梳理和总结，进而对方法论意义上的村民日志进行初步的归纳提炼。

从异文化书写到本文化书写，从被表述到自我表述和主动表述，村寨日志的实践正如何明教授所说的，具备了完全的实验性、探险性、挑战性，以及创造性。基于此，我们的理论思考亦如是。

## 二、基地与"我们"的角色

我们的民族学调查研究基地如何产生，在民族学调查研究基地本身及其在村民日志产生过程中，在南溪村寨社会中扮演了什么角色，产生了什么样的作用和影响，何明教授在论述中没有涉及，需要我们在实践中一一解答。基地的有关概况在前言部分有所交代，我们还计划通过本书第二部分的一个章节，以主位与"中间位"的"我们"对话的方式，来逐步回答这一系列问题，我们拟不仅从"我们"的角度介绍基地的生成，也力图通过截取日志中的相关片段，从主位眼中来记述基地发展的基本脉络。基地作为一个若隐若现的背景，不时出现在日志当中，还有村民的话语当中。基地与日志书写没有直接的关系，但可以被看作是一个隐形的推手。

与基地紧密相关的，还有作为基地负责人的"我们"。"我们"指的是

---

① 何明：《"他者的倾诉"：还话语权予文化持有者——"新民族志实验丛书"总序》，《雅阁丽轮——玉龙县黄山镇南溪村纳西族村民日志》，中国社会科学文献出版社 2008 年版，第8—9页。

② 指作为南溪纳西族调查研究基地创建、村民日志收集编撰、学生田野调查实训等相关工作的具体负责人的云南大学民社学院的研究人员，亦即本反思民族志的撰写者，参见本部分"基地与'我们'的角色"一节。

具体的基地负责人，亦即当下反思民族志的书写者。之所以加引号，是为了强调书写者的一个介乎主位和客位的过渡性角色特质。这个"我们"不同于诸如日志记录人、村民、村干部等主位角色，但长年负责基地和日志的管理工作，间或需要带学生进行短期田野作业等，致使"我们"对反思对象的认知把握又有异于一般的客位研究者。但同时，由于我们各自的主要研究方向并非南溪纳西族，也没有如经典民族志书写者一般就某个专题进行长时段的跟踪调查。可以说，由于基地和基地负责任务的持续存在，在传统民族志的主位和客位之间，出现了一种中间角色——"我们"。这种存在在一定意义上对主位产生了影响。

在书写过程中，我们自己也需要对这种"中间位性"或称"中位"有所把握。随着时间的推移，对南溪了解、感悟与把握的变化，这个"中位"也是渐变的。由这样一种中位的角色来进行相关的反思性书写，与全然的客位的书写，肯定是不一样的。

## 三、得自南溪村寨的收获

大致来看，南溪村寨既是我们的村民日志记录的对象，日志生成的社会与自然环境，日志中生老病死、婚丧嫁娶、悲欢离合上演的舞台，村民们创造与消费、劳作与消闲、祭祀与自娱等一切活动生发的背景，国家基层治理变革的承接者，中国农村转型变迁的生动体现者，又是作为民族学人类学学者和学生们的特定民族和特定村落田野调查和田野调查实训基地的根本依托。由于此双重身份的存在，表达与被表达、观察与被观察、影响与被影响等多重关系在某些方面重新塑造了南溪村寨的心理与精神面貌。这个过程对于日志记录人及其日志又有着什么样的影响，这是我们需要进行谨慎评估的方面。从初进南溪到 15 年后的今天，最为直观的感受，一直是南溪村寨的世外之美，南溪村民的淳朴勤劳包容，日志记录员的睿智坚守奉献，南溪村干部的宽宏实干和鼎力相助。毫无疑问，这些感性认知，虽然不能直接作为学术知识摆放到著述当中，但正如风花雪月蕴生世间美景一样，的确参与塑造了我们的日志和我们的认知，我们的反思。

## 四、得自日志记录人及其日志的收获

首先，我们获得了一个正宗的"主位"，如何明教授所言，一个区别于"外来者""报道人""合作者""本土学者""本土文化人"的本文化持有者。更为幸运的是，这位本文化持有者具备了基本的自在自然地表述本文化的知识谱系和汉语书写能力；或许还更加有幸的是，这位文化持有者既是家族长者、村社文化精英，还是老资格的共产党员（曾经作为当时的先进青年三次进北京见过毛主席等中央领导人）和曾经的边疆优秀小学教师、传统文化和传统道德风俗的维护者。这样多重的身份和道德立场，参与形塑了他的视角和表述，使他得以兼顾时代和传统，从而具有相当的角色掌控能力。这种能力启发我们提炼出了"蛛网效应"这样一个准学术的概念（详见下面总结部分）。

其次，因为他的坚持和坚守，新民族志的实验得以经历 15 年的历程（并且还将继续）而具备了可资检验的坚实基础、反思基础。我们不仅得以反思主—客位书写差异这样的经典问题，还将进一步反思他在具体事件中的多重身份的叠合问题，情绪与情感的带入或抑制问题，他本人在记录书写历程中的渐变与"次主体化"问题，等等。有关这些问题的阐释，我们打算通过三个部分来进行：一是在与特定主题的日志内容进行互动对话的过程中进行，二是通过对记录人的专门访谈进行，三是在文末的总结部分进行。如本书前言所说，历经 15 年的书写，记录员本人已经成就了一个平凡而又世界唯一的传奇。这个事件对人类学民族学来说，同样具有传奇的意义。

然后，我们从日志本身获取的，首先是 150 万字的日志记录文字。这些日复一日，年复一年的，经意或不经意的琐碎话语，蕴含了人类学家梦寐以求的各种真实细节，各种主位视角下的村寨生活景观和主位投射。这些话语道尽了特定纳西族村寨人与人的关系、人与自然的关系、人与神灵、祖先、鬼魂的关系。此外，我们从日志获取的，最有意义的另一个方面就是下面谈到的书写逻辑问题时所涉及的"母题—主题志"这个独特的发现，以及与此相关的日志体问题、日志语言问题。

# 五、我们的书写逻辑

当我们要对日志这一现实成果及其形成过程进行"再反思"，开始这种前无古人的书写时，最初的一段时间里，找不到合适的切入方法。我们曾经考虑按图索骥，重访日志里的相关人物或事件，收集他们对日志相关内容的认知、反应，在对照中寻找反思点；我们也曾考虑将重点放在对记录人的深度访谈上，这或许不失为一种有益的尝试，但需要我们书写者和记录人同时重温 15 年来百多万字的日志内容，就相关话题展开对话，从对话中发掘关乎反思的内容和理论性思考，然限于时间而放弃。最终，我们找到了被我们冠之以"串珠法"的反思切入方法。

"串珠法"指的是，当我们以某一个特定主题词或关键词为线，在日志中进行搜索，并将搜到的相关内容进行一定的串联或整合，或以历时和共时的方式重新串缀一遍时，一个神奇的现象令人兴奋不已：一个事件、一个人物、一个家族、一种仪式、一种生计……被连头带尾，一串串、一条条地拎出来，就像挖洋芋一样，一挖一大窝！稍加整理即俨然一项又一项规模不等的村寨专题史或主题志，或如人类学民族学所钟爱的"故事"。这些"志"或"故事"并非某人某年某时的目的性调查书写，而是记录员经年累月的话语自然堆积而成。这些散落于日复一日的看似零碎不完整的日志话语串缀而成的史、志或故事，不仅有着鲜明的历史节奏、变迁脉络，还有着我们外人根本难以捕捉得到的物理细节和心理细节，以及情感与观念的自然呈现。

于是，我们首先用这个方法，以"家族""家庭""丧葬仪式""死亡与葬仪""村社公共生活"等若干个主题进行了串缀，拎出若干个的专题志或故事，章头文末和文中穿插了我们的导读或阐释，与经过串缀而获得相对整体性的故事本体进行对话，在此基础上，我们通过与日志记录人的互动等环节进一步探讨日志本体的价值意义以及本论著书写方法的意义。

# 六、本书写的价值预判

本书写通过对上述若干个问题的回应或反思，应当能够归纳提炼出以下一些价值和意义。

首先，从日志本体来看，至少应当具有四个方面的意义。

第一，从形式和内容回应"新民族志"的相关论述的意义。有关这方面的意义，何明教授的论述已经完全覆盖，我们所能做的就是在书写中对这些论述进行再思考。

第二，主位村寨史的意义。虽然我们目前的主要关注点没有落到这个层面，但作为文化主体撰写日志体村寨史，其独特的个性和意义将会不断得以挖掘和呈现，这是毫无疑问的。

第三，纳西族村寨生活鲜活样本的意义。截至当下，没有一部民族志、没有一部影视作品，能够如此这般地具现纳西族村寨整体的、个体的、家族的过程性活动，使外来者甚至村民本身，得以再次沉浸于历时性的特定纳西族村寨的生活当中，身临其境，感同身受。也正因为此，我们说日志就是人类学家梦寐以求却永远难以呈现的宏大仪式过程。

第四，中国农村发展变迁活文本的意义。相应地，由于以上第二、第三两个方面的存在，日志自然成为了中国农村，特别是中国边疆少数民族农村当代发展变迁的活文本，且具有不可替代性。在国家倡导乡村振兴的当下及未来，它为特定村寨的整体性复兴提供了可供依据的"传统"。

然后，从理论建构的角度看，日志当具有以下独特的学术价值。

其一，母题的提取与故事的重组功能。散布于不同时日的相同或类似的情节或母题，可以直接串缀出不同规模的村寨专题史或主题志。如前所说，这些散落于日复一日的看似零碎不完整的，读起来感觉重重复复、絮絮叨叨的日志话语，一经串缀，就变成了特定的史、志或故事，不仅有着鲜明的历史节奏，变迁脉络，还有着我们外人根本难以捕捉得到的物理细节和心理细节，以及情感与观念的自然呈现，自成一体。

本书中，我们仅只是尝试性地提取了几个主题故事。从理论上讲，不同视角的阅读者，均可以用不同的母题查找相关内容并进行组合。

其二，蛛网效应。无论是日志本体，还是经过我们依不同母题"提取"的主题志或故事（只不过在提取过的主题之下，这种感观会更加强烈），潜心品读，不难发现，记录人虽然置身事件或贴近事件，但他的叙事似乎有一种上帝的视角。我们暂时称之为"蛛网效应"：由于主位记录人与家族、村寨、社会文化和自然生态环境的同构性——这种同构性不仅源于生理和血缘，还源于思维的、情感的、习惯的、信仰的诸多主位性因素的共同作用，使其仿佛蛛网上的蜘蛛，在家族、村社的有形与无形的网络中，身心穿行自如，能够历时或共时地把握蛛网之上甚至蛛网周围空间的各种讯息和事态走向。例如对一场丧葬仪式的信息收集、感知、把握，他可能是完全在场，也可能因分身乏术或其他原因而不能全程在场，甚至不在场，但事后他通过一定的信息回溯，就可以还原仪式场景和细节，以及仪式承担者和参与者的心态。或许会有人质疑我们的说法，将之认定为是记录人对本村人情世故的烂熟于心，甚而质疑日志的保真性等。但我们认为这是不充分的。首先，从记录员早期记录和近年记录的相同主题即可以看出，他对传统文化习俗、对同一种主题事件的感知和把握也是在逐步完善的，并非从一开始就完全了然于胸。其次，请设想，我们任何一个人，可否如他一般做到无论亲自在场或间接在场甚至不在场的情况下，依旧得以把握整个事件，无论主要脉络还是我们意想不到的分支或细节？能否做到既是当事人，又是观察记录者，记叙有条不紊，了了分明？回答是否定的。这一方面证实了何明教授所说的日志记录人的文化归属性，以及由此形成的"视阈重叠"或"视阈融合"，亦即其视阈与所叙述社会文化的天然契合①。我们认为，在"熟悉"这个层面之上和之下，还有很多更为隐性的层面，值得我们去关注、感知和探讨。有些层面的探究与人类学本体论转向的某些旨趣多有交集，可能成为新的理论生长点。

其三，呈现方式的独特性。对于日志呈现方式的独特性，我们当下的认知可以说还是初步的，大致从记录形式和记录内容两个方面来分析。

从记录形式上讲，早期的日志记录由我们提供现成的记录稿纸，记录内容分为"生计生活""年节及休闲活动""人生大事""村务事宜""人员流动"五个方面。记录是开放性的，记录员每天碰到的、收集到的内容按上述几个部分稍加归类，有什么记什么，没有发生的或没能够收集到的不记。对于记什么、不记什么、记多少，均无任何要求。宏观上，除去其间两次集中培训会，由何明教授和相关老师就日志的长远意义、大致的记录方法予以交流外，我们基本上没有进行过干预。早期记录基本按上述五个方面进行，没有太多拓展。自 2009 年记录员进城居住后，除去这五个方面，记录人想要记叙的，均可以自由发挥；限于各种客观原因没有能够逐日记录的，则采取了概述的方式。概述不一定是对既往所有事件的综合归纳，而是就记录人能够把控的某些方面进行较为周全的叙述。因此，整个的日志记录，从视角、内容、风格、语言、价值判断等各个方面，都是处于自然状态的表现，没有修饰。我们在日志稿的录入、整理、编辑方面仅仅做了

---

① 何明：《文化持有者的"单音位"撰写模式——"村民日志"的民族志实验意义》，《民族研究》2006 年第 5 期。

形式上的修整，对极少数敏感性话语与记录员商量斟酌后进行了删减。

相应地，从内容上看，日志行云流水，随遇随缘，避免了传统民族志存在的刻意深描、过度阐释、歪曲性阐释、预谋性阐释等弊病。当然，有人会说，这样的记录文字缺乏聚焦感，视域有限、信息不完整甚至有偏差，存在阐释不足、话语重复和重叠等缺陷，但结合上述的母题提取功能与方法、蛛网效应式的视角与信息、情绪、细节的把控能力来说，日志这种民族志记录方式的独特性和无可比拟的独特价值则是显而易见的。当然，在书写中，我们也试图对这些问题进行回应，探讨其与自然呈现—直白的差异，与回访、影视志等方法的区别。此外，我们依托日志，还可以就主题或母题的重现、变现，主体的多重性，景观的层次性、意象的层次性等问题进行思考。

其四，以小见大，以微观显宏观的社会事件还原能力。在日志叙事过程中，南溪较为宏观的具有时代意义的问题被自然带出。例如南溪最为突出的出租车经济和玛咖经济问题，丧葬仪式及其不完整性的后果问题、国家政策的具体体现问题、城镇化进程中中国边疆少数民族村寨的空与不空问题等，都在具体事件和具体人物、特定家庭的故事中真实生动地呈现出来。这些信息、这些知识、这些故事，它们就在那里，像极南溪山里的野花，自在地盛开、芬芳和凋谢；又像极南溪遍野的洋芋，生长、成熟、去往四方他乡。

其五，村民日志话语作为一种独立的叙事话语——相对于学术话语、意识形态话语、客位话语等——而出现的话语形式，其独特的价值和魅力，值得进行相应的学术探讨。

# 七、书写形式

本书的书写形式为：我们的话语用宋体字（其中的两个历史性文件用

楷体字），转录或摘取的日志内容用楷体字，与日志及日志记录人的对话或阐释用宋体字和楷体字；为保证故事的整体性及其本身的节奏，对话过程中对日志特定概念、术语的解释，仅以页末注释表示，而不在文中过多展开。在每个章节的开头和结尾部分，是我们对本部分内容的交代、村民日志在具体内容中所展现的独特之处，以及我们对这些方面所进行的思考和提炼。在所串联的日志内容当中，也会适当穿插勾连式话语、简要说明等。

知识是一条河，流过不再重回。日志似一部史诗，有重复的节奏，有重叠的话语，在重重叠叠的流淌中完成历史的宏大叙事。阅读日志，能感觉到一条由记录人个体所牵动的整个村寨的生命之河在你面前流淌而过，来自远古，流向熟悉而未知的未来，其中偶尔还有我们自己的倒影。这条河，就是一场人类学家永远无法呈现的巨大仪式。其中又包含了各种大小仪式，生活的、生命的、生产的、生计的、心理的、信仰的、基层党政的等，以及仪式的变化。作为一个与城市若即若离、颇具世外韵味的纳西族山村，虽然没有波澜壮阔之撼人心魄的事件，没有色彩纷呈的歌舞服饰等吸引眼球的文化元素，人们的生活朴实而相对简单，东巴断代后的纳西族传统文化也在日渐没落，但通过日志，我们可以清晰地看到，一个边疆民族村寨的生命之河，正流淌而过，奔向远方，那里或许就有我们所期待的乡村振兴。

在下面的中篇部分，就是我们尝试用母题串缀法理出的若干个专题志或故事。让我们通过这些"志"或故事，蹚进南溪这条生命之河，随波荡漾，追寻主位文化的形式和意蕴。在下篇部分，则是通过第三者视角（包括参加田野调查的学生以及负责基地工作的"我们"），对日志及其记录人等方面所进行的描述和追问，并在此基础上进行全书的总结。

# 上 篇 日志中提取的故事

如前所言，作为进行有效反思的一个切入口，我们想到了用"串珠法"——母题（主题）提取的方法，来串缀呈示日志中相关主题下的内容，使之成为一个完整的，或者细节更为丰富的、历时性与共时性得以更好呈现的专题叙事。这样做的目的：一是增加日志的可阅读性，让我们自己和潜在的读者能够在特定主题下将日志的相关内容顺畅地阅览，从而更容易对相关主题形成完整的图景性认知，在此基础上进行更多的追问；二是以此方式来呈现日志的创新性及特有价值。但是，如此操作的风险也是明显的，容易被指为照搬日志内容，进行重复性叙事等。对此，整体性于我们而言是一个非常正能量的支撑性概念：当我们将实验性、反思性、主位、准客位、客位、情境性、仪式完整性等诸多需要观照到的和临时提炼的概念进行分释，进而统合为一个反思民族志文本整体时，日志内容的批量再现应当具有了新的合理性。如果说"这一实验趋势的任务就在于：跨越现存民族志文体的局限，描绘出更全面、更丰富的异文化经验图景"①，那么我们的母题提取法则是将这个因时间跨度太长而显得宏大且驳杂琐碎的图景逐一具象化、定格化的一种尝试。

我们在本部分尝试提取的，如基地建设、家族叙事、葬仪，包括基层党建与村务在内的村社公共生活等几个主题是日志中所占分量较大，或者我们比较关注的方面，但由于沉淀时间不够，在内容摘取和串释等方面出现很多缺陷或不足，也是在所难免的了。

---

①　何明：《"他者的倾诉"：还话语权予文化持有者——"新民族志实验丛书"总序》，《雅阁丽轮——玉龙县黄山镇南溪村纳西族村民日志》，中国社会科学文献出版社 2008 年版，第 7 页。

# 第一章　内外视角中的基地生成记

有关南溪基地的概况，前言中已经述及，可作为一个粗线条的背景知识。本章拟通过作为"准客位"或中间位的"我们"——基地负责人的相关叙述、说明，以及作为主位的日志记录员和尚勋老师在其日志中的相关记录，来对比性地开启本书的反思性书写，展示内外视角下的基地形象，进而不加修饰地呈现内外视角的差异；展示和探讨民族学调查研究基地作为民族学的一个新物种，在楔入村寨生活、发挥村寨文化收集和研究功能、助力学生田野实训等方面都有什么样的得失；可以反映与日志记录人之间产生了什么样的互动。因此，本章首先是村民日志创生和进展的一个背景，同时在当下的反思过程中也是一个起点和参照。

相应地，本章略分为"'我们'记忆中的基地建设过程"和"记录员笔下的基地落成与工作开展"两个部分。

## 一、"我们"记忆中的基地建设过程

文中的"我们"指的是具体的基地负责人亦即当下反思民族志的书写者。这个"我们"不同于诸如日志记录人、村民、村干部等主位角色，但长年负责基地和日志的管理工作，与日志记录人及村民、村干部的交流互动，致使"我们"对反思对象的认知把握又异于一般的客位研究者。可以说，由于基地和基地负责任务的持续存在，在传统民族志的主位和客位之间，出现了一种中间角色——"我们"。在书写过程中，需要对这种"中间位性"或称"中位"有所把握。随着时间的推移，对南溪了解、感悟与把握的变化，这个"中位"也是逐渐发生变化的。例如当下的"我们"与15年前刚进南溪的"我们"在对南溪、对日志及日志记录人的感知把握上显然是不一样的。

岁月如白驹过隙，回望15年前开始的基地初创，只记得2003年夏天我带着不到一岁的儿子和洪颖老师一起 [1]，在木府博物院黄乃镇院长等人推荐带领下初到南溪选点（我在丽江长大，丽江古城西面那座又高又尖的文笔山是丽江坝子的天气晴雨表，再熟悉不过，但对于山峰背后居然有个据说很美的村子，却全然无知）。当我们的车爬完蜿蜒颠簸的山路后，突然进入一片开阔的坝子，只见坡地上田陌纵横，彩花绿树，村舍炊烟，山风丽阳。恍若世外桃源的山村景象使被山路绕得晕头转向的我们顿时欢呼雀跃，大呼选对地方了。

之后的选点事宜，村、乡、县各级政府一路绿灯，很快就确定了下来。可谓一眼定终身，转眼15年。这个特殊的15年，对我们当事人和南溪村寨来讲，都是各自生命的积淀历程，但又互有交织。回观过去，一种历史感在心中肃然升起。

但要具体言说那么长的一个时间跨度中的点点滴滴，选点和开建之后大大小小的事件，并据此来开启所谓的学术思考时，却发现很多物化的以及心理的过程和细节，都已经湮没在滚滚年轮之下，难寻踪迹。踌躇之下，翻阅有关南溪的旧文档，发现一份我们写于2005年12月28日的"云南大学纳西族调查研究基地项目实施情况说明"的文件，对南溪基地的来龙去脉都有交代，算得上是一份刚刚开始的中位视角下的历史文稿，故转录全文如下。

南溪纳西族调查研究基地于2003年9月开始选点调查，10月至

---

[1] 洪颖与和晓蓉为南溪基地创建人并一直负责基地工作，2018年起改由和晓蓉与李继群二人负责。本书的"我们"指的是和晓蓉与李继群。对于洪颖老师未能继续基地管理和参加本书写作，深感遗憾。

12月确定地块，2004年2月经玉龙县政府协调落实土地问题、配套经费问题、基地房屋建筑和装修设计、招标，2004年5月基建正式开工，至2005年1月25日验收，以及到2005年10月之前的工作站设施配套等收尾工作，一共用了两年时间。其间在学校"211"办领导的支持和指导协调下，课题组成员充分发挥个人积极性、充分调动各方面力量，取得地方政府部门和村寨领导及群众的理解与支持，通过艰辛的工作，顺利完成了课题第一阶段目标与任务，并为下一阶段课题的继续开展打下了良好基础。

以下对两年来所进行的工作和相关成果、问题等作具体扼要的说明。

第一，经费落实及使用情况。学校拨付经费总额为17.33万元，其中11.5万元用于基建投资，其余用于设备配套和人员支出。玉龙县政府补助10万元，全部用于基建投资；黄山镇政府补助2万元，用于办理用地手续等。木府博物院赞助2.5万元，用于基建投资补助。① 以上三项，筹资总额为14.5万元，加学校拨款17.33万元，共落实经费31.83万元。基建承包商与黄山镇政府签订的工程承包合同金额为20万元，但审计结算价为29.2912万元。考虑到承包商的实际困难和工程的实际造价，课题组又通过木府博物院额外补贴给承包商1.5万，加黄山镇2万元用地手续费，基建投资总额约为36万元。此外，设备投资计1.3289万元（电脑0.43万元；SONY摄像机0.4737万元；SONY数码相机0.4252万元）；食宿用品配套0.6万元，图书资料0.3万元。设备配套投资计2.2289万元。村寨日志记录人员酬金（2004年1月1日—2005年12月30日）0.72万元，基地看护人员酬金（2005年9月—12月）600元，以上两项共计0.78万元。其余2.8211

---

① 丽江木府博物院前任院长黄乃镇及现任院长陈贵云一贯支持基地的建设，并于2006年与云南大学共同建设"纳西族传统文化传承基地"。

万元用于项目组成员 2003 年 10 月至 2005 年 12 月共计 27 个月的差旅费、调研费及基建期间杂费开支。

第二，基地建设情况。纳西族调查研究基地工作站的基建工作于 2004 年 5 月正式启动，2005 年 1 月通过验收。工作站占地面积约 706 平方米，主体建筑为坐北朝南的一幢典型的二层楼纳西族民居式土木结构房屋，房间设置资料室、会议室、研究室、卧室等功能分区，室内装饰及家具都体现与纳西族民居的一致性。主体建筑左右两侧为砖木结构的耳房，分别用作厨房餐厅及洗浴卫生间。约 200 平方米的庭院左侧是一幢纳西族传统木楞房，课题组采取到偏远山区收购典型的纳西族木楞房后拆装运输再复原的办法，使其外观及屋内布置都保持传统民俗风貌，作为纳西族传统器物文化的一个鲜活展室和生活体验场所。庭院右侧则辟作绿化和二期建设用地。

建成后的纳西族调查研究基地工作站，将能同时接纳 10 到 15 人的专家、学者、调查人员进行驻站研究。工作站中配置有电话、电脑、纳西族研究文献资料等办公设备以及行李、炊具、餐具等生活用品，可以为驻站调查研究人员提供较好的工作与生活条件。

南溪基地的基建投资总额为所有基地中最高者。这首先出于课题组对基地建设的考虑：所建房屋必须充分体现纳西族文化特色，同时必须原汁原料，以保证基地长期工作的需要、保证基地实物的文化代表性。因此无论是新建的两层楼房，还是异地收购拆迁再安装的老木楞房，都是本着以有限资金做到最好的原则来操作的结果。在用料、形制、建筑质量、房屋功能、建筑面积、建筑装修等方面都达到了较高水平。同时，丽江建筑投资过热导致建材不断涨价、基建成本升高、施工期间因雨水、停电、运输艰难增加额外支出等，也是造成投资增加的原因。

第三，村寨日志记录情况。纳西族调查研究基地作为首批启动的子项目，至 2005 年 9 月，已获得了一年零九个月时间的村寨日志记录资料，并已编辑整理完毕。所聘请的两个村寨日志记录员当中，满中村村长和国高因中文表达能力问题及忙于做小生意等，在记录量、内容、水平方面较差；满下村退休民办教师和尚勋老师则极其认真负责，且文笔通畅，在记录内容、质量等方面都比较满意，保证了村寨日志工作的顺利进行。他目前被聘为基地工作站管理员。同时，村寨日志也存在着记录面不够广泛、所记录题材不够深入，从而流于重复烦琐的问题。我们将帮助记录员一道在今后的记录中争取不断改善①。

第四，村寨服务项目落实情况。本着为村民多做好事、做实事的原则，项目组通过努力，为南溪村争取到了云南省林业厅、共青团云南省委共同实施的"2004年保护母亲河行动沼气项目"资助，资助额为5万元人民币。2005年5月，获得云南省广播电视局对南溪村电视地面接收站的扶贫建设支持，建设额度为3万元人民币。至此，课题组为南溪提供了价值8万元的村寨服务项目。

第五，村寨发展规划落实情况。对于村寨人口、生态、经济、政治、风俗、文艺、宗教、婚姻家庭、法律、教育科技、语言等方面概况的调查已基本结束，南溪村寨概况的整理和撰写工作即告结束。在村寨概况调查的基础上，项目组进行了专题及村寨发展咨询报告的研究工作：首先，针对村中的实际情况，确定就南溪东巴文化历史及现状展开文化变迁专题调查研究，并在此基础上接着展开南溪东巴文化的恢复与再传承活动，从而使基地自身的研究工作进入实质性操作阶段。其次，确定以具有可操作性的乡土知识教育问题和富有南溪特色的劳务输出问题作为专题研究问题。这三个专题的撰写已经完成。其

---

① 从当时对日志的评价看出，当时的我们对于日志应该长成什么样子，心中并不确定，只是觉得烦琐重复、记录面不够宽广，是日志记录的不足之处。这些认识一直到本书书写开始前，我们重新细读日志文本，才发现其实并不正确，而且在这种不足后面隐藏了另一种日志所独有的价值，即在烦琐重复中成就宏大叙事。

中东巴文化的保护与传承已经与古城木府博物院协商立项，共同筹资实施，2006年3月后可进入实施阶段；乡土知识教育项目咨询报告"南溪乡土知识教育实施方案"获玉龙县政府及有关部门认证批准后，与玉龙县民总局和木府博物院、县教育局等合作实施。

在此需要说明的是，本课题组没有及时在专题研究的基础上做综合的村寨发展规划的原因在于：其一，地方领导对南溪发展持不同观点和意见，地方领导之间的各自观点之争使我们难以从学术的角度取得完全的说服力；其二，亦由于地方投资有限，整体的发展规划实际上难以付诸实施。所以我们考虑以单个的项目操作作为起点，这样在筹资、项目具体运作等方面都较容易把握，也可以在较短时段内，让当地村民了解和参与，同时便于我们在实际操作过程中逐步把握整体发展的方向及可行性。想必这样做出的分阶段项目和在分阶段项目运行顺利基础上做出的整体发展规划会更有意义。因此我们所做的三个专题，具备项目操作性，既是专题学术研究，又可作为社区发展规划项目进一步实施，并在实施中作进一步深入研究，并逐步发展为整体发展规划。这同时也出于我们对社科研究向应用性发展的努力思考和尝试，出自发挥基地应有作用的考虑。

亦由于基地建设项目的初创性，在两年的工作中，碰到很多实际困难，也存在很多不足之处，望各位领导批评指正！

此外我们还找到一份2009年1月9日写给丽江市玉龙县党委政府的情况汇报。删去与上一份报告重合的基本情况，其余内容如下。

云南大学民族研究院所承担的教育部"211"工程项目分项目"云南省少数民族村寨跟踪调查与小康社会建设示范基地"之子项目"南溪纳西族调查研究基地建设项目"在玉龙县党委政府和黄山镇党委政府的支持和指导协调下，课题组成员充分发挥个人积极性、充分调动各方面力量，取得课题村寨领导和群众的理解与支持，通过艰辛的工作，顺利完成了课题规划，并为下一阶段课题的继续开展打下了良好基础。现将有关情况作一个简要汇报。

第一，基地性质。

五年前，学校有关专家领导即在云南大学"211工程""十五个民族乡重点学科建设方案"中提出设置"云南少数民族村寨跟踪调查与小康社会建设示范基地"这一项目。这是一个综合性的项目，既涉及民族学/文化人类学的理论研究，也涉及运用人类学"互动作业"方法及其他学科的方法以促进少数民族农村的社会主义小康建设和新农村建设等应用性研究，以及引进智力、项目、资金等发展运作问题；此外，还涉及人才培养和教学改革、民族学/文化人类学基础设施建设等内容。其中，在民族学/人类学理论研究中一项具有探索性意义的工作便是：各个调查基地在当地聘请若干名"村寨日志"记录员，对本村每天发生的事情进行分类记录。这项工作的主要意义是，其一，从中国少数民族农村的社会文化实际出发，把国际文化人类学界近20年来争论不休、模式各异的民族志书写问题在中国少数民族农村进行实验，让研究对象即文化持有者成为民族志的作者，运用"主位"方法，从"本土文化"内部视角对自己的民族和村寨进行叙述和评论，以求在当代国际文化人类学的学术平台上进行中国民族志和文化人类学"本土化"创新，促进具有时代特征和我国民族特色的文化人类学建设；其二，以基地为依托的经年村寨日志的记录，对于该村寨来说，在若干年后即拥有了一份不可复制的"村寨断代史"，这份史料对于村民的自我认识以及对于民族学/人类学的相关研究，特别是民族村寨和民族文化在现代化和后现代化进程中的变迁情况研究其珍贵性是不言而喻的（南溪基地的第一本村寨日志《雅阁丽轮》已经由中国社会科学出版社正式出版）；其三，基地建成后，为云南大学乃至全国各院校民族学/文化人类学专业的硕士和博士研究生提供了良好的固定的田野调查点，对于我国以往民族学/人类学教学当中学生难以进行田野调查从而影响其个人学术能力和学术事业的状况将起到根本性的改变作用①，同时也为全国乃至世界各地的相关研究人员提供了可资长期跟踪调查研究的条件，使他们得以在前期工作和成果的基础上开展深入研究；其四，在此基础上，各种相关研究成果的积累、各种有关村寨发展的思路将对村寨和村寨所在地产生积极影响，对村寨的文化保护与传承以及村寨可持续发展等将产生积极的推动作用。

第二，基地建成后迄今开展的工作。

（1）村寨日志记录情况

南溪纳西族调查研究基地作为首批启动的子项目，在村寨日志记录员的遴选确定、培训等方面比较顺利。2004、2005两年的日志30万字已经经过前期比较艰辛的整理编辑工作而得以最先面世。2006、2007、2008三年的日志已经打印出初稿，有待进一步修改出版。村寨日志的面世在我国乃至世界民族学／人类学界都是一件极富创新性的大事。

（2）村寨发展研究开展情况

村寨概况。通过对南溪村寨人口、生态、经济、政治、风俗、文艺、宗教、婚姻家庭、法律、教育科技、语言等方面概况的调查，已经撰写成《南溪村村寨概况》，与第一卷村寨日志《雅阁丽轮》合并出版。在村寨概况调查的基础上，项目组进行了长期的专题及村寨发展咨询报告的研究工作，到目前已经完成的有四项：其一，可行性论证报告《试论少数民族心灵传承文化的恢复与再传承——以丽江南溪村为例》，该课题在广泛论证了民族信仰文化在后现代的复兴趋势以及南溪村良好的传统文化底蕴以及民俗的生活性的基础上，提出了东巴文化在南溪进行恢复和再传承的思路和相应办法。旨在帮助南溪找

---

① 对于基地作为民族学／人类学学生固定田野点的做法，其利弊的评估也是需要设立专门的课题来进行的。

到一条传统文化自我保护与传承以及在此基础上的民俗旅游的可持续发展路径。该论证已列入由云南大学民族研究院以《多民族的云南》为题的论文集由民族出版社出版。希望该论证能够得到当地政府和有关部门的审核认可，尽快付诸实施（详情请参见附件文本）。其二，完成小型专题民族志《心灵之河——南溪村民族信仰文化的三十年变迁》。该论文从民族信仰的视角较为全面地展示了改革开放四十余年来在我国农村信仰文化变迁普遍特点下南溪村作为特定时空条件下纳西族村寨，其信仰文化的变迁特色。该文与其他若干民族村寨的专题民族志合并成卷，已交民族出版社出版。其三，综合性村寨民族志《南溪村的三十年变迁》已经着手撰写，将列入云南大学民族研究院《三十年的变迁——共和国改革开放历史的民族志研究丛书》在 2009 年出版①。其四，专题研究《南溪村劳务输出的人类学研究》在充分把握南溪村经年以下山承包出租车而发展致富的丰富案例的基础上对该特殊现象进行了研究和展望。该成果将在 2009 年初完成。自 2009 年起，又增加了《村寨年鉴》的调查和撰写任务。该课题将与《村寨日志》相配合，对村寨发展状况逐年编录。

（3）学者及学生进站调研情况

基地建成以来，已经接待了国内外若干批学者和研究生进站调研。同时，为配合民族研究院研究生教学制度、教学方法的改革，南溪基地已经被遴选为常年学生调查实习基地之一。2007 年寒假已经首次承担了教学实习任务；2009 年寒假将接待第二批硕士和博士研究生进站作田野调查，并协助完成专题调查：《南溪村三十年变迁研究》以及《少数民族村寨年鉴南溪村年鉴》的首期调查撰写工作②。

第三，存在问题及建议。

---

① 这个以三十年变迁为题的民族志撰写事宜虽然被何明教授号召了很多次，但一直未能实施。属一憾事。

② 村寨年鉴项目实施一年后因云南大学民族研究院学院方面的决定，没有继续进行。

由于学校和地方各级政府领导换届等原因，造成项目在实施过程中力度不够、现任领导对项目缺乏了解等问题，没有充分发挥基地应有效用。南溪基地建立至今已有5年的历史。从基层领导和村民的角度，看不见带资金的项目就不认可它们的意义和价值，这是正常的，可以理解的。但我们认为，一个地方的文化发展需要一定时期的各个方面的积累，特别是智力成果的积累。到目前，一些研究成果开始面世，一些发展思路开始变得成熟；而且这些成果和发展思路在全国乃至全世界都是独一无二的。同时基地项目在2008年末继续被立为第二期"211"工程项目，为其持续发展提供了基本的保证。因此，我们迫切希望地方政府和领导能够一如既往地支持我们，支持南溪基地，最大限度地发挥基地在村民素质建设、乡村文化保护与传承、村寨可持续发展项目规划设计等方面的作用！

以上两份报告基本还原了基地始建前五年间，作为中位的基地负责人及其他相关人员的活动内容和相关情况。重读这两份报告，心中感慨良多。首先感叹云南大学以及学院领导的高瞻远瞩，是他们当年的学术眼光和学术气魄成就了今天这一份独一无二的民族学创举。但同时我们不得不感叹，项目总负责人何明教授为了维持项目运转所进行的我们难以想象的各种"运作"，从而勉强保障了基地最基本的维持经费，没有他的坚持，这一批基地项目估计早就夭折了。何明教授的坚持，让我们也义无反顾地在经费无继的时段里自费垫付记录员工资，还有基地维护的各种开支，默默坚守。显然，这种状况在一定程度上也限制了我们某些计划的实施；在基地接待设施上甚至被某些从沿海富裕地区来的学生批评说维护不力，或者说闲置浪费。

同时，也慨叹于当年无知无畏的我们，奔走于校园和田原之间，创建、维护，并陪伴了基地的成长。其间有过被村民看家狗咬伤的故事，有过拉基地用具的皮卡车在鹤庆至丽江的松桂路段打滑侧翻而差点车毁人亡的经历，还有着为筹措短缺的经费而四处活动的尴尬。当然更少不了部分村民见不到"投资"、见不到大项目的失望。但更为鼓舞性的，也是来自村民和村干部的理解、包容与支持。年复一年，村民们会不时遭遇一些对他们而言不明来历的学者过来做研究，或者我们几个老师带着一批批人数或多或少的学生进驻基地，然后每天一早，学生们从基地涌进村民家里或田间地头，东问西问，四处打探一些对他们而言莫名其妙的问题，对此，村民们不仅用外省学生很难听懂的纳西普通话认真地、有时因互相不明白而答非所问地回答着，有时还会摆出瓜子糖果等招待学生；运气好碰上吃饭时间的学生，还会被村民热情挽留一起吃饭。绝大多数村民，特别是村干部，对这种"重复性骚扰"，不厌其烦，表现出极大的耐受性。

从这两份报告可以看出，云南大学民族学与社会学学院（当时的民族研究院）以及当时的校领导，对研究基地的最初定位是"云南少数民族村寨跟踪调查与小康社会建设示范基地"，基地活动内容不仅有村寨日志记录、学生田野调查服务，还有村寨服务和村寨发展规划等内容。但实际情况是，截至 2008 年底的工作实践，日志记录、影像记录、文化研究、学生田野实训等方面都在进展，而直接的村寨服务和村寨发展规划这类工作，由于多方原因而没有实质性进展。基地发展至今的结果也证明，作为学术单位，在自我经济支撑力度不够、自我学科能力范围限制的条件下，在没有较深地融入地方社会经济发展的情况下，村寨服务和村寨发展规划等经济、利益互动型活动的参与能力显然是不足的，也没有必要勉强去做，否则还有可能事与愿违，贻害一方。

幸好有这两份报告，以及其他各种书面材料，我们得以再现基地创建至今的具体情况。但更令人惊喜的是，日志记录员和尚勋老师在其日志中，也留下了翔实而迥异于我们的视角的记叙，使得我们基地的落成和发展，不仅具有相对客观翔实的叙述，还具有了更加文化性的主位言说。二者合璧，真的别有一番风味了。

和尚勋在日志开篇处写道："2004 年，和尚勋受聘为云南大学民族调查研究基地纳西族子项目组的村寨日志记录员。自此，村中多了一个每天四处走走看看的老人，多了一部可供村中后世子孙凭吊的文化史志，而他——和尚勋——也成为了南溪村书写记录自己村落历史的第一人。"①

## 二、记录员笔下的基地落成记

现在我们来看看，从已经出版的日志第一卷中，搜索基地建设相关内容并串联起来而呈现的，"主位"眼中的基地生成记，是怎样一番光景。

和尚勋老师在日志开篇即很高调地定位了基地的建成，同时很自然地将基地建成和南溪村文字历史的开端放到了一起，甚至还有点官方话语的味道。我们猜测，这与他的身份背景——教师、村中长老、党员——有着直接的关联性。在后续的研读中，我们还发现，在不同的语境中，或不同的叙事情景下，和尚勋老师的话语感是有所变化的，这一方面印证了上面这个猜测，同时还似乎可以表示，作为主位的他，的确有着某种天然的身份带入感，以及情绪和话语掌控能力。

> 从今天开始（2004 年 1 月 1 日），云南大学在南溪设立的"纳西族调查研究基地"正式立项。这是南溪一千六百多人政治生活和经济生活中的一件大喜事，是推动南溪人民的文化和经济难得的机遇。从此，南溪成了有历史记载的村寨了，干部和群众都感到很荣幸。"研究基地"在南溪的建立，必然对今后南溪的社会发展起到很好的作用。同时也必然把南溪推到全省各族人民面前，让更多的人了解南溪的传统文化。

> （2004 年 2 月 4 日）纳西族调查基地负责人洪颖、和晓蓉及丈夫儿子前来南溪调研，并查看老民房是否可买等事宜。他们由中村副组

---

① 《雅阁丽轮——玉龙县黄山镇南溪村纳西族村民日志》，中国社会科学出版社 2008 年版，第 36—37 页。

长带路到旦都村查看。之前洪女士被和珍元家的看家狗咬伤，伤势较轻。

购买老民房一事没有结果，后来在当时黄山镇和卫红镇长的协助下，协调林业局批准购买部分房屋大料。其余木料如椽子等，由满中村自有林解决，费用从我们的基建投资款里出。工程承包给了一个大理的基建老板。因此他的工程队基本由大理和九河的白族匠人组成。在丽江，大理和剑川等地的白族匠人，无论木匠还是泥瓦匠，都有着较高声誉，人们认为他们普遍比丽江本地人技艺好，质量比较有保障。但由于白族和纳西族在建房、竖房的传统规格上有所差异，从而引起了村民的好奇。日志的相关记录刚好也呈现了两个民族建房文化的异同，值得回味。而且我们必须承认，如果不是对本地建房用材、程序、审美等完全内化为主体认知的主位者，就不会呈现出下面这样一个建房、竖房的程序或仪式过程。

（2004 年 5 月 20 日）满中村的村民，每户一人（60 岁以下男人），从 5 月 17 日开始，为云南大学南溪纳西村寨研究点的建房砍木料、桁条和椽子。因为天气的干扰到今天才砍完，下午开始剥皮，看来明天还要干一天才能完成。如果家中无 60 岁以下的男人就请亲戚来干（不参加分钱可以不请人）。①

5 月 25 日，在满中村搞云南大学民族研究基地房子的九河木匠们，为明天竖房子而紧张有序地组合屋架。看那个陈大师傅好似一位久经沙场的大将军，不慌不忙地指挥着他的徒弟们将分散在木工场上的料子，一根根抬来，再一根接一根地安在柱子上。不到一会工夫就安好了一排，四排屋架从下午 2 时才开始组合，到 7 时左右就组合完毕。使满中村观看的群众赞叹道："九河与'木匠之乡'剑川接壤，山水田园相连，真不愧是木匠中的高手。"

---

① 得到黄山镇镇政府和南溪村委会以及满中村的一致同意，基地建房用材由满中村自有林有偿提供。

明天（26日）就要竖"纳西族调查基地"的新房了。村民们都沉浸在欢乐中，一些村民则在悄悄地互相询问："明日竖房，会不会'古鲁漏'（上梁），会不会'土启辟'（送木神）？"知情的人告诉村民们："会'古鲁漏'、会'土启辟'。"跟随木匠师傅去"土启辟"的人员有：满中村组长和国高、副组长和万里、居住在满上村寨的退休小学教师和尚勋三位。送木神的仪式由竖这所房子的大师傅九河人陈师傅（白族）主持。

吃过晚饭，和万里、和尚勋都赶到和国高家（因为木匠们吃住在和国高家中）。大家看电视的看电视、打麻将的打麻将，闲谈喝茶的谈些天南海北的事。木匠中做饭的那个人则忙着杀鸡、煮鸡肉，煮好鸡肉后，忙用洗衣粉和洗涤剂洗刷碗筷。因为师傅是白族人，所以按照白族的规矩来进行"送木神"这项活动。大家等到11点，还不见大师傅有出门的迹象，就有人问："什么时候去'送木神'？"大师傅回答："12点以后，要等到属于明天的时辰才能去。"因此，和国高之妻和秀就用洗刷好的锅、碗、盆等炊具，架好锅，炼好香油，煎了一大碗虾片（以前则用粉皮，现时多用虾片代之），一大碗糯米粑粑。正准备煎鱼和豆腐，大师傅急忙说："鱼和豆腐不用煎了，我们白族用生鱼、生豆腐、生血（鸡血）。"和秀就去睡觉了。接着木匠们也陆续去睡觉。到12时半（零时30分），大木匠陈师傅就找盆子、找碗，装上虾片、糯米粑粑、茶、酒、烟、香、硬币五枚、一条生鱼、一碗生鸡血、一块生豆腐、一碗熟鸡肉，都装在一个盆子里。还装上小木匠做好的木槌模型、三角木马模型、五面红纸做的三角小红旗。和万里用篮子背了干松毛和干柴火，到工地上去给和尚勋与和国高照明。大家来到工地，从工棚里把所奉祀的"木神"（开工时从一根柱子上锯下一截后写上"圆木大吉"字样并每天烧香供奉的木头）拿出来装在篮子里。大师傅燃上一把香分别插在每根柱石旁，在组合好的屋架旁也分别插了一些。他手提木工用斧，左手拿一根一寸六分宽的凿子，右手举斧头在最上面一排的每根柱子上都敲了一下，边敲边叫道："千年起，万年起，木神请起！"并把凿子钉在所敲这排的后柱上。然后一同向事先选择好的地方走去。所选择的地方是东方，和习武家前面的凹地里。

到了目的地，把东西放好，和万里、和国高忙着烧火，和尚勋照明，陈师傅进行仪式。他先拿出五根香一字分段插好，一根香旁插上一面纸做的小红旗，每根香前面放好一小块工地里捡来的木茬片，然后点燃五杆烟分别置于片上。然后，把所带来的东西，一样一点放在每块木片上，虾片一点、粑粑一点、生鱼切下一点点、豆腐切下一点点、鸡血切下一点点、鸡肉一点点，每块木片上还放了一个硬币。手边动作，口中边念叨着："木神师傅，各是各的，不要抢，吃饱喝足了后请走。"他对每块木片上都敬了酒、敬了茶，做完仪式后对我们三人说："回去时我们不能说话。"我们把"木神"牌烧了后，就拿着剩下的食物悄悄不语地回家，到家后才开始说话。

白族的"送木神"仪式和纳西族的"送木神"仪式大同小异。所不同的是：纳西族"送木神"时间不限于零时以后；22时以后，只要碰不到人就可去了，路上若碰到人，则邀前往，被邀人不能拒绝，只能一同前往。供品一律用熟食，煎鱼、煎豆腐、煎虾片、煎香肠（肉肠）、煎糯米粑粑、炸排骨，一样一碗。要凑足八样；敬酒茶，不敬烟，不插小红旗；三角木马和木槌一定要从木工场抬下一个真木马、真木槌；"木神"的字也不同，纳西族所供的"木神"，只写一个"木"字。到"送木神"的地点后大师傅用凿子把"木"字凿成两半，然后拼好架在木马上，木马前插上香，供上供品，大师傅边供边说道："木神师傅，请保佑弟子平安，吃饱喝足后请慢走！"所带来的食品供完后，做完仪式后，就地食用，吃不完则烧于火中，不能带回家；仪式完后用木槌打翻木马，再细看"木"字的两半是否都朝上，若是一半各朝一方，就提示要多加小心，若都朝上就象征吉祥如意。①

5月26日，今日的南溪满中村特别引人注目。球场上停着几辆小汽车，围观的群众挤满了球场北边的空地，这里要举行云南大学纳西族研究基地竖正房的活动。基地负责人洪女士、和女士，还有直接帮助她俩实施该项目的和女士的丈夫很早就从城里赶来参加这一活动。

今天的竖房方式，与传统的纳西族竖房方式截然不同。传统的纳西族竖房方式是用人力来竖，谁家要竖新房子，就请全村寨的男人一户一人来帮忙，只要是沾亲带故的，有几个男人就请几个男人来帮忙，邻近村寨的亲戚也请，一般请40人左右。但今天要竖的这所房子材料特别肥实，屋架高大，请人来竖的话得请70人左右，而满中村的男壮年则只有三十来个（把所有的在城里开出租车的男人召回也算上），在邻近村寨满上和满下去请可请到所需人员，但建房的段老板又怕几村人合拢来，若心不齐，则会出现闪失。他就请了在南溪五花石厂（文屏自然村距满中村六公里公路）的吊车来竖房子。

竖房前，受云南大学洪老师委托，村长和国高就以房主人的身份请满中村村民和福海及和春红两人，按照当地纳西族的传统习惯带上酒、茶、香等供品和斧头，上山砍今日要上的中梁。南溪纳西村寨的传统规矩是：砍梁头的人必须是与竖房主人家属相亲的人，十二生肖分为四组，鼠、龙、猴一组，牛、蛇、鸡一组，狗、虎、马一组，猪、羊、兔一组，共四组。所请的人找到如意的松树后，就在这棵树根旁点上香、敬上茶、酒、磕头，然后才动手砍树。砍好的树一旦扛上肩之后就不能随心歇下，只能一次性扛到木工场，架在木马上。当天以和国高组长代主人，与他的属相相吻合的就有这两个，按传统规

---

① 记录人在叙述"送木神"仪式过程中和结尾，已经在本能地将白族的和本民族当地的"送木神"仪式进行对比，找出了异同之处。这是客位研究者所难以做到的，除非他同时熟悉白族和纳西族的相关仪式。下面的竖房仪式也是同样的。

矩，他俩今天是出人头地的人了。

竖房活动开始了，按照纳西村寨的规矩，在组合好的屋架上挂上一串鞭炮点燃，等燃响完，吊重机的起重钩钩住在昨天就已拴好钢丝的右排屋架，徐徐吊起，起到事先安排好的柱石上面时，六七个木匠一拥而上，抱住四根柱子往柱石上挪，陈大师傅在一旁大声指挥着吊车师傅。四根柱子对号入座后，木工们赶紧拿撑杆支撑好四根柱子。接着第二排屋架（右中排）也被徐徐吊起，等吊到柱石上安好后，一排屋架上爬上去两三个木匠，所有木匠忙开了，有的抬挂方，有的拴挂方，有的拉上去，有的安挂方，前后两边开弓，不到一袋烟工夫就安合好，爬上屋架的木工滑下。都滑到地面后，吊车的巨臂又慢慢转向第三排屋架，像老鹰捉小鸡似的将其钩起，对号入座，木工们又猴子似的爬上去，安放挂方等。这同时围观的群众赞不绝口，都说机械的力量和功能大。云南大学的洪颖女士、和晓蓉女士、和女士的丈夫以及云南大学所聘请的纳西村寨日志记录员和尚勋老师则忙着摄像、照相，特别是手提摄像机的和女士丈夫摄下了全场每个细小的动作和人物的表情，洪女士及和老师则摄下重点的吸引人的照片。接着吊车和木工们又以同样的动作竖完了第四排屋架（左排）。安好衔接方，这时还不到 11 时，这一过程只用了 1 小时 40 分钟左右。砍中梁的人还没有回来，木匠对和国高催要上梁的树，得赶紧运来。木工们抽烟休息，村民们围观闲聊。不一会儿，和福海与和春红抬着一根木料来了，木工们赶紧备木马，帮他俩把木料放在木马上。木工们七手八脚动手修理中梁，村民组长和国高、副组长和万里两个忙着借桌子板凳，借梯子，煮糊浆，贴对联，做上梁的准备工作。

上梁按南溪纳西族的方式进行，把削好的中梁安放于中间房内。梁前摆一张四方桌，桌上摆一个猪头，一挂腊肉（2.5 公斤左右），一盆大米（约 10 斤），两袋茶，两瓶好酒，大米盆中插有八张面额为 10 元的人民币，还架了两条精品红河烟（这些东西上完梁后归这所房子的大师傅私人所得)。在这间中房对位往院子方向摆了两张方桌和八张两人凳,桌上摆了糖果、糕点、瓜子、酒、烟并请来满中村60岁以上的老年男人,还有行政村干部、中村村民组长、副组长陈师傅,云南大学该项目负责人洪、和两位女士,大家斟酒,举杯频频相互祝酒,互表谢意。

上梁开始了,洪女士把上梁用的大公鸡抱给大师傅,和国高在梁的两头拴上两长串鞭炮。大师傅手抱公鸡,用斧头砍破鸡冠,然后一只手抱着公鸡,一只手抚着出血的鸡冠,一边口中大诵吉词,一边往梁的两头和中间点鸡血,再往柱子上点鸡血。这一过程完后,有一木匠师傅一边诵吉辞一边往屋顶上登去,跟着去的还有另一个木匠及扛中梁人和春红,他们把酒、水、馒头等东西传上去。人越来越多,连小学生都趁午休时间赶来观看、捡馒头,在上面的师傅诵得也来劲,边大声诵边放下两根拴梁用的绳子:"天上掉下两根绳,一根是金线绳,一根是银线绳,金线拴龙头,银线拴龙尾,两边一起拴!"有两个木匠立刻跑过来拴稳拴牢梁头,点燃鞭炮,中梁在鞭炮声中徐徐拉上去。梁拉到上边安好后,在上边的木匠师傅继续大声诵道:"今日黄道日,上梁正遇紫微星,鲁班叫我敲中梁;一敲敲梁头,万事如意;一敲敲梁尾,吉祥安康;一敲敲梁中,大发大旺!"随着诵声用斧头敲打所说的部位。接着就丢馒头了,先往东边丢,东边聚的人最多,传说是捡着东边的馒头会吉利。接着往西、南、北方向丢,最后给跪在梁下的主人家洪女士及和女士也丢了两个,这两个不能抢,是主人的份。馒头丢完后又将水果糖及硬币撒向不同的方向,人们照例哄抢。上梁仪式在人们的哄抢喧哗声中结束了。

上梁仪式结束后,和国高及和万里把桌子板凳收回家。负责实施此项目基建工程的大理籍建筑老板小段跟陈师傅说:"这些东西您收了,是您的了。"(指上梁时摆在梁前桌上的东西)现场收拾完后,木工们去休息了,今天不再继续做工。行政村干部三人、满中自然村干部二人、今天找梁头的二人、云南纳西村寨日志记录员一人、云南大学项目负责人二人，共计22人，由段老板到城里请了一顿丰盛的午饭。

5月27日，为云南大学纳西族调查基地竖房子的九河籍木匠们，发扬连续作战的顽强精神，经过昨天半天的休息后，又投入了紧张的工作。大多数木工都在赶修梁头，一个姓姚的师傅则在雕刻前大檐上的权头，动作很熟练，很有这方面的功夫，他讲一天能刻出三个。修梁头的师傅们，有的拿着电锯在锯，有的拿着砍斧在砍，有的拿着凿子在凿洞。还有几位泥水匠在修其他的墙脚。大家干得热火朝天，你追我赶，一片繁忙景象，没有一个偷懒的。

8月8日，满中村云南大学纳西族研究基地现征购的南溪村寨纳西族传统民居的木楞房，今天已把瓦盖好。现在可以利用了，只差火炕还没做正常的格整，也在紧张有序地进行，再等一个星期左右有望格完。剩下的工程是泥头工的活计较多，粉刷，整地坪，砌卫生间及洗澡间大门等，全部工程的结束可能还要一个月时间，这期间还得电路正常。

满中村云南大学民族调查研究基地的建设者们，经过辛勤的劳作，到今天只剩下油漆工序以及办公用具部分。九河籍的施工师傅们只留下两个木工和一个泥水匠来做办公用具和在有必要粉到的部位粉刷外，其余都撤离此工地。院坝及大门做得与以前纳西族富豪家的一模一样，分毫不差。

今日基建老板段景忠，拉来四个大理老乡，准备让这四位师傅来完成刷油漆的工序以及完成壁画。

段老板叫九河木工返工房楼梯上的顶部。楼梯顶部已用石棉瓦盖好，但段老板左看右看，侧面看，正面看，说："这么好的一院建筑，这点出丑了，必须返工成实瓦顶。"九河木工也答应按段老板的要求来做。

11月4日，满中村云南大学民族研究基地建设工作全部完工。一院农家院式的新房在满中村球场北边，特别引人注目。原因是院落、房子、围墙、大门都整得既牢实又美观。围墙的外面上方都题了画。正房走廊的两边墙壁上各画了一幅美丽的山水风景画，画得是那样的逼真、诱人。

负责此项工程的老板段景忠（大理市吉州人），把全部工人都拉回丽江城，他等待着云南大学领导及项目负责人的验收后，交付使用。

满中村球场及云南大学少数民族调查基地纳西族研究点的院坝里挤满了人。小到三四岁的儿童，大至75岁高龄的老人，甚至还有未满周岁的一些婴儿也由母亲背着来参加庆贺今天在这里举行的"云南大学少数民族调查基地纳西族研究点"的落成并挂牌仪式。年轻的少妇们穿着纳西族的盛装，小伙子和中年男子也穿着古代纳西汉子穿戴的羊毛领褂和羊毛毡帽尽情地跳起了欢快的民族打跳舞。

当云南大学的各级领导和玉龙县人民政府的领导们来到现场时，跳舞的人群立即散开排成两行欢迎的队伍，从球场中间一直排到调查点大门口。站在最前面的是小学生，接着是村民，欢迎的队伍一边拍手欢迎，一边高呼："欢迎欢迎！热烈欢迎！"

等云南大学、玉龙县、黄山镇、古城博物院领导们走到院子里后，人们簇拥着又回到调查点院坝，再次跳起民族舞。各级领导认真地逐一看了调查点的房屋建设情况，在主席台上边休息边观看村民们的"民族打跳"①，他们看得很仔细，好像在留意南溪村寨纳西族舞蹈的每个细微举动，又好像被优美的舞姿所吸引。

接着黄山镇党委书记和积军同志宣布"云南大学少数民族调查基地纳西族研究点"落成仪式开始，并由他亲自主持仪式。

---

① 云南滇西北一带少数民族传统歌舞的一大类型，以节奏欢快见长。

首先，他向村民们介绍了今天来参加落成庆典的领导同志：云南大学副校长洪品杰教授、玉龙县人民政府副县长杨承新同志、古城博物院陈副院长、玉龙县民宗局沙局长、玉龙县审计局局长。第二项议程是云南大学副校长洪品杰同志讲话，他在讲话中肯定了丽江各级政府领导对这一项目的支持，同时着重指出进行调研后，将把南溪村寨推向整个云南，推向全中国，乃至推向世界，希望地方各级政府一如既往地关心和支持调研工作，他迫切希望在过去一年里支持他们这一工作的记录员继续坚持做好这一工作。第三项议程是：玉龙县人民政府副县长杨承新讲话。他在讲话中首先感谢云南大学在玉龙县进行这一项目，并希望通过"基地"作为平台，对南溪的发展作出贡献，把南溪村寨的纳西族文化推出云南，推向全中国，推向世界。第四项议程是：云南大学副校长洪品杰教授、玉龙县人民政府杨副县长为"基地"揭牌。揭牌前，今天前来参加庆典活动的各级领导同志在大门前合影留念，满中村的组长和国高、副组长和万里也参加了合影。揭牌开始，南溪坝里鸡冠山下鞭炮声震天，两块崭新的牌子出现在大门上："云南大学纳西族研究基地""云南大学古城博物院纳西族研究站"①。从此，南溪的历史将翻开新的一页。第五项议程是：领导与村民们共舞。各级领导欣然加入舞群，与纳西族村民携手共舞。省城里下来的领导开始跳得呆板、不自然，几分钟后就与村民融合一致，真是高级知识分子心眼灵，一看就懂。跳了约半个钟头左右，仪式所有程序结束。之后在南溪村委会书记兼主任和国军家进行午餐。这顿饭以南溪村寨纳西族待客的方式，以最高的礼节做的各样菜：腊肉一碗，火腿肉一碗，鸡肉一碗，炒瘦肉一碗，肉汤煮蔓菁花一碗，肉汤煮萝卜一碗，大块洋芋一碗，山珍蕨菜一碗，传统的八大碗。它们都是原汁原味，没有城里用的味精、酱油，每一碗都自然美味可口。从

---

① 该项目为南溪基地与丽江木府博物院的共建项目。

省城来的高级知识分子和还没品尝过南溪纳西族饮食风味的丽江城里领导都赞不绝口，都称美味佳肴。吃完饭后，和国军又拿出本地产的松子待客，吃起来又香又脆。休息一阵后，参会人员便陆续返回。返回前负责修建此院工程的老板段景忠，向黄山镇党委书记要求拨付所欠工程款，书记表示，您应该把此工程的扫尾工作（平整小园子地面，钉好天花板上的封条）做完，要不然我们先付清你的款，而你没完成就走掉，我们上哪儿去找你？段老板也就无话可说。他们都一同踏上了归程。鸡冠山下最欢乐最有意义的一天就这样结束了。

以上是 2004 至 2005 年日志第一卷中有关基地建设的总共六千多字的记录。我们仅将其按时间顺序搜罗排列出来，一个完整的基地生成记就鲜活地呈现在我们面前。通过记录人特有的视角，看到了九河白族大师傅、大理白族包工头、剑川工匠师傅若干、不一样的送木神过程和细节；看到了村民从南溪本村山林专门祈请来的中梁、与南溪传统相异的竖房方式（居然调用了吊车）、与南溪传统相一致的上梁方式……一个既传统而又非传统的，既是纳西族的又是由白族人主导的基地建房过程，包括木材的准备、送木神仪式和上梁仪式，竖房程序、装饰美化、后续收尾工程、房屋整体感观、落成仪式等各个关节点、参与人物、活动内容、情境性话语等，被记录员以一种近乎白描的口吻，将仪式过程、场景和我们客位观察者容易忽略或者捕捉不到的细节有条不紊地叙述出来。他的这种天然的白描式录入法，虽然就其本身而言，并非完美，在语言、事项、心理等各个方面，还有很多疏漏，但仅就以上三个仪式（送木神、竖房上梁、落成），扪心自问，我们的确无法复制，或者仿制；一个长于仪式研究的专家，或许在进行各种前期准备、动用影像、录音、现场各个角度的关注、仪式实施人的采访等，所呈现的，还是一个不一样的文本，不一样的图景。因为源于民族、区域、村寨、血缘、心理与情感、审美与价值等的同构性而生成的主位视角，真的无法取代。

上面三个仪式的主位呈现，使我们的基地自打开建，便具足了满满的主位感和本土文化感，因而，这个事件本身也是探讨村民日志方法与意义的一个很好的个案。相比于开篇处我们的工作报告，基地建设过程不再是干巴巴的行政式叙述，或者强词夺理地宣称基地建设具有如何的文化感。我们的基地建设不再仅仅是一个工程记录，而是一个完整的纳西族传统建房仪式和建房工序的记录。

接下来记录人还提到了基地另一个特色建筑——木楞房的来历和收尾工作。遗憾的是他没有记录他如何带领包工头到太安乡的偏远村子收购老木楞房，将其就地拆装编号，运到基地后先清洗陈年烟垢，再按编号将木楞房组装起来，再盖瓦、布置神位、砌火炕等过程（这个事件还反映出另一个问题，即南溪作为传统的木楞房之乡，在2004年的时候已经找不到美观完整的木楞房，大多已经拆除并换成了土木结构的房子，我们不得不前往更为偏远的地方异地购买）。从这点来看，记录员的书写也并非面面俱到，有遗漏或遗忘的情况，换言之，记录本身有一种随意性，这种随意性或许是无意的，或许是有意而为之，我们只能说这也是村民日志的特点。

## 三、记录人笔下的基地工作开展

基地建成后，便陆续开始了一些计划实施的工作。于是我们继续用串珠法，在日志中搜索有关云大基地的内容。

基地最先着手进行的就是东巴文化传承恢复计划，而且在其中几年还做得有声有色。和尚勋老师的记录保留下当时的各种细节，可资后续研究者了解和评价我们当时的东巴文化传承工作的得失。

云南大学纳西族调查基地项目负责人洪颖、和晓蓉两位老师，趁放寒假之际请来了玉龙县东巴博物馆馆长李锡副馆长和寿泉两位东巴内行人士，到南溪基地观察、指导，为以后在南溪基地开展民俗传承活动做准备。李馆长及副馆长和寿泉向从省城最高学府来的两位高级知识分子详细介绍了纳西东巴文化的内涵，学习的一些基本方法，以及办东巴文化传承班的一些必备条件。他俩还就基地现有的庭院设施提出应设置的东西（如神龛、香坛等）。介绍之后，大家一起到基地管理员和尚勋老师家休息，大家边喝茶边继续谈论关于东巴的话题，李馆长对和尚勋老师说："和老师，您应该学习东巴文化，现时有很多退休老师学了东巴文化，成了东巴文化师，为保护和传承世界文化遗产和弘扬民族文化作贡献。如原天红完小校长杨宏章，现已成了东巴师，已有五六年时间专门在东巴研究所写东巴文，他的收入也是很可观的。若您从现在学起，在一般的身体状况下还可以为传承民族文化做二十年的贡献。特别是对东巴圣地东巴文化已接近消亡的南溪，功绩不可低估，以后请您常来我馆联系、学习。"两位云大基地负责的女士也持赞同和支持的态度。①

（2006 年 7 月 7 日）云南大学纳西族研究点（南溪满中村）张灯结彩，装点与往日不同。正楼上挂了六个红黄色布料制成的、四面都印有"东巴象形文字"的方形灯笼；大门两边、厨房两根中柱上也各挂了两个同样的灯笼。大门、厨房走廊里铺上了一层厚厚的青松叶（这是世世代代居住在南溪的纳西族最高最隆重的迎客方式）。大门上还贴了一副东巴文字书写的对联和门神，对联大意为："秀美山色，淳朴民俗，喜迎远方来客到来。"这对联是文笔峰旅游公司经理和升拿来的，他还拿了一些装在镜框内的东巴字帖，及南溪村寨的一些照片。松叶是基地管理员和尚勋出三十元工钱请村民从山上采来的。

下午 3 时左右，云南大学社科处长、"211 工程"负责人何明教授，

---

① 遗憾的是和尚勋老师犹豫之下没有着手这一特殊的学习任务。当时南溪另一位东巴后代和丽元老人有学习的愿望，但实际上我们并没有能够采取具体有效的方法帮助到他。文中提到的东巴文化进课堂项目进行了三年后，终因和丽宝老师工作任务重，无法保证上课时间，而换届后的南溪完小校长似乎并不热衷于这项活动而搁置。

云南大学博士研究生、纳西族研究基地项目负责人洪颖女士，陪同美国一位著名大学教授到达基地。宾主先到厨房火塘上就座、交谈，云大的两位负责人用很流利的英语和美国来宾对话，互相作了深入细致的交谈，有问有答，谈得很融洽，充满了和谐热烈的气氛。黄山镇纪委书记和玉刚也陪同前来，他表示镇党委政府尽力为云大基地排忧解难，支持云大的研究项目顺利开展。南溪村委会主任和国军、副主任和丽军参加了今天的活动。满中村的部分群众也停下农活前来凑热闹。村民和立功还拿来木制盐臼及舂棍想当作古董卖给老外，但美国来宾看都不看。在火塘上交谈结束后，洪女士引领来宾观看了所有基地房间，边看边介绍用途。他（她）们还到满中村村民和万里、和丽元家考察。

（2011 年 2 月 24 日）云南大学洪颖老师带领云大研究生在丽江市玉龙县拉市乡"大丽高速公路"建设地段做田野调查，在百忙之中，今天抽空邀约南溪村民委员会副主任和丽军（纳西族调查点影视记录员），和尚勋老师（纳西族调查点村寨日记、影视记录、基地管理员）到丽江城里，并邀请丽江市博物院在读博士研究生和继全同志，共同商议云南大学 211 工程"民族文化进课堂"的开展方法。和丽军同志因没车进城而未到场。他们三人就对这一事专题进行了磋商。洪颖老师要和继全同志请一位博物院的人作为南溪完小民族文化进课堂的"东巴文化教员"，和继全同志全力支持，当时就与该院的和丽宝同志联系，要他担任这一重任，和丽宝同志当即表示愿意承担。洪老师及和继全同志坚持每月上四节课（两天，每天两课时），和尚勋老师考虑到学校老师们有教学主课程统测的压力，建议每月教两个课时，并由他去与南溪完小校长和建雄老师商议。

3 月 10 日，云南大学"西南边疆少数民族研究中心纳西族调查点"的负责人和晓蓉老师与纳西村寨日志记录员兼基地管理员和尚勋老师通电话，布置在南溪完小开展"民族文化进课堂"活动的有关事项。

提示和尚勋老师要在丽江市博物院东巴文化传承老师来南溪完小给二、三年级学生授东巴文化课前，做好准备工作。具体提示如下：

1. 事前要与南溪完小校长取得联系，请校长安排课时及指令老师组织学生上课。

2. 要与所聘请的丽江市博物院东巴文化教师和丽宝联系好，并要求和丽宝老师作好授课记录。

3. 要备好学生用的作业本和笔。

4. 尽量请村里民间艺人传授民间艺术。

5. 以日记的形式记录下"民族文化进课堂"的活动情况。

3月21日，云南大学纳西族调查点计划实施的"民族文化进课堂"活动，今天正式启动。

该活动在南溪完小进行，具体做法是：由云大纳西族调查点负责请来丽江市东巴文化博物院东巴文化专家和丽宝老师，对小学二、三年级的学生进行东巴文化教学。学生学习用的纸、笔由云大提供，计划进行三年时间。

今天是周一，安排上午两节课的时间进行教学。教学前该校校长和建雄向全校老师简要说明了这一活动的内涵，要求没课的老师也参加学习。

和尚勋老师也向师生说明了云大调查点在南溪完小学生中进行该活动的目的：传承世界记忆遗产东巴古籍文献，国家级非物质文化遗产东巴绘画等优秀民族民间文化，培养民族传统文化传人。

二、三年级学生共有二十三人，教学结束后，和尚勋老师要求把学生作业本收集起来保管在教师办公室，等到学生练习时又发给学生，以防几天就丢失或撕烂。教学结束后，和尚勋老师与和丽宝老师进行了探讨，和尚勋认为一个月上两个课时，估计学生学得不好，最好向校长请求一下，由任课老师在一月里加一个活动课时，练写练读，来巩固学生的记忆，和丽宝老师认为也有这样做的必要，并与校长说好"以后的课时由和丽宝直接与校长联系时间，灵活进行"。

为着实承担起基地管理员的责任，和尚勋老师住进了基地，拿着每月150元的报酬，在做日志记录的同时还要负责日常管理和看护，以及来访学者及学生的接待工作。不仅他本人全力以赴，还不时地把自家的老伴和家良大妈也发动起来作贡献。对此尽管村民看法不一，有的以为他整天四处转悠，问事询情，是领到了云大的高额报酬；有的觉得他是满下村的人，基地既然建在满中村，就应该由满中村的人来管理。但他从来没有因此放弃记录工作，或者以此向云大要求更多的报酬。

（2006年7月6日）村民和家良停下农活，忙着洗碗刷锅，为他们家暂住到云大纳西族调查基地生活几天做准备。她洗刷出一些锅碗，就让老伴和尚勋陆续背到基地搁置好。她洗刷了一个上午，老伴背了三转。先背生活用餐具，接着背柴、米、油、盐等食用品。到下午，和大妈又叫老伴拿来火腿，叫老伴把边边上肥肉多的一截先用锯子锯下来，放于橱柜中；然后锯下瘦肉多的最好的一块，用火烧一下，之后，用温水加纯碱洗了又洗，一连洗了四次，准备煮给明天的来客吃。她的性格就是热情大方，讲究卫生，让人吃了觉得满意。然而，不知内情的个别村民说："在基地做饭吃，太幸福了。"持这种见解的人，误认为和大妈可以在那里白手公吃。她们哪里知道和大妈是长此以往毫无吝啬地招待所有来家的客人，不像有些人那样只想占别人的便宜。

读到这段话时，我们忍不住要插一句。不时出现在和尚勋老师日志中的和家良大妈，虽然对她的叙述往往只有简单直白的只言片语（这是和尚勋老师自谦的表现），但实际上我们可以毫不吝啬地把谦虚、低调、热情、慷慨、能干、善良、通情达理等赞美之词，送给这位在和尚勋老师后面默默奉献、极力支持鼓励和尚勋老师从事日志记录和基地管理这些在一般人看来出力不挣钱的工作的妻子；她是南溪纳西族妇女美德的化身。

（2006年10月15日）今天是云南大学纳西族研究点的管理工作

交和尚勋老师来管理一周年。一年来他边管理基地房屋财产，还像他往年"忠诚党的事业，一心扑在教书育人上"一样，没有减退半点的事业心，反而更加认真负责，坚持每天写日记，每晚都睡在基地里看守。有时候偶尔去丽江一两天，也由老伴和家良顶替看护。和尚勋老师同时承担了学生和学者来访的接待工作，在搞接待时，不仅误了他而且也耽误了老伴的盘田时间，但从未计较，更没有向基地负责人要过误工钱。特别是3月份后，他在基地边种了一些从本地山上挖来的冬青红灯笼，6月2日木府又从城里拉来了一些柳树及桂花、玉合花、冬青年等名贵树来绿化，此后他投入基地的心血和精力更多。开初每天浇一次水，一个月后每三天浇一次水，村民放羊和关羊时间，他都守护在所种好的树旁，以防止羊群过去过来时伤害了小树，长期坚持下来初见成效，树成活率在85%以上。今天他从家里砍来竹子，给种在院坝里的桂花树、玉合花树、吊兰等五棵树搭架子，准备下霜时盖上塑料布，以防止霜雪伤害，让小树安全过冬。见状的村民们问："和老师，您搞这工作云大每月给您四五百元的酬金吧？要不然您不会这样负责任。"和老师坦率地笑着回答："酬金不多，但我这人很不在乎钱，如果我在乎钱的话，不会这样早就退休，只因考虑到自己的身体及工作效率，才申请退休的。我认为钱这身外之物可多有多用，少有少用，每月30元工资时也过来了，每月300元也同样，每月1300元也不够。我的性格是答应了别人的事，就要负责到底，直到最后。这样做一下对我本人也有利，我可以老有所学，老有所为，老有所乐，我为云大基地、为村民做点力所能及的事而感到荣幸。"

那几个村民听后说："和老师，当今的人能捞一点是一点，能要一点是一点，能占一点是一点，像您这种人的确不可多得。"

和尚勋老师用简朴的语言为作为基地管理员和日志记录人的自己画了一幅素描。他的身影，还有他为基地栽种的奇花美树，成为了南溪一道独特的风景。从中还看到了木府博物院领导对基地的支持。遗憾的是，后来由于病痛、照顾孙辈等原因，他不再住基地，很多树和院里的花都因无人照料而枯死了。但是对此我们说不出半句抱怨的话，因为我们也找不出另一个像他这样的人了。其间还发生了一次雷击的插曲，不仅让和尚勋老师心有余悸，也生动反映了高海拔山村无法避免的雷击灾害，并且这种特殊的自然灾害背后还有着一些负面的隐喻。幸好下面记录的这次雷击经事后查证，系农网改造不合格所致，否则云大基地在南溪的存在会经历某种非难。雷击事件不仅反映出农网改造普遍存在的质量问题，还生动描画出乡村电工长年累月雁过拔毛，多收电费的行径。

（2007 年 1 月 7 日）退休后居住在满下村寨的和尚勋老师因患急性痛风性关节炎，关节疼痛肿，不能动弹，更不能行走，生活起居很不方便。他的儿子和朝亮拉他住院治疗，并由老伴和家良前去招呼，云大基地由儿媳和福春暂时看管。村寨日记的记录因病而暂停，他打算等病情好转后，用电话询问儿媳，通过儿媳的口述，再作记录。①

入院后，医生为他进行了打针治疗，从下午 5 时滴注针水到夜间 3 时半，老伴守候在床头，直到输液完了才打个盹。

4 月 21 日，云南大学纳西族研究点的管理员和尚勋老师去丽江城背一棵桂花树。事情的全过程是这样的：2006 年 6 月初，丽江古城博物院在研究点进行绿化，从丽江苗圃买来两棵桂花树和两棵玉合花树种在院子里，还买来一些垂柳种在大门前。种好树后，和尚勋老师精心呵护，勤浇水、除草、搭棚过冬，到霜少的春季到来后又掀开棚子，给树喷药水。尽管这样，种在大门边的那棵桂花树一天天枯黄了，眼看无法救活。和尚勋就与木府的园艺师李师打电话联系，请李师转告博物院领导，采取补种措施。他请李师告诉领导，研究点的树必须保种保活，否则就影响院内的景观。李师汇报情况后，领导同意

---

① 对这个细节，和往后日志中出现的记录人不在场情况，一方面确然会造成一定的信息流失或信息偏差；但另一方面，我们也从中看到主位日志记录的常态，以及这种常态背后的合理性。

再买一棵桂花树补种，并通知和尚勋老师来丽江城苗圃里背。李师买了一棵价为230元的桂花树，和尚勋老师背回到研究点后，从邻居五福海家借来铲子种好。他希望所有的树都成活，把研究点点缀得好好的。

圆满建成后的基地，在和尚勋老师的精心看护和木府博物馆的支持下，不断美化完善，既有纳西居家的温馨秀丽，又有着作为不同性质的外来者的异样感觉。但由于学校经费支撑的问题，以及下面记录的雷击事件，当然主要是和尚勋不得已的进城居住问题，基地除了基本的维护之外，前期开创的良好局面没有得以发扬光大，甚是遗憾。每年除了和尚勋老师不时去照看一下，有学生或学者下去时开张一阵之外，平时只有锁门大吉了。这种光景想必在村民心中也留下了一个阴影。有的甚至希望基地倒闭了，背不走的房屋，自然就是满中村的共有财产了。

8月21日，23时半左右，好些村民在酣睡中被惊天动地的雷声惊醒，接连不断的雷声伴着哗哗的雷雨震耳欲聋，听到雷声的村民都感觉到地动房摇，估计附近遭到了雷击。还未睡下的满中村年轻人和村民和菊、和红看到电闪雷鸣，受惊不浅。和菊有好几分钟待在楼上下不来，闻到臭味后才觉得事情不妙，下到房中看见电话机被雷击坏，她就喊醒丈夫和福生把电源都关上，吃了受惊药才睡下。和红也被这突如其来的雷声震怕了，受惊了，得吃受惊药。睡在云大基地的和尚勋老师惊得不敢出来看，到第二天起床时才发现云大基地的电表被雷击，房子正房梁头的瓦掉了一些，掉下的瓦砸在平房上，又砸坏了一些瓦，造成连环受损，受损瓦面积约2平方米，橼子震断一根。他细察后把情况汇报给该项目负责人洪颖、和晓蓉两位老师。和晓蓉老师要他把这一情况向丽江古城博物院（木府）陈副院长汇报一下，请求木府援助修理。

据南溪村委会副书记和国军统计，昨晚上受雷击的还有南溪鹿子村村民和光家，比满中村受损严重好几倍。此次雷击，满中村有八部电视机和一台电话机被击坏；鹿子村有一农户的厨房受损较重，有五台电话机和六台电视机被击坏，所幸没有伤着人。

8月22日，云大纳西族研究基地管理员和尚勋老师遵照和晓蓉老师的指点，到丽江古城博物院（木府）找陈桂云副院长汇报昨晚发生的事情，并请求木府予以援助维修，陈副院长说："得汇报请示黄院长，才能答应。"于是她拨通黄院长的电话，黄院长说："正在开会，等下午说。"和尚勋老师下午2时又到木府找领导汇报，黄院长说："这下我们很忙，等明天以后抽时间上去看一下再作决定。"和尚勋老师告辞回家，等待木府领导来查看现场。

和尚勋因为云大基地没有电照明，再加上昨天晚上的事心有余悸，当晚没有住在研究基地，想在照明恢复后再住到那里。

满中的部分村民闲在小卖铺前，谈论着昨晚发生的事情，有些村民看着云大研究基地受损景象在谈论着，有的说："好险阿！幸好没伤着睡在里边的老师"；有的说："和老师一生从教，做人诚实忠厚，对事业忠心，教育教学认真负责，好人是不会有难的"；也有人说："坏人不遭殃好人反难多，以后打雷下雨时防点为好"。也有的交流着事发当时的自身感受，和菊心有余悸地说："我真害怕我妈和三姐的悲剧在我身上发生（和三姐在2000年中秋节前一天，家里电表及电器受雷击，受惊吓，后抢救无效死亡）"。大家都说："的确生命是可贵的，怕是理所当然的。"

8月24日，南溪满中村云大纳西族研究基地管理员和尚勋老师，遵照丽江古城博物院领导的指示，请来行政村电工和永勤查看基地房被雷击的情况。经电工和永勤查证，这次雷击击中电表，电表被击烂，不能再用。房屋损伤是击电表所致。由于电表安得高，没有避雷设施，从电杆到电表的电线有部分露出引起雷击。按说，这应该是农村电网改造时的过失。在南溪农电网改造时，项目施工老板把质量差的皮线用在了这一工程上，南溪不少家接入各户电表的皮线都出现脱皮露线的现象。两人无言以对。和尚勋老师与电工和永勤预约好，等买回电表等所需材料后再帮忙安装，并由电工开了所需材料单。

9月3日，南溪满中村云大纳西族调研基地，请满中村泥水匠和福军来修补被雷击损坏的瓦面及椽子，经过和福军昨天、今天的紧张劳作，于今天修补完成。

11月2日，云大纳西族研究基地负责人和晓蓉老师来到基地调研，一同前来的有从西藏拉萨来的喇嘛教活佛，香格里拉松赞林寺活佛及大喇嘛一人，云大研究生二人，尼泊尔国的一位客人也同来基地调研，共有八人。和晓蓉老师到基地后，详细询问了基地的情况，并与基地管理员商讨了基地以后开展工作的打算。同时她仔细察看了基地由电线引起雷击震坏房屋的情况。她打算在今年底或明年初在基地举办一期"东巴文化传承班"，以便弘扬民族文化，使南溪有东巴文化再传承的人员，她要求管理员和尚勋老师作好统计宣传工作。与此同时，她付给满中村民组长和国高自来水管维修费300元。在基地逗留时，从西藏拉萨来的活佛，在基地楼房的天花板四角订上了不同的四块小玻璃牌子，象征着佛法保佑此房以后不再遭受不测。

在承担基地管理工作的同时，和尚勋老师无形当中成为了前去南溪做田野调查的学生们的最佳解说人、带路人和翻译，有时甚至是保姆(当然，他的做法是否符合于民族学/人类学学科对学生田野调查的要求则另当别论)。田野当中各种学生的形象也被留在了日志当中。

11月3日，江苏南京籍云南大学民俗学研究生张岩及河南洛阳籍云南大学民俗学研究生段小青（女），跟随纳西族调查基地管理员和尚勋老师到田间，去看农民挖洋芋的情况。他们要参与挖洋芋的生产活动，和尚勋老师及夫人都怕泥土弄脏了他们的衣裤，就千方百计地让他们俩休息，他们不肯，就叫他俩去山上捡柴，他们捡回一些柴回到田里后，执意要动手试试，和大妈就让他俩捡洋芋。眼看着他俩笨手笨脚的，就叫和尚勋老师把他俩领回家里休息。真是在城市里长大，从小拿惯笔的研究生，干农活的确不是件容易的事。

　　晚上，三人在火塘上边烤火边交谈有关居住在南溪的纳西族各种风俗习惯。

　　11月4日，云大纳西族研究基地管理员和尚勋老师，吃过早饭后领着云大民俗学研究生张岩、段小青两位同学到鸡冠山背后的东巴灵洞调研。这是在2004年来做调查的研究生杨杰宏、刘帅东两人到东巴灵洞后的又两位民俗学研究生。他们从鸡冠山背后的跌水岩路过，到东巴舞场休息片刻，再往上爬到灵洞。路过跌水岩时，两位研究生看到水从石崖的半腰流出后形成瀑布，被这一美景深深吸引住了，他俩对此地山水的美赞不绝口，轮流在此拍照留影。这里的山水风光真是美不胜收。到东巴灵洞，他们结合资料上学到的知识，细细察看了灵洞的各个角落，并拍下了许多照片，连声说："我们到了神圣的地方，太幸运了，太幸运了"。和尚勋老师也在百忙之中陪他们，为增加学者的学识而牺牲个人利益感到欣慰、乐观。

日志记录员和尚勋为学生访谈做翻译

晚上，和尚勋老师请来大东巴后代和丽元，请他谈以前他见过的一些东巴祭祀仪式。在谈到南溪的丧葬活动有很大的变化时，和老师与和丽元一同回顾了南溪丧葬活动的情况并作了讲述，张岩同学对此很感兴趣，拿出录音机，请和老师再讲一遍，一直到零时过些才睡觉。张岩临睡前三番五次地说："南溪的丧葬礼仪很有研究的价值，等以后我还再蹲上两个月作一番细细的研究。"

和尚勋老师的记录同时涉及了作为基地负责人的我们在南溪留下的一些工作痕迹，基地学生田野实训这一前提下的师生互动，以及师生与村民的互动。

（2008年1月19日）云南大学和晓蓉老师领着丽江市博物馆的和继全老师以及甘孜桑毗林寺的活佛，还有云大研究生王磊等，到南溪的纳西族研究点进行检查和指导田野调查工作。同时请和继全老师①及活佛在鸡冠山上的东巴灵洞里举行了祭祀东巴祖师丁巴什罗的仪式②。这一活动也是田野调查的内容之一。所有调查的研究生都一同上山到灵洞进行实况拍照、摄像、录音等。回到基地后，和晓蓉老师对调查人员作了具体的指导和分工，并叫王磊同学也留在南溪进行调研。

（2009年2月4日）云南大学洪颖老师带领着云大民族学研究生李力（丽江籍）、和晓瑜（丽江籍）、符广兴（江西籍）、冯海晓（青海籍）、唐小茜（昆明籍）、金贞丹（韩国籍，博士研究生）等六位研究生来到设在丽江市玉龙县黄山镇南溪村委会满中自然村的"云南大学云南少数民族调查基地纳西族调查点"，对所在地满中村进行田野调查。

---

① 和继全，纳西族，副研究员，迪庆三坝著名东巴传人，纳西象形文字研究专家，时任丽江东巴文化博物馆专职研究员，现就职于西南民族大学民族研究院。

② 由于记录人对藏传佛教缺乏了解，这个过程的记录有所偏差。和继全与甘孜桑毗林寺的东瑰活佛到达灵洞后，都不约而同地认为灵洞实际上已经被几十年积攒的游魂野鬼所占据，出于善意帮助，他们各自做了简化的驱邪超度仪式。

笔者与和继全老师访谈留守老人

　　节气已过"立春"，已是开春气候转暖的时候，但地处海拔3200百米的南溪村仍是寒冷气候，洪老师知道调查点有些被子，但很单薄，怕研究生们睡觉冷而得病，就从昆明买来了电热毯，并从丽江城的客栈里租来好些被褥拉到南溪让研究生们盖，这充分体现了她对学生的爱。到基地后她让大伙休息一阵后，大家围坐火塘，交谈了各人想做的调查内容，洪老师对每个人的调查内容都作了细致的指导，指出调查时容易被忽略的部分，给每个研究生指导进行调查的方法，她的行为真是爱学生如爱子啊！这使在场的南溪村委会干部及和尚勋老师深受感动。

　　晚饭后，研究生们针对各自要进行调查的内容，向村委会干部作初步的摸底调查，村委会干部给他们做了介绍。随后，洪老师领着村委会副书记和国军、副主任和丽军、研究点管理员和尚勋以及研究生们到满中村村长和国高家里。到和国高家后，洪老师向和国高讲明了这次研究生下来的目的、意义，以及每个研究生的简要情况和调查内容，并明确指出，此次调查的重点在满中村进行，不仅要得到村委会领导的支持，而且要自然村村长也给予大力支持。和国高也当即表示，要尽力支持，要大伙在调查中遇到困难和问题及时向他说，以便得到帮助。随后大伙吃点瓜子，喝口"玛咖酒"后告别回基地，洗脸洗脚，洗去一天的劳累就寝。

穿纳西服装的研究生

2月5日，云南大学下派的民族学研究生李力等六位学者今天开始对南溪纳西族村寨进行调查。白天自己看资料，傍晚到南溪满中村村民组长和国高家，对和国高进行访谈。主要访谈的内容是和国高家

2008 年的家庭经济收支情况。和国高家现有人口为四个半（和国高夫妇、女儿和玉仙就读于玉龙中学初二、儿子和玉奇就读于南溪完小二年级，老父亲和玉南，现年八十二岁，在和国启、和国高两个儿子家一家一个月地轮流生活）。他在访谈中真实准确，有数有据地、毫无保守地给学者谈了访谈的内容，他的老婆和秀在旁说："和国高不要说大话"，暗示不能说真情。和国高对和秀说："真说了，人家也不会抢夺我的一分钱，说低叫苦，因为他们不是扶贫工作人员，不会给我一分钱，没关系的。"

有意思的是，和尚勋老师一心为学生的"老好人"性格，也有被个别有投机心理的学生利用的情况。

（2008 年 7 月 22 日）退休老师和尚勋在割"若考"（一种草本植物，高一米多，茎、叶煮熟可喂猪）时，接到从北京打来的一个电话，他很愕然。原来打电话的人是江苏南京籍人 XX（由笔者隐去该学生姓名）。他事前曾两次到过云南大学设在南溪的"纳西族调查研究基地"。这个电话是他到北京过暑期生活，从北京打来的。电话的内容是：请和尚勋老师帮他写一篇较为完整的丧事活动记录（从准备，到实行丧葬的全部详细过程，发生在南溪或者周边村寨里的都可以），以及拍摄些丧事过程的照片，并写好图片的含义。他想用这些作为写硕士毕业论文时参考资料，同时答应付一定的酬金以表谢意，并负担拍照的费用。在电话里和尚勋老师满口答应。

可在回家的路上，和尚勋老师边走边推敲，这事确实是不好办、不易办，不可能在一定的时间里办到的事情，因为满子师（上村、中村、下村）三个自然村里不知何时会死人。到周边村寨里去拍照，他们会认为他所拍的照值钱，和尚勋可能把这些作为商品卖出，所以会招惹一些不明真相的人的为难。不计较他自己的误工误时及花销，单凭以上两点，是有些难做的。如果满子师有人死了，那他一定尽力而为，但要等到有那么一天。他到家后，把这些事跟老伴交谈了，老伴说:"学者有求,你就找机会帮好。"

和尚勋老师只好等待时机,来完成XX所求一事。

好心帮忙的和老师夫妇,只想着成人之美,却忽略了这是学生的不合理请求。

不过另一次事件,他的表现却有非常有谋略,让人禁不住哑然失笑。

(2009年7月3日)南溪完小现任校长和家香引荐来一位美国一所大学的教授,要找云南大学纳西族研究点的管理员和尚勋老师,当时和尚勋在村民和女家,答应在公路上见面。见面后,和家香老师作了介绍。来人说:"听说你这儿常有云大的研究生下来做田野,那些资料借给我看看好吗?"和尚勋当即想到2003年12月在云大培训时何明导师说的话:"研究点的资料、日记,归云大所有,拿给别人,就等于是喂肥了一头猪,让人拉走。"再想到事前他没接到项目负责人洪颖老师及和晓蓉老师的电示,他就以"在和女家做事,没时间交谈,田野资料及日记都由云大管理,不在他手上"而拒绝交谈,欢迎改天再来。据说来者是研究环保方面的,他还问及暑期云大会不会下来做田野。

时间行进到2010年。学院组织了第二次基地记录人培训会议,主要想解决影视记录的不足问题。

(2010年4月16日)云南大学纳西族研究点的管理员及村寨日记记录员和尚勋老师,早上10时左右接到云南大学该项目负责人和晓蓉老师的来电:"23日设在各地研究点的人员来云大接受影视记录培训,参加人员为每个点两名,往返车费、住宿费、在昆生活费由校方负责,纳西族点建议曾参加过记录村寨日记培训,现任南溪村委会副主任的和丽军同志也来参加此次影视记录培训,而且要讲明报酬只是很少的一点。"

和尚勋接电后到村公所去找书记和继武,副书记和国军、副主任和丽军,想转达今早的来电内容,但他们不在村公所,就打电话给党总书记兼村委会主任和继武，转告和晓蓉老师的来电内容，和书记表示："只要和丽军愿意，我就支持他去参加培训，近期村里的工作由我承担。"这充分体现了作为南溪村的领导者，他十分支持云大纳西研究点的工作。

和尚勋老师给和丽军打电话通知其内容及和晓蓉老师的期望，他也立即表示同意，他说："从在南溪设研究点开始，到昆明参加了培训活动，云大为我作了付出，只要他们需要，我应该帮他们做点事。"

于是南溪村委会副主任和丽军，云南大学纳西族研究点管理员兼村寨日志记录员和尚勋老师，前往昆明参加云南大学举办的"重现边疆，首届人类学、社会学记录影像年度论坛"和"乡村影视记录培训班"。和尚勋老师的日志记录，还原了当时这个会议的情况，以及两位记录人的感想。点睛之作是和尚勋老师在金殿钟楼上随感而发的诗句。

这两位南溪村民是通过"云大纳西族调研基地"这个平台，第二次赴省城参加学习的。第一次在2003年12月底，和丽军、和国军两位作为南溪村领导的身份；和尚勋、和国高作为调研基地记录员的身份，参加云大举办的"村寨日志记录培训班"。而今和丽军也将作为纳西族调研基地影视及文字日记记录员参加此次培训活动。

他俩在沿途看到祖国建设日新月异的景象，都异口同声地说："变化真大呀!"

4月24日，从云南大学各少数民族研究点前来参加"重现边疆，首届人类学、社会学记录影像年度论坛"及"云南大学田野调查基地村民影像志"培训班的十五名学员参加了论坛。他们分别来自玉龙县黄山镇南溪村（纳西族），大理剑川沙溪石龙村（白族），富民县东村乡石桥芭蕉村（苗族），怒江贡山县丙中洛双拉村查腊二组（怒族），红河州元阳县新街镇上戈寨村委会箐口村（哈尼族），怒江州福贡县鹿马登乡赤恒底村（傈僳族），石林县圭山镇大糯黑石头寨（彝族），通海县纳古镇纳忠爱（回族）。不同的地方、不同的少数民族，抱着共同的目标（学好影像技术），参加这样高规格的"论坛"，有着不同的感受，来自丽江市玉龙县黄山镇南溪村的和尚勋说："原以为高级知识分子会清闲，通过参加今天的'论坛'，深深知道，高级知识分子干起事来的确是废寝忘食，对学术问题争论起来，都争先恐后，那样认真，那样一丝不苟，对学术的研究孜孜不倦，他们的这种敬业精神很值得学习。"

　　来自八个研究点的十五个村民中，年龄最小的是二十出头的彝族小伙子毕林，最大的是六十一岁的纳西族老人和尚勋。由于年龄、民族、职业各不相同，因此，对云南大学举办的培训的认识也不尽相同。

　　4月30日，参加云南大学举办的"重现边疆，首届人类学社会学记录影像年度论坛"及"云南大学田野调查基地村民影像志"培训班的纳西族南溪村民和尚勋、和丽军两人，结束了培训活动后，特别受到纳西族调查基地子项目负责老师洪颖、和晓蓉的关心，到昆明世博园去游玩，通过游览世博园，使他们两人的眼界大开，见到了世界各国的园艺精华。和尚勋老师还深有感触地对和丽军说："在2010年上海世博会开幕的今天，我俩有幸游览'九九世博园'，这是难得的福分，没有云大纳西族调查基地这个平台，我俩享这福分是根本不可能的，只要该项目需要，我俩定要为其尽力而为。"和丽军表示定要这样。当他俩登上金殿钟楼，用望远镜观看四周后，和尚勋老师当即拿出纸笔写下了"登钟楼远眺美景尽收眼底，听钟声催人奋进思未来事业"。表达出他对昆明美景的赞誉和搞好基地所托工作的决心。

　　（2011年2月26日）云南大学影视记录滇西片（剑川、玉龙、福贡、贡山）的负责老师李昕，今天带领一个助手（硕士研究生）到玉龙纳西族自治县黄山镇南溪满中村纳西族研究点来指导影视记录工作。他对该研究点的影视记录员和尚勋、和丽军两人所记录的相片、录像做了输入和拷贝处理。他俩在暑假后拍摄的片不多，李老师提出了批评。并把大理剑川县沙溪镇石头村的摄像输入南溪点电脑里，要求南溪点两个记录员看看石头点的镜头，取他们的长，补南溪的短。其间李老师还问及影视记录补助费的情况，和尚勋老师告诉李昕老师，"从2010年7月到12月，计半年每人每月发100元共每人600元，前几天由调查点负责人洪老师交给我，由我来代收和丽军同志的600元，并已转交给和丽军同志"，村委会副主任兼南溪纳西调查点影视记录员和丽军在旁表示了肯定。

李昕老师离开后，和尚勋、和丽军两人交谈了一下纳西调查点的工作，和尚勋要和丽军拿上调查点的钥匙，闲时练一下电脑操作，并要和丽军带上录像机平时多录些镜头，他都拒绝，说"以后咱俩一起来"。和尚勋还要和丽军做些日记笔录，和丽军说"村委会工作担子重，记日记这块恐怕做不了"。

由于和尚勋老师离村进城居住，南溪基地经费支持时断时续、勉强维持等问题，加之我和洪颖两个负责人身体不好、学院科研教学工作任务繁重，我们下基地的机会变少等多方原因，满中村有个别好事之人开始琢磨起基地所有权的问题来。和尚勋老师也在纠结是否继续承担日志记录的问题。

（2010年1月29日）云大纳西族调研基地管理员及村寨日记记录员和尚勋，就昨天满中村的事（主要是有关基地方面的事）专门去找南溪村委会领导汇报、交谈。村委会党支部副书记和国军，村委会副主任和丽军在村公所。和尚勋开口谈及昨天满中村的情况时，和国军副书记接住话茬说："中村在没有上报上级领导就这样干是不合适的，我不知情，如我知情会制止的，一切都听我老婆转告我，我从中知道情况。他们喊和老师问云大的情况是没有必要的，我记得当时是政府出面协调，地基无偿提供给基地的。但部分群众亲眼看到去年和国高与玛咖公司杨经理，因和国高贪了一些杨经理付给村民木料款而两人发生吵架时，和国高说：'我在云大工程上吃了几万元，也没人说我一句，你这小点就来败坏我的名誉'。这样说认为和国高真贪了，而发问的。有个别群众认为，不出地基款是不对的，但这只是极个别的。这件事由我来向满中村群众解释好了。"

和尚勋还提出，在基地附近的三个自然村，有没有能承担基地记录员的村民，如果有，就介绍给云大该项目负责人，叫接替我的记录和管理工作。沉默片刻后，和国军、和丽军两人异口同声地说："没有，确实难找到一个合适的人。虽有几个年轻有点知识的人，但他们不一定能持之以恒，他们朝三暮四，几天在家，年把在城说不准。只要云大还继续坚持此项目，请和老师操劳一下，云大在南溪投入巨资，建盖了调研基地，你一推，就半途而废了。村中有能力、有条件担此工作的只有和老师您，请您再坚持云大调研基地记录工作。"

岁月蹉跎，年轮恒转。和尚勋老师其间经历的事件成为了基地发展过程的一部分，也影响到了日志的内容和完整性。跳过 2012、2013 两年，我们继续串缀有关基地的记叙。

（2014 年 1 月 1 日）今天是 2014 年的开始日。云南大学民族研究院从今天起开始了"211"工程第四轮，设在全省各地的各个少数民族研究点继续展开工作。其中，设在丽江市玉龙纳西族自治县黄山镇南溪村委会的"纳西族研究点"，因该村年轻有文化的人都进入城市务工、开车等活动，难以找到适合的人选；又因原聘村寨日记记录员和尚勋老师的女儿在 2009 年 6 月丧去丈夫，弃下孤儿寡母，需要他进城去接送外孙上学，照顾女儿，不能常去关注村寨里发生的事，而把"纳西族村寨日记"中断了两年（2012 年、2013 年）。

斗转星移，岁月流逝，社会变迁，一晃眼，几年时光转瞬即逝，六七岁时丧父的孩童现已长大成了初中一年级学生，接送学子用汽车，和尚勋老师夫妇随儿子儿媳流入城市，又加上女儿不再另找丈夫自立家庭，而是与父母、弟弟、弟媳生活在一起，组成了八口人一家的大家庭。买菜、做饭、操持家务由和师母承担，接送娃娃上学、放学由开车的儿媳，与女儿、儿子共同承担。在这样的背景下，在南溪村找不到合适人选的情况下，和尚勋老师向项目负责和老师表示愿意承担村寨日记记录及影视记录工作。从今起南溪村里每天的大小事都会一一地记录下来，可以相信南溪村寨的日志会像2004年到2011年一样完整。

以下记录的这次暑期学校相对全面，信息量也比较大，可以看作是南溪基地学生田野实训的一次完整呈现。

（2014年7月19日）云南大学的和晓蓉老师领着十九名从全国各地来的大学生到南溪"云大纳西族研究点"，开始了"全国大学生暑期学校"的学习生活。这些大学生从不同的地方、不同的学校、不同的专业、不同的学历（有硕士生、博士生）来，有着不同的爱好兴趣，带着各自的课题，临时聚到一起，展开了繁忙的田野调查。从19日至29日，在领队老师的统筹安排和精心指导下，十九位研究生有条不紊地开展了各自的调查内容，顺利完成了此行任务。

2014年全国暑期班合影

师生在基地院子里用餐

在南溪期间，南溪村委会党总支书记兼村委会主任和继武，南溪村委会副主任何丽军，以及南溪村委会满中村村民小组组长（村民俗称"村长"）和志强给予很大的支持，和继武、和国军两位村委会领导积极负责研究生的进村入城接送任务，并多次来到"纳西族研究基地"，解难释疑，介绍南溪村的历史和现状；和丽军同志也经常来到基地给研究生们提供各年份的各种数据；基地管理员和尚勋老师日夜都在基地忙碌着，配合炊事员安排生活，针对研究生们提出的问题，给他们找调查对象（村民）。和晓蓉老师尽管身体不适，却坚持细心询问每个学生调查中的困难和进展情况，并及时指导学生。

南溪基地的构建，除了正房是标准的纳西族传统建制之外，木楞房的确是我们的骄傲。以削皮圆木两头楔口后勾连垒搭而成的，看似单薄的木楞房，实则冬暖夏凉，非常舒适。里面依照南溪传统规矩布置的火炕和火塘还原了南溪村民传统家庭生活的核心场景，也是我们接待来客，喝酒聊天、集中访谈最为理想的场域。我们每次到基地，村干部都会抽空前来看望。作为转业军人的老书记和国军是南溪的权威人物，他承包了几乎每一次的师生接送。他的长安小面包车在他手里十几年不换，却打理得非常好，我们戏称"南溪宝马"。现任书记兼村委会主任和继武也不时参加接送。而且每一次我们离开前，他们都会想办法抽时间前来基地聊天并接受学生访谈讨教。每当他们到来，我们都是将他们请上火炕上座，端酒倒茶，添柴传烟，互道问候，气氛感觉非常惬意自在。时轮流转，我们已经处的如同家人亲朋。我们的聊天也是畅所欲言，有时天南海北，有时紧追主题。而他们真的是知无不言，言无不尽。对此，我们非常庆幸选对了点。感激之情，自不待言。

南溪青年与研究生的火把节联欢

　　学生们在南溪期间，正逢纳西族"火把节"，研究生们积极踊跃地参加满中村村民过"火把节"的活动，白天男生参加了篮球比赛，女生坐在球场边当啦啦队。他们跟满中村篮球队进行的那场比赛，在村民的喝彩声和女生们的鼓励声中，进行得激烈精彩，比分紧紧咬住，不相上下。当比赛结束后，来自广西师范大学的李水坚（体育学硕士）和来自广西桂林电子科技大学的李海晨（体育人类学副教授）两个同学，脸上和身上的汗都来不及擦一下就边退场边异口同声地说："想不到村民的球技那么好，真行！"晚上，同学们参加了村民举行的篝火晚会，与村民们手拉手，围着篝火跳起了纳西族的打跳，来自中央民族大学的胡蔓，广西民族大学的李青蓓，西藏民族大学的李锦萍、冯鑫、靳坤，青海师范大学的杨洁等同学，比其他同学更能歌善舞，几分钟后，他们的姿势和脚步就与村民一致了，其他同学的脚步有点零乱，但他们坚持到了最后。舞会完毕后，同学们都参与了村民的酒会（在基地隔壁的村民活动中心），尽管很多同学在校不沾烟酒，但今晚破例和满中村村民举杯相互祝福、对歌，交流着各地的情况，跟村民相处得很融洽。

更有意义的是，和晓蓉老师联系丽江古城博物院，请院长黄乃镇先生在木府给研究生做一个讲座，黄院长在百忙中抽出时间答应了和晓蓉老师的请求，7月27日上午，在古城博物院破例地给学生们讲了"纳西族发展史"和"木府"重建的经过，以及对"木府"以后发展的思考，让研究生对纳西族的发展史有了进一步的了解，对重建"木府"的设计者和劳动者充满了钦佩。

分赴全省各研究点的师长，7月30日早晨欢聚在云南大学，各组交流汇报了在各点开展田野调查的情况和收获。通过交流与评比，赴"纳西族研究点"师生的工作与收获，得到了校领导的好评。

在南溪基地，学生们除了搞好自己的调查任务外，还自觉搞好日常的生活工作。做得非常出色。

时至2017年，和尚勋老师自己做了一个"纳西族调查基地工作小结"。情况确如和尚勋老师所说，由于进城居住，记录工作产生了困难。

（2017年10月16日）纳西族调查研究基地，自2004年开始运作，到目前已成功举办七期云南大学民族学人类学研究生田野调查暑期学校，有一百余名来自全国各高校的民族学、人类学研究生参加田野调查。村民日志记录员兼基地管理员和尚勋前段时期做得较出色，他写的村民日志已有一部分编辑成《雅阁丽轮》，还有一部分待编辑。后来因家庭情况发生异变，到城里生活，离开乡土，写村民日志产生了困难，后与和晓蓉老师交谈后，她建议我可写南溪村在城里生活和工作的村民情况，但终因住得分散、聚得少、交流少而捕捉不到写日志的资料，而写成一件事或一次活动，出现了量少，质差，有些话语还与后来政府的行为有对立的现象。如今年（2017 年），在城里开出租车的好些村民把车租出或退了租的车，回村里种洋芋，我就以政府整顿出租车行业行动为主线，以较长的篇幅写了《出租车行业的现状》，所写的内容与后来政府对丽江古城的整治，对观音峡、拉市海的停业整治，对玉石城、部分旅行社、部分酒店的停业整改，甚至关闭部分卖玉石的商场等活动有冲突，形成了对政府提升旅游品质、整改旅游服务行业乱象、提高旅游服务质量活动的不满情绪。又如我记下了扶贫攻坚中，南溪村实行危房改造的情况，前不久与和丽军副主任交流，得知最近政府在纠错，得拿回已补助而不该补助的改造危房的村民补助款。因此，2017 年的日志只能在最后两个月里补上，最近几年可能成了不合要求的记录员了。影视记录由和尚勋、和丽军两人共同做，拍的很多内容因为不会剪辑、不会刻制，请人编辑刻盘，也成了数量多而质差的状况。

2018 年 11 月是我们最近一次到访南溪。任务是完成院里对各个调查研究基地负责人下达的撰写乡村振兴发展报告。由于时间紧迫，时值李继群老师新近接手洪颖老师，与我一道负责南溪基地，需要熟悉南溪基本情况，并且我们对乡村振兴这一更多经济学偏向的主题有些无从下手，只好又匆匆赶往基地，以获取相关资料。以下正好以和尚勋老师的相关记录作为本章的收尾。

（2018 年 11 月 2 日）云南大学纳西族研究点项目负责和晓蓉老师、

李继群老师，领着研究生张宁同学，来南溪村做《乡村振兴发展报告》田野调查，住七天。

在短短七天里，她们忙着找村委会干部、村组干部、村民进行访谈、调查。还专门安排出时间，到村委副主任那里查看各种年报表，并向村委会副主任和丽军同志询问每年南溪地各项事业的开工、建设、效益等有关情况，以及每年各项经济指标的完成情况。和丽军同志根据她们的访谈，都给予准确的解释，给访谈的调查顺利进行提供了便利和帮助。村委会书记兼村委主任和继武，村委会副书记和国军利用工作之余，下午到晚上，来到基地与师生互动，积极为师生解惑释疑，如实介绍村情民情。介绍南溪村的点点滴滴，像父母对久别归来的孩子诉说家中的一切情况似的。毫无保留，一抖到底，给师生的访谈提供了帮助。这是南溪村委会干部对云南基地的惯例。

和晓蓉老师虽然有病在身，行走在山间路上极为不便，但她仍然和同伴李继群老师、张宁同学，在和尚勋的引荐下，来到离基地约五千米的旦前村山间田地里找南溪村再创业的典型人物和尚贤访谈。在和尚贤药材种植合作社和植基地，和尚贤虽然很忙，但还是愉快、热情地接受了云大师生的访谈。通过访谈，使云大师生初步了解到部分南溪村民的创业历程：传统的耕作—进城参与出租车营运行业—拼搏—买车—买房—出租出租车—回乡种药材—种洋芋—改建安居住宅。从不同的创业历程，看到了南溪地民不甘落后、不甘贫困、敢于拼搏的精神，并看到了南溪村民不满足于现状，还想再拼一拼，为实现小康寻找各种经济收入门路、自强不息的精神。

生活在3200米左右高海拔的南溪村民，在恶劣的气候条件下能生存、发展，并从贫穷走到富裕，这些给南溪做田野的师生、学者留下深深的印象。

基地还能否持续开展工作，日志能否继续，还有若干不确定因素，例如基地房屋亟待翻修维护，学院对基地维持发展的支撑力度、对村民日志项目是否继续支持等，尚需观望。

　　本章以不同视角叙述再现了南溪纳西族调查研究基地的生成、所开展的工作，以及其中的精彩与不足。叙述展开的过程中，具体回答了基地的存在对于日志与日志记录人的关系及相互的影响，从背景设置的角度为我们解读日志，特别是从方法论的层面探讨村民日志提供了相对完整的材料。

# 第二章　生命延续与家族叙事

一百多万字的村民日志，粗看一遍，脑袋里充斥的是种洋芋、挖洋芋、卖洋芋、种洋芋、挖洋芋、卖洋芋……感觉几乎每天的记录都是围绕着南溪的洋芋展开的。待静下心来慢慢看、细细读时，开始在每天的种洋芋、挖洋芋、卖洋芋中碰到了各种各样的人，他们是老人、年轻人、男人、女人、孩子、婴儿，他们在种洋芋、挖洋芋、卖洋芋，他们也在做生意、跑运输，他们在争吵，他们在嬉笑，他们在迎接生命，他们也在面对死亡……日志里充斥着一个个村落社会生活的鲜活场景。

而关注"崇窝"的家族故事，则是因为读到了日志第一卷《雅阁丽轮》的最后几页，里面记录了在城里开出租车的和国军送四个乘客去到香格里拉！然后失去消息的事件（详见"生命的无奈与伤情"部分）。这个事情发生在 2005 年 11 月，《雅阁丽轮》的日志记录截止到 2005 年 12 月 31 日，所以事件的后续发展如何，牵动着我们的心，于是接着读 2006 年以后的尚未出版的文稿。

追读之下，让我们不禁有了认真整理"崇窝"家族故事的冲动，于是就有了下面波澜起伏、生动鲜活的家族故事。也正是这个冲动，促使我们提炼并初步建构了村民日志故事化阅读的"串珠法"，并应用于整个反思文本的写作。

我们曾跟和老师有过沟通，问他是否需要把家族故事中的人名进行特别处理。和老师回答说："不需要，这就是事情的本身，不管谁看到了，也不会有异议！"和老师的回答是如此有底气。他的底气来自哪里？因为他是事件的当事人，所以他有发言权；因为他是事件的真实记录者，所以他不怕别人说什么。那么，试想，强调"科学"研究的民族志工作者们是否也有这样的底气？

和尚勋老师进行的庞大家族叙事至少给我们展现了村民日志的两个特点。

一是记录者将自我融入叙事。我们已经在前面提到，和老师作为村民日志的记录员只接受过两次简单的培训，同时，云南大学的研究者们作为"村民日志"的倡导者，其实对于村民日志应该有什么样的记录内容也没有明确的把握。虽然早期曾经制作了记录表，希望记录者能够以表格内的"生计活动""年节及休闲活动""人生大事""村务事宜""人员流动"等纲要进行记录，但后来因为并不适合现实情况而放弃了。那么，村民日志记录需要或者应该记录什么样的内容？和尚勋老师用自己的实践告诉我们：先把我最熟悉的人和事写下来。这与传统民族志工作者的态度是截然不同的。

本章家族叙事正是这一工作态度的直接成果。

家族在纳西语叫"崇窝"。"崇"是"人"的意思，"窝"是"骨头"的意思，所谓"崇窝"，是指"一根骨头上的人"，亦即通常所说的家族。所有在一根骨头上的人就是实行外婚制的父系世系群成员。按照南溪的传统，源于一根骨头上的大小家庭，在7代以内不能有通婚，超过7代以后，如果互相间有通婚，则相互通婚的家人不再是一个"崇窝"，只能是亲戚的关系，如果7代以后仍然没有相互通婚的情况，则一直保留在一个"崇窝"内。在当代南溪，家族体系尚保留完整，家族制度还有存活，以家族构成村子，只是没有族长之设。每个家族内部皆有不成文的惯制规约，例如上面提到的家族内7代以内不得通婚；有红白事互相帮忙，祭祀仪式、迎送往来等事宜都由家族内德高望重的老人主持、协调。有病有痛互相看望，有事互相照顾，共同看守病人，共同上坟祭祖等，清明节或家族的祭祀仪式也由族内年长者主持，并由主持人讲述家族的历史、祖先的事迹，一方面向后代进行家族史的教育，另一方面在这个过程中进一步确立自己的威望。

和尚勋老师所在的满下村共有四个家族：亨布家族、满家家族、阿如金家族、阿五金家族。其中最大的亨布家族近代以来又被逐渐分解出阿四金、德立、纳吉、纳美4支，共28家，和尚勋老师属于亨布家族阿四金分支。

为方便以下阅读时对人名、家族情况的了解，在此一并将满下村家族具体情况列出。

满家家族：和国兴、和福寿、和国辉、和国亮、和国武、和国红、和二牛、和万琴、和万琼、和万军、和万林、和万元、和万兴、和万红、和天林、和立军，共16户。

纳吉家族：和建良、和春刚、和春红、和建国、和木、和拾、和满、和脱，共8户。

阿如金家族：和顺明、和顺光、和顺达、和永红、和永良、和永光，共6户。

阿四金家族：和朝泽、和朝东、和朝珍、和朝亮、和朝光、和朝柱、和武军、和丽松，共8户。

德立家族：和社元、和子元、和林、和三哥、和四红、和五哥、和子一、和子华、和子红，共9户。

阿五金家族：和作典、和作才、和作武、和圣华、和圣昌、和圣明、和福军，共7户。

纳美家族：和灿、和春拾、和吉诚、和春亚，共4户。

全村共58户。

从和尚勋老师的日志中，以家族为母题，我们可以整理出一个"崇窝"的完整故事。这个"巨型"的故事，又被我们以小标题"拆分组装"成若干个分故事。

首先，这个"崇窝"可以追溯到一个名为"四金吐"的祖先……

四金吐有三个弟兄，四金吐为老大，一分为三户。

　　四金吐在那个年代聪颖过人，智勇双全。当回民来抢村里的牛时，他事先把牛拴在鸡冠山脚下。来犯的回民抓住四金吐，要他交出家里的牛，四金吐骗说牛放于鸡冠山背后的丛林中，来犯回民押着四金吐到鸡冠山背后找牛，没有见到牛，被回民砍死在鸡冠山背后"绍没得"（不得口含）。①

　　四金吐生有二子，一个叫五鱼，为单身汉；一个名五七，脑子灵活，心计颇多，善做小生意，有从这家买来黄牛，又卖给这家主人的本事。相传有一年的牛马交易会里，五七买了一头下束河村一户村民家的黄牛，此牛身大膘肥，生有一对宽而长的牛角。五七买了牛后，把牛角用锯子锯掉一截，锯口的角上用黄蜡涂色黏好，第二天拴在交易会场里，因此牛高大、膘肥、皮色好，引来了不少买主，下束河村的卖牛人也在其中，并以比卖牛价高出好些的价格买了去。这人回到家里，家人都说"是头上好的牛"，到傍晚关牛时，关牛的主人发现，新买来的这头牛与昨日卖出的那头牛走进牛厩时的动作完全一样，进门时先把头侧着钻进去，没有把头摆正。这一发现，使家人和邻居们围拢来仔细观察，才发现牛角被锯短后用黄蜡黏好的真相，都异口同声地说："上了'假巧（意为心怀叵测）七'的当。""假巧七"是丽江坝子人给五七起的绰号，从这一绰号上看，五七不仅在山村，而且在坝子里的人都视他为心计颇多、能言善辩的能人。五七患传染病而

---

①　"绍沙"：纳西语，意为"口含"，即人去世咽气之前用布包好放入亡者口中的少许碎银子（男三粒，女一粒）、米粒（男九粒，女七粒）和茶叶。纳西族传统观念中，人的死亡是灵魂和肉体的分离；分离出来的灵魂要在东巴的指引下逆纳西族迁徙路线回归祖灵地，成为祖先的一分子，接受后代祭祀并因此具有了福佑子孙后代的能力；如果没有东巴指引，回不到祖灵地，就会变成游魂野鬼作祟于人。南溪纳西族在东巴断代以后，在认知和实践上采取了折中的处理办法，即以亡者是否得到"口含"（接到神气）而将死亡分为正常死亡和非正常死亡。非正常死亡者无法回到祖灵地而将成为游魂野鬼。而且更为严重的是，往后去世的人的口含如不注意就会被"绍没得"（没有得到口含的亡者）的鬼灵抢了去，如此形成恶性循环。因此，临死时能否得到口含成了一个于亡者于后人都至关重要的问题，是南溪社会临终关怀的核心要务。

死，"绍没得"（不得口含）。

五七生有二男三女，长子五兴，次子五四哥，长女五福定嫁去"拖准肯"村（文峯寺上边），生有一男叫五木后，后由国家安排全村七户人迁居文华上村。二女五全贵，嫁给满人村姨表五兴，生有三男，名分别为五宝、五华、五昆。三女五昌，嫁满上村五桂生为妻，生有一男三女，男叫五红光，是当时医术远近有名的村医。女孩分别叫：五四妹、五优英、五五姐。

五七的次子五四哥，心灵手巧，是当时远村近邻有名的裁缝匠，尤以剪缝纳西族妇女服装有名，时常被请到外村剪缝。讨中村五恒为妻，生有二男一女，五四哥夫妇和一儿一女孩同时死于传染病中，四人都"绍没得"（不得口含）。当时的村里有"不能接近传染病患者"的不成文的规定，因此，不管哪家患了传染病，家人族人、村人都不敢看守，所以，新中国成立前患传染病而死去的人都不得口含。其中的男孩五木祥，大难不死，时有六岁，五口之家仅剩他一人，由大伯五兴抚养长大。

五七的长子五兴，生性善良，吃苦耐劳，能言善语，深受村民敬重，讨太安村五恒为妻，生育有四男一女，加上侄儿五木祥，共六个孩儿，真是儿多母苦。在百般困难中仍坚持让其长子读完国立师范，真是有远见、人穷志不穷。最为遗憾的是，五兴近花甲之年被村中不孕不育妇女五农勾引、利用，结果在鸡冠山背后的树林里殉情自尽"绍没得"（不得口含）。当时他的长子从教已近十年，二儿子从部队转地方邮局工作已有两三年。五兴曾是1955年的模范军属，参加过省里表彰的"群英会"，到过昆明；1957年跟二儿子到过维西。村民和孩儿都为他惋惜。

日志涉及大量"五兴"儿子辈及以下人的故事。准确地说，以"四金吐"为祖先的"崇窝"由三个部分的构成：第一部分是"五兴"的儿孙辈；第二部分是"五兴"的弟弟"五四哥"幸存的儿子"五木祥"及儿孙辈；

第三部分是和尚军、和尚花两家，他们的祖先应该是"四金吐"的哪个子孙，虽然现在已经没有人能准确说出其中的关系，但仍然与"四金吐"的子孙在一个"崇窝"里。

"五兴"有四男一女，"五四哥"幸存的儿子为"五木祥"，他们的情况如下：

长子和尚武，中共党员，从教三十八年，桃李娇艳誉满太安乡。和尚武讨满上村和国琴为妻（中共党员），生有三男一女。长女五满红，嫁前山高龙村五一寿为妻，生有二男，长子五吉祥、次子五天给；长子和朝东讨后山木苏村和英为妻，生有二女，长女五玉芬，小女五玉琼；二儿子和朝泽讨村中五大七之女五秋谷为妻，生有一女一男，女名五玉琴，男名五八斤；幺男和朝珍，讨满中村五秀花二女五闰英为妻，生下一个女儿，但因其妻患有妊高征而影响了孩子，孩子夭折。

二儿子和尚典，在部队和邮电局工作三十五年，中共党员，生有二男一女。长子和国华，毕业于省汽车驾驶学校，分配到中甸总站当驾驶员，其间与中甸县"老马洛"村女青年五仕香为男女朋友，1990年火把节前一天在女友家前边的金沙江游泳而溺水死亡，尸骨未见，不得口含（"绍没得"）。女儿和国英，毕业于迪庆卫校，分配到维西县拖支乡卫生院当医士，嫁当地杨文七为妻，生有一男，名叫杨永；二儿子和国军，讨村中五二友的二女五玉祥为妻，生有二男，长子五丽松，次子五丽冬。

（开出租车的）和国军于2005年11月5日下午拉了五个乘客不知去向，寻找月余，寻找地为丽江市境内各县、迪庆州、大理州及迢迢千里之外的省市的攀枝花、乡城、德荣、西昌等县市，未见踪迹，人与车一同失踪。

三儿子和尚勋，中共党员，从教三十二年，从边疆到山区为国培育桃李，辛勤耕耘，忠诚于党的教育事业。见过毛主席、周总理等七位领袖人物，到过昆明、贵阳、桂林、柳州、武汉、南京、上海、北京等很多大城市，实为南溪行政村见多识广的人。退休后应聘做云南大学纳西族研究基地管理员及村寨日志记录员。和尚勋讨汝南下村和家良为妻，生有一女一男。女儿和朝花毕业于丽江卫校医护三十二班，分配到七河卫生院工作。后自学高等护理专业，获得大专毕业文凭后，调丽江县医院（今玉龙县医院）任五官科护士长。嫁大研镇赵桐林为妻，生有一男叫赵永星。和朝花购有商品房，住于香格里拉大道弯的万里小区。儿子和朝亮，讨满上村五宝的二女和福春为妻，生有一女一男，女名和智璇，男名和智刚。

四子和尚洪自幼由父母给太安舅舅五才六抱养为子，是太安村中的第一个公社拖拉机手。生有四女一男。

独生女和尚友，嫁本村和国坚为妻，生有二男二女。她是19世纪70年代到20世纪初南溪行政村的妇女接生员，70年代到90年代末，南溪所有产妇几乎都是由她接生。

五四哥遗子、五兴侄子五木祥，中共党员，是和尚典的连襟（和尚典讨满中村阿大红三女五三姐为妻，五木祥讨四姐五四娘为妻）。由于神经紊乱，自食毒药，还未死时（虽然）给了"绍沙"，但这类自缢、自食毒药后放口含就不属于正常。因此，还是"绍没得"（不得口含）。五木祥生有二男二女。长女五竹梅，嫁争都村五石昌为妻，生一女一男，女名五丽海，男名五丽鹏；长子和朝光，讨后山高美村杨耀祥为妻，生有一女一男，女和健兰，男和健伟；二儿子和朝祖，到满上村五木山家上门做女婿，与和学珍为夫，生有一女，名佳玉；幺女和竹英，嫁本村五珊之子五一台为妻，生有一女儿，叫福开。

和尚军、和尚花两家的情况比较简单。和尚军生有一个儿子和朝柱。至于对这两家记叙较少的原因应当是"和尚军及和益花夫妇性情不好，长期与邻居亲戚相处不能与人为善，而是与四邻亲戚为敌，骂骂打打的事是他家对邻里村人的家常便饭。因此，村庄里人很少与之往来，家族已在十多年前就和他断绝往来关系"①。和尚花则是因为家里都是姐妹，所以由她留在家招了女婿和圣伟，他们夫妻也只有一个儿子和武军。

以上大致梳理了亨布家族分支五四金家族（亦即和尚勋家族）的源起和基本情况。始于2004年的家族叙事是从和尚勋老师的二哥和尚典开始的。我们在本章通过十三个分主题，来较为完整、生动地呈现南溪纳西族现存的家族景观。需要注意的是，当我们把家族叙事从日志中提出后，可以非常清晰地看到，日志中有关家族的叙事，无论是面上的综述，还是下面展开的日常生活和突发事件，均有一条暗线贯穿始终，即家族命运与"绍没得"的关系。大量围绕临终守护的家族事务，都与这一关切点紧密相连。家族延续之重、"绍没得"给族人带来的巨大心理阴影，以及希望突破这一咒诅的努力等，都在记录员和尚勋老师的心里和笔端流动。只有我们将整个叙事串缀出来后，这条近乎无意识的心理暗线才得以完整浮现出来。

# 一、宁静的日常生活

2004年，（和尚勋的）二哥和尚典已经退休在家。除了偶尔会去参加村里党小组的学习活动，他的生活跟村里其他老人一样。唯一的儿子和国军下山去开出租车，儿媳和玉祥刚刚生育了二胎。

儿媳坐月子100多天后，她自己出来干点活计。婆婆有些想法："是她自己愿意去（干活）的，不是我使的，别人会误以为是我使的，这影响不好。"婆婆的想法得到了自己妯娌（和尚勋的妻子）的支持："咱们生孩子时，孩子刚满月就什么活计都做了，现在的人都是产后120天才动弹，这是说不成啊！"

---

① 洪颖、和晓蓉主编，和尚勋记录：《雅阁丽轮——玉龙县黄山镇南溪村纳西族村民日志（2004—2005）》（第一卷），中国社会科学出版社2008年版，第433页。

儿媳确实是干不了太多活，所以儿子从城里回来都忙春耕前的准备。和国军要把肥料从家里拉到村子上面的山地里去，虽然说路程不远，但是坡度大，又没有正规的车路，干起来也非常费劲，所以他还去把岳父、岳母和大姨妹请来帮忙。一伙人一人开车，四人上车推车，好不热闹，拉三车肥整整折腾了一天。

和尚典作为近 70 岁的老人，与村落里的其他老人一样也在考虑着给自己做个寿棺的事。按照南溪纳西族的传统，过了 49 岁就要开始置办棺木，60 岁就要开始制作棺材了。但做棺材必须要在农历上有闰月的年份里来做，特别是在这一年的闰月里做就更好。2004 年的 4 月，正是农历上的闰月，所以，家里有老人并且已经准备好棺木的人家都争着在这个月里请木匠来打造棺材。有些赶不上的也争取在年内请木匠完成。和尚典和妻子也跟村里其他几个老人一样，非常希望两人的寿棺能够尽快做好，但是并没有如愿。

2004 年 5 月初，和尚典三兄弟聚在了一起，他们几家的小辈在商量着要种油菜的事情，三兄弟讨论的则是家庭经济的分配问题。

哥哥和弟弟都是退休教师，哥哥则最近刚刚领到了三万五千多块的住房补贴，他有三个儿子一个姑娘，这个钱怎么分？二哥和三弟提出了意见："一个儿子分给一万，姑娘给两三千元"。他们的理由是以免以后老人老了钱落入一个儿子之手后，三兄弟会打起来。村中最近已有为钱而兄弟争吵的先例，因感到害怕，才提醒哥哥要明确公正地提前把钱分给子女们。

村里的大多数农户都种完了油菜，但三兄弟儿子辈的五个家庭中，有四个家庭的男人在山下开出租车，耕牛又因为长时间不犁田而不听使唤，只能停牛，另请手扶拖拉机来犁。①

---

① 这一细节说明南溪在 2004 年前后，虽然还有二牛抬杠的犁田方式，但正在被拖拉机逐步取代，又一传统农业景观逐渐消失。

　　一年到头养着耕牛又犁不成，这确实不划算。南溪村寨的村民养牛，主要是为耕地而养，不为其他，长期的农业生产中，村民们视耕牛为生产不可缺少的宝物。在现代社会进步、科技发展、农机普及的今天，好多村民改变了这一传统观念，有些甚至不养牛了，出钱请人犁，或者自己用手扶拖拉机来犁，这可解除了喂养耕牛的这一艰辛活计。

下山开出租的男人们也在为更好的发展而相帮互助，共同努力着。

　　2004年7月，大哥和尚武的儿子和朝珍和三弟和尚勋的儿子和朝亮对两人合伙买的"夏利"出租车进行了更新。夏利车共花了12.5万元，现在只留下牌照，车子报废，又以9.8万元的价格买了一辆"捷达"车，加上车辆购置费等共11万多。这笔钱有三个来源：一是农行贷款5.8万元，大哥的儿子筹资了1万元，三弟的儿子筹资了5万元。这笔钱在南溪村算得上是大投资了。

　　2004年9月，"秋分"节气已经过去，往年和尚典、和尚武两兄弟都会上山去下鹰。但两人一个扭伤了脚，一个则在嫁到其他村子的姑娘家里待了一段时间，所以一直拖到10月份，才扛着大网、抓了只作为诱饵的鸽子上山去。

　　2004年11月底，离杀年猪的时间还有将近一个月，大哥和尚武就以950元的价格从村民家里买了一头肥猪，他怕猪养着养着又瘦了，所以请了几个亲戚，再叫上自己两个弟弟和两个儿子把猪杀了。杀猪的人都在他家里吃了午餐和晚餐，因为是临时决定的，所以炒瘦肉、烩肥肉、炒洋芋、白菜汤就上桌了。大家都说和尚武老人早就应该像这样买上一口大肥猪挂起来随心所欲地吃，但他以前太节省了。

进入农历的腊月，就是忙着婚嫁的日子。家族里的老人们在参加喜宴的时候，还要忙着主持仪式。

　　（2005年1月21日）和圣伟的儿子与同村的姑娘结婚，在下午5时左右将新娘接过来了，这是家里要进行"日松"，这是一个尝酒祝福的仪式。新郎端酒壶倒酒，新娘把酒杯敬到在座祝贺的人们手里，等人人都手拿酒杯后，新人夫妇就把事先备好的酒盘端到火塘边说："长者恭请尝酒。"坐在火塘上的长者们先推辞一下，然后家族里第二长者和尚典主持此仪式。和尚典的哥哥和尚武虽然还健在，但是因为他的妻子已经谢世，所以不方便主持祝福新人的仪式了。进行仪式时，要在盘中放两杯酒、一包较好的烟、20 元人民币、若干炷香。主持人先把香插于柱子和火塘三脚旁，然后一手拿酒杯，一手拿柏枝，一边用手把酒洒向神坛，口中边诵念："火塘不绝火，塘边不绝人，愿火塘长久，祝新人与天地同存！"火塘边众人一齐高喊："好酒！好酒！祝新郎新妇白头偕老，早来贵子。"和尚典把洒酒的柏枝插在中柱上，就开始待客了。首先待后亲客、远客、老人、邻村客、村中客，最后是帮忙者。宴会食物没有传统的八大碗，而是被现代的八盘肉制品、四碗名贵菜汤所取代。

1 月 31 日，和尚典、和尚勋两兄弟合养的耕牛，因和尚典家老两口上了年纪，儿子又在城里开车，儿媳时常跟丈夫去到城里，造成老两口养牛困难，就以 3480 元的价格卖给了饭馆的牛老板。从这天起，他老两口负担减轻了许多。

## 二、生命降世的悲与喜

孩子降世，家族新添人丁，族人亲戚皆大欢喜；婴孩无论男女，都被给予一样的关爱和祝福，没有男女之别，这是令人感动的规习和情感。而更为感动的是，祝福的仪式不仅给予顺利出生长大的孩子，还同样地给予夭亡的孩子（甚至被引产而未能出生的孩子①），使得依家族而生的孩子，

----

① 详见本章第五节："族人的共同照护"中和玉祥引产后进行的简单化的"开于"活动。

较之失去家族依祜的，特别是城镇小家庭的孩子，自降世之日，便拥有了一种生命的丰盈度、温暖度、完整性。可以感知，这些被乡村山水、被家族、被父母层层呵护，被一道道的仪式加持祝福过的孩子，在其成长过程中，他们的生命完整性、人格健全性等现代人所缺失并引发诸多后遗症的优势，应该得到更多的关注。

2005 年 4 月中旬，大哥和尚武小儿子和朝珍的媳妇在城里的县医院剖腹生下一个小女婴，但是因为其母亲在怀孕时有妊高征，服用了过多的降压药对胎儿发育产生了影响，所以小女婴出现了肾功能先天不足的情况，自降生以后一直排不出尿来。医生说抢救无望了，和朝珍就与自己的姐姐和哥哥嫂嫂，以及堂兄弟（和尚典的儿子、和尚勋的儿子）等人一起把小女婴拉回到家中，希望能在家里人的守护下放"口含"。他们一行人一到家，家族里的老辈人和尚武、和尚典、和尚勋、和圣伟等同来到他们家探望。

几天以后，这个小女婴匆匆辞别了人间。和朝珍抱着女婴大声送行："吾女丽芝，你的奶奶叫吾兰，你的祖叫吾恒，你要紧拉住奶奶的衣襟别放松，要奶奶领你，你要帮奶奶烧水捡柴，不必怕，大胆地在中间那条路上向前走，上条是野兽豺狼之道，下条路是野鸡野鸟散步的小径，正中那条才是你跟随奶奶的路。"①女婴安息时给她放进口含，脸盖白纸，洗尸穿衣后，家人带着香、酒、茶、饭到坟场的路旁埋尸。②和尚勋、和圣伟和小辈的和朝东、和朝泽等人把小女婴掩埋好后，到祖坟上点香敬酒菜，磕头，给祖先们寄托小丽芝，求祖先们

---

① 这是南溪村民现当代承传的送魂之辞。一般由族中长者或熟悉家族先祖情况的人，对着亡者大声念诵得到"绍沙"的三位祖上的名字，要其跟随这些祖先回归祖灵住地。最初读到这一段送魂辞时，颇感疑惑，为什么要跟随女性祖先而去？纳西族社会不是父系社会吗？等读完这整个的家族叙事，我们才恍然明白，正因为阿四金家族的男性祖先有很多位都是临终没有得到"绍沙"的，因此后辈送魂时只有念诵得到口含去世的近三辈女祖的姓名。

② 南溪传统规矩，婴孩死亡后不能进家庭坟场，只能在通往家庭坟场的路边进行掩埋。

领好小丽芝。

归去来兮，一个小生命逝去不久，另一个小生命又降临到阿四金家族。

（2005年5月21日）和圣伟新婚的儿媳生下了一个孙女，家里为孙女举行"开于"，即"祝米客"①招待会。他家所请的帮工一早就到他家忙着做早饭、拣菜洗菜，借桌凳。吃过早饭（六菜一饭），炊事组厨师们忙着煎鱼、煎香肠；杂务人员开了两辆手扶拖拉机去砍柴；剩余人员则忙着杀猪，因为猪大（约140公斤左右），花的时间较长。

儿媳的父亲背着一罐米酒、手抱一只大公鸡来贺喜了。他来为外孙女赐名，纳西语叫"名送"②。世居南溪满下村寨的纳西族自古就有外公为头胎外孙取名的习惯。作为外公外婆，此次"祝米客"的破费也不少，一般要送10斤米，6斤红糖，一罐米酒，100个以上鸡蛋，4只鸡（女儿生产时一只母鸡，取名时一只公鸡，祝米客礼一只母鸡，女儿满月洗身时一只母鸡），娃娃衣物、背具，现在还时兴送现代玩具、童车。

在家的老人们相聚火塘旁边为和圣伟的孙女举行了取名仪式。首先由和尚花备来了香、酒，由和尚典把香插于祖先台旁、火塘铁三脚旁、厨房中柱上，并在祖先台上摆上酒菜，大声说："和氏门中喜添一孙女，愿祖先保佑她平安健康，并请外公在历代宗亲及本家族长者面前为孙女取名。"外公就为外孙女取名"五星蓉"③，和圣伟取来备好的笔墨及红纸请本族长者和尚勋写于纸上。纸上题写的内容是"外

---

① "祝米客"纳西语称"开于"，南溪村寨为新生婴孩举办的祝福、赐名、请客等一整套仪式。一般在孩子出生后一个月之内择日举行，现逐渐与满月客合并，祝米客这一南溪传统文化现象也在趋于消失。

② "名送"即"送名"，南溪规矩，头胎婴儿取名之事由外公负责。

③ 纳西语人名前的"五"或"吾"即"阿"的意思，表亲切。平时只称名，不称姓。

公为外孙取名曰'星蓉'，易养易活，尔活尔康，福如东海寿比南山"等祝词。

到 5 时左右，来送礼的客人陆续到来了，7 时半开始吃晚饭，先吃米酒，之后就摆席（八盘肉食品，四碗素菜）。席间，收礼的人用大簸箕抬着所收到的衣物、背具、童车在院坝里向众客展示，煮米酒的用小簸箕装上八小碗米酒挨席"注松"，每席中的长者一人尝一口米酒说："好甜，好甜，愿孙女平安长寿。"说完就吃饭。此次他家购备了 40 桌的饭菜，剩余的猪肉给家族、亲戚等。

（2005 年 5 月 22 日）和圣伟家的"祝米客"刚散伙，本家族的人都又忙着搬到和朝珍家备饭菜。和朝珍家将举行"开蔺于"。这是一个为夭折的婴儿举行的"祝米客"。他家因时间紧，不上山找柴了，向各家要一背干柴，除同门兄弟和朝东、和朝泽家没有背干柴来以外，其他人都背来了大大的一背柴。他家就从和尚武家拿了些鲜肉（办完事情后会付款），而其他食品在前天就跟和尚武家一起从城里买来了。因为是夭折的孩子，所以也没有取名字等过程。帮忙的人带闲带做，打麻将，打扑克，到 3 时以后才进行炊事工作，到 6 时就待客，同样用的八大碗肉食品。

刚吃完饭休息时，和圣伟家说孙女病重，来到和朝泽家找车子开车去医院。老人们赶到和圣伟家，家里有的忙着准备上医院，有的开始祭鬼。到医院检查结果是脐带感染。家里和圣伟忙着祭鬼，他用饭团捏成四个小猫似的小动物，用一个生蛋引出，并用瓦片装一些炭灰和肉等物，放到闹鬼家附近，并把小动物丢进其院里，口里说："你家的生鬼①自家领好，别伤害我孙女。"这些天和圣伟家真是牛事不

① 这是和老师在日志中所做的注释：纳西语称"从破"，是迷信的一种，这种迷信以伤口感染得破伤风而称作"从砍你叉"。常以饭团捏成小猫样用鸡蛋引出，从房头丢入其院中，口中同时喊："你家'从破'要领好，赶忙领回去，别伤害人。"在阉鸡、劁猪，医治人的创伤时，为防中此类邪，故以烧辣椒、花椒、橡皮之类的东西来防备。

发马事发①，紧紧张张。

一年到头的日常生活中，祭祖和送祖也是各家各户持续践行的一项传统习俗。在日志中反复有记叙。即使在诸多村民下山开出租车，并在城中购房生活的南溪人，在祭祖日一般还是要回到南溪老家，举行仪式。接着是清明节。特别对新亡者而言，经过葬礼—伏山—清明这样一个周期性祭典之后，才算是真正结束。

（2007年3月27日）今天是南溪满下、中、上、旦都等村的祭祖节。到中午时分，各户主持者把自家历代祖宗从大门口接到厨房里的祖先台上祀奉起来。奉供品为煎虾片、米粉条、酒、茶、黄瓜等生熟物品。祖先牌上写有本家受祀奉的三代宗亲的名字，牌前插上香，摆上酒，然后摆上供品及三双筷子。然后开始做饭，每做出一样菜，都先摆在祖先台上，以示供祖先们食用。饭菜全都做完后，全家人跪在祖先台前磕头，以求祖宗保佑后生们平安。主持者拿一块瓦片，瓦片中装上燃烧的炭，从每碗中夹点各式各样的菜装在一个碗里，炭上加几块肉，用盘子端出酒、茶、饭菜、瓦片，燃上三炷香去送祖，送祖后就吃饭。家家如此，户户这样。

（2007年4月5日）今天是传统的"清明节"，满下村寨全部农户都上坟场祭祖，过"清明节"。村寨里虽然有和国臣、和国红两农户因祖辈都进行火葬而未过"清明节"，但他姐夫和福光于去年去世，他姐姐五金合家今天请"得立"家族（共八家）及和国臣、和国红两家一起过"清明节"。村民和学新家也请"纳美芝"家族（四家）及旦都村亲戚来他家坟场过"清明节"。和万琼、和万琴两兄弟合伙请"满家"七户（满家家族共十六户，分三处坟场而葬，扫坟祭祖也分三伙进行。和国兴、和永昌、和万林、和万元四户一处；和国亮、和国武、和国辉三户一处；和万琼、和万琴、和万军、和天林、和国

_____

① 意为不断有不同问题出现。

春、和李福、和国模等七户一处。和国臣、和国红两户的父母火葬，未进行清明扫坟祭祖，只在祭祖节进行祭祖）。晚饭，十六户都又在和万军家就餐，因为整个家族近二十天来招呼和万军父亲五金才，连着又办理和万军父母亲的丧事活动，几乎天天都在和万军家。阿四金家族由和朝东、和朝泽、和朝珍、和玉祥四家合伙请本族（共八家）在坟场扫坟祭祖，中午饭在坟场进行，晚饭在和朝泽家进行。因为四户合资，食物很丰盛，有鸡四只、鱼、鲜肉、烤鸭、鸡爪、猪头肉、凉拌菜等。此外，和玉祥家在昨天提前请了满中村的大舅五国海、二舅五国南、大姨妈五一香等三人。远在维西的姐夫阿七和姐姐和国英也回来参加扫坟，祭去年去世的老父和尚典。今年的"清明节"按理应该请一下在太安生活的叔叔和尚洪，但绝大多数人没有想到，有人想到也不便提出，因为这些事是要请客家考虑的，舅舅、姨妈等都提前请了，却把叔忘了。说实在话，"清明节"请客，各具不同的心理，有些真心实意，有些不情愿但出于面子，有些不愿意但兄弟要合资请，出于无奈。但不管有什么样的心理，这已在满下村寨成了规矩，而且会成为传统，年年传下去，这样才算一年内逝去者的丧事真正全部结束。满下村寨的丧葬过程比传统的守灵、出葬多了个来年"清明节"请客。

## 三、生命的无奈与伤情

看似宁静的婚丧嫁娶、劳作休闲的日常生活，往往会被一些意想不到的突发事件所打破，并产生一系列的连锁反应……

（2005年6月20日）大哥和尚武在丽江城遭受歹徒的抢劫。事件发生在光天化日之下，地点是在人员多的民主路中段。他步行在新大街，看到前面一人抬起一只手做掏耳朵状，和尚武一走近，那人甩手打在他胸脯上。和尚武没吭声径直往前走，才走了三五步，打他的那人却大叫道："喂，老倌，我的耳朵聋了，你打算怎么办？"旁边出来三个同龄人把他围住，其中两人在两边用刀子直逼他两肋，说："要钱还是要命？不许作声！"一人动手摸他的内衣口袋，摸到了工资卡，卡上有6500元钱，他们逼着老人说出密码。为了生存，老人只好实说。于是两人抓住老人，一人去取钱，取了6000元，留下500元的工资卡丢给老人之后，三人扬长而去。老人节衣缩食，节约下来的6000元一转眼就被劫去，越想越气，就向110报了案。公安局的人领他到建设银行摄像机里指认取款人，他指给公安人员。公安人员说："抢劫犯会抓到，但钱可能被他们挥霍完了，不一定能失而复得。"老人只好认输了。

在大街上遭遇抢劫是只能认输的事，但家里的儿子儿媳给老人脸色看的事却让老人采取不认输的坚决态度。

（2005年8月1日）大哥和尚武突然跑去小儿子和朝珍家自立锅灶做饭，和朝珍在城里开车，南溪家里并没有人。和尚武原来一直跟着大儿子生活，但是农历二月八以后就从大儿子家搬到二儿子家去了，但是仍然受不住儿媳的含沙射影的辱骂，所以从二儿子家里出来，自立锅灶。二弟和尚典劝他回二儿子家去，他很坚决地说："如果再回去，不如一死了事。"二弟继续劝说："你一辈子省吃俭用，一心一意为儿女，到头来落下这可悲的下场，不值得，自己多保重。"的确是的，以节俭为本的小学教师，习惯了节约过日子，在工资增加、儿女成家后经济条件逐渐好转，但仍舍不得吃、花、穿，视节约为己任，把节约的钱分给三个儿子，也随时把钱给出嫁的女儿。但尽管这样仍难合儿子、儿媳的心，只能这家过一段时间，不行又跑到那家过一段时间。这些年跑来跑去的，这次是第一次自立锅灶。

（2005年8月3日）和尚典及和尚勋两兄弟吃过早点，就到其大哥和尚武处，劝说他还是回到他二儿子家吃饭："年近八旬的老人了，自个做饭吃不是长久之计，如若生病了，懒得动手岂不是吃不着？去跟女儿女婿过也显然不好，千万不能去，最好还是不看一面看另一面，不看媳妇面也要看儿子及孙子孙女面，什么事都忍一点就过去了。"和尚武对两个弟弟诉说道："儿子是小儿子第一孝顺，心地也顶好，就是小儿媳妇难处。大儿媳心地好，但大儿子一心想把我的工资收入占为己有，我的工资得顾其他两个儿子，还得顾女儿。年近八十还受他们的气，我宁愿自己这样生活着，病了我请孙女五玉芬来做饭！"

（2005年8月6日）和尚武老人在其弟弟的几番劝说下，今天早上又回到二儿子家就餐。弟弟劝说兄长："凡事都忍些为好。"又劝说侄儿媳妇："脸少板些，口干净些，别听别人的胡言乱语，互相多理解些。"现实的农村社会，宁可多劝几句老者，对少者则多劝说不得。他们不想赡养老人，别人劝说他（她）们，他们不仅听不进去，反而还觉得自己有理。因为老人已将夕阳西下，而年轻人则还在担当家里大事，所以大家对年轻人不敢责备，这种现象较普遍。老者无奈啊！

也许是近期家里家外发生的事情对老人的身心了产生了极大影响，和尚武老人病倒了。

（2005年10月15日）天刚刚黑下，和朝泽的妻子跑到其家族的每一家中告急，说她的老公公和尚武突然病重。听到这一消息后，和尚典、和尚勋、和圣伟以及小一辈的人都往她家跑去，和尚武的大儿子和朝东及其老婆也赶到二弟家。大家急忙摸尚武老人的手脉，并询问他，老人说："白天还好端端的，吃过饭后，就心慌头晕，全身出冷汗、无力。自遭人抢劫后，思想上一直不好过，又因家庭的各种原因而引发了心脏病，这下可能完了。我已写了一张遗书放在箱子内，如果我死了，请家族从我的抚恤金里拿5000元给大儿子，因为二儿子和小儿子已给了每人5000元，大儿子那儿还没有给。二儿子那再给1100元的生活费，我在前不久已付了400元。前些年我在大儿子家也是每年支付 1500 的生活费，现在也照此执行。寿衣我已自备好了，若再活两年两个孙女就可初中毕业，我会对她俩提供经济援助，但可能不行了。"

和尚勋马上打电话叫大哥在城里开车的二儿子和朝泽及小儿子和朝珍回来拉父亲去医院。在村里的和朝东（和尚武的大儿子）、和朝光（和尚武堂兄的儿子）和和武军（和圣伟的儿子）也同时去丽江城招呼老人①。

大家还在为和尚武老人的身体担心着，更大的事情又发生了。

（2005 年 11 月 7 日）傍晚，和朝光接到堂弟和朝亮从香格里拉打来的电话，内容是：和尚典的儿子和国军在 5 日下午开着出租车去香格里拉县送 4 个人，到 6 日还未回来。在城里开车的家族兄弟和朝亮、和朝珍、和朝祖等人，请了和国军的姨表兄弟以及其他几个本村人，前往香格里拉查找。但无半点线索，几个家族兄弟留在香格里拉，同时报了警。其余的人回丽江，准备报警查找。和朝亮希望在家的人照顾好和国军的老父老母。

下午 6 时左右，和朝亮也给父亲和尚勋打来一个同样内容的电话：要爸爸做好哥哥和尚典的安慰工作。和尚勋、和朝光二人搁下自家一切事务去找家族里在家人员商量方法，要准备好应付两位老人的突发事情。

第二天，和尚勋陪着哥哥和尚典，和尚典的亲家也来到家里劝慰着神情忧郁的和尚典夫妇。亲家还对和尚典夫妇说："家里养的猫整天都在家，可以断定和国军还活着，如果家里有人要死，家养的猫就会离家出走的。"这是居住在南溪的纳西族自古就有的说法了。老两口听后，脸上还是没有一丝笑容，猜测着儿子也许是遭违法犯罪的人押着，也许是被无钱的浑人押着，或许是某个逃犯押着他利用他的车

---

① 口语，"照顾"的意思。

来逃避法律的惩罚。也许儿子被坏人害死，车被坏人抢劫，没有生还的希望。这些天，家族的人轮流陪睡在他家，进行安慰，以防老两口发生不测之事。同时他们把情况向村委会反映，要求村委会向各级政府汇报，求得各级政府督促各级公安重视查破此失踪案。

（2005年11月9日）寻找和国军的人们分成三组。一组由和朝亮带队到大理、楚雄等地寻找，并查看高速公路收费站监控器，没有得到任何线索；一组由和朝祖（和尚典堂兄的儿子，去做了上门女婿）带队再到中甸一线找寻，也没有线索；一组由姨表兄弟带队在丽江附近查找，也没有结果。这使他们很失望，和国军家里的人及亲属也急得坐立不安。于是和国军的老婆请和圣伟的儿子和武军及和朝光两个人做伴，翻山越岭，偷偷地到附近乡镇算命先生处算命（这位算命先生是远近闻名的失明老人）。算命先生说："和国军被一伙做生意的歹徒所押，目前生命还安然无恙，待以后会慢慢脱离危险，也可能被寻找他的人们所发现。"听到这些，和国军父母的心有些宽松了，人们劝慰的话题也多起来了。

（2005年11月10日）南溪因控制疫情而设为"禁区"的禁令解除①。村里其他回家来挖洋芋而几天不能下山的出租车司机也赶去城里帮忙寻找和国军。是的，有点人性的人都应该这样，（大家都是）朝夕相处近三四年的同村开车人，这样的举动是合情合理的，是符合人情、符合礼节的。

在外地工作的和国军的姐姐，由丈夫陪着回到南溪。同来的有姐夫的两个哥哥、三个侄儿。他们都是从7日开始就到香格里拉、德钦、乡城、德荣等县找寻和国军的，但没有结果，就先回来安慰老人。

---

① 或许是地理生态环境的原因，南溪历史上曾有鼠疫等疫情发生，现在也偶有个案发生，因此成为县乡卫生防疫部门的重点监控区域。从东巴教的角度，认为南溪这样偏于一隅、相对闭塞的环境，是疫鬼容易集聚的地方，需要特别的驱邪逐疫。

（2005 年 11 月 13 日）几天来忙于寻找和国军的叔伯弟兄们（和朝亮、和朝泽、和朝珍、和朝祖）回到南溪，他们一方面是劝慰和国军的父母，一方面是跟老人们汇报查找和国军下落的经过。他们从6 日下午开始寻找，行程约 5000 公里，先后到过攀枝花、华坪、永胜、宁蒗、香格里拉、德钦、大理楚雄等县市的。四川省德荣县、方城县在公安的协助下查了公路收费站的监控器，细细查找了每个公路上的暗洞和怀疑的地段，但没有发现点滴蛛丝马迹，好像大海捞针，一无所获，只得停下。等待公安部门的侦破结果。整个寻找和国军的过程，不仅是叔伯兄弟、姨表兄弟的参与，还得到了村里多位在城里开车的人的帮助。此次寻找和国军的费用由四个叔伯兄弟共同支付，二千多元由四个平摊，每人五百多元，和国军家属用了一千多元。同属于家族的和武军、和朝光也争着想负担些，但他们四兄弟认为他俩家庭困难些，就不让他们一起参与经济负担，他俩就每人买一件东西送给和国军父母以示支持这一查找失踪活动。查找期间他们还到中甸活佛那里打过卦。

等到把情况说完后，和国军母亲及妻子号啕大哭，怎么劝也不行，家族其他人也为老年失子和中年失夫的婆媳流泪。家族里发生了灾难，兄弟能够慷慨解囊，互相帮助渡过难关。他们兄弟之所以能够这样，是因为有他们的父辈老共产党员和尚武、和尚典、和尚勋在90 年代初就为后代们树立了榜样。90 年代初，堂兄和尚模病逝，当时村民收入很低，80% 以上的村民在温饱线挣扎而还未能实现温饱，国家干部的工资待遇也很低。当时出葬费用在 800—1000 元之间，堂兄的孩儿还小，家境也较贫寒，于是和尚武三兄弟商议每人捐助 100元，在他们的带动下，离休后居住村中的堂兄的连襟也捐助 100 元，就连家境贫寒的和圣伟一家也捐助了 50 元。这样就解决了堂兄丧葬活动的一半费用，同时也给后人留下好的影响，成了有福同享、有难同担的好榜样。

（11 月 27 日）和尚勋的女儿一家（女儿、丈夫、公公及孩子）利用星期天的时间来看望和尚典夫妇和和国军的妻子。亲戚来慰问他们已接近尾声。和国军与车失踪至今已有 23 天，仍杳无音讯，看来没有生还的可能了，恐怕连见到尸体的希望都很渺小。若不能生还对他家是天大的不幸，"中年丧偶，老年丧子"的悲剧就要降临和尚典家，这七旬老人和年轻的儿媳妇多命苦啊！

这边失踪的儿子下落不明，生死未卜，那边计划生育部门就又上门动员儿媳引产第三胎。和尚勋老师评价说和尚典老人作为 40 年党龄的老共产党员应对不妥，字里行间，让我们震撼于农村基层党员，竟然能够如此严格地要求自己和同为党员的亲人。

（2005 年 11 月 30 日）南溪村委会妇女主任陪同镇计划生育干事、镇分管计划生育的领导来到和尚典家中，说服他家儿媳，现所怀的第三胎要及时到计划生育指导站做引产术。和尚典听后说："我儿子现在失踪下落不明，你们现在就窜进门来逼我儿媳做引产手术，若一事未了，再发一事，谁来负责？"和尚典的妻子也说："两孙子现在很不健康，还要观察一段时间"。他们没有做通两老人的思想工作，以双方不愉快的心情结束这次的动员。政府及政府工作人员可能对两位老人失去儿子和车一事抱有同情之感。但同情归同情，国策归国策，两位老人对国家计划生育政策这样不理解是太不在理了，特别是和尚典老人已有四十多年党龄，干了一辈子革命工作的老同志，说出这些话是太不合情理了。

（12 月 31 日）事发近两个月，和国军的事仍然杳无音讯。确认必死无疑，肯定是碰到盗车团伙而被盗车杀人。和国军的父亲和尚典面对无情的现实，请其弟弟和尚勋写了两份申请书：一份是写给迪庆州移动公司请求给以困难补助，另一份是写给玉龙县邮电系统的领导和新老职工，请求捐助，以便偿还购车所贷的款项。人生最大的痛苦莫过于老年失子，和尚典老两口年近七旬失去儿子的痛苦之情是难以

言表的。亲戚们也只好以有个开始上学的孙子、一个刚刚学步的孙子
来劝慰两位老人。

此事发生后，在城里开出租车的村民们都有些提心吊胆，生怕此
类事件再发生。

## 四、婆媳交恶与和好

婆媳关系在南溪与在丽江几乎所有的纳西族聚居区一样，一直是一个
回避不了的突出问题。强势的婆婆或不孝的儿媳，往往是这一问题的主
角，也是传统习俗所谴责的对象。在家族背景下，婆媳关系的形成与发展
受到家族的约束或影响。

（2006 年 1 月）与和尚武三兄弟同属于一个家族的和尚花家出现
了家庭矛盾。和尚花的儿媳因为受不了婆婆的辱骂和折腾而跑回娘
家。几个家族里的妯娌——和朝东的妻子、和国军的妻子以及和朝泽
等人将其从娘家接了回来。和圣伟和和武军父子俩进行了协商，决定
分灶开伙，且小两口要出去开出租车。他们还请来家族的人帮他们分
东西，分东西的大概情况是：牛归老两口养，猪也全部由老两口养（小
两口不要），公鸡除春节时给小两口一只外都归老两口，亲戚送给小孙
女的肉归小两口，其余的肉分成两份，退耕还林的补助款每年三千多
元归老两口，洋芋有两堆，多的那堆归小两口，少的那堆归老两口，
现今欠债六千多元要由小两口来偿还，现有米百来斤归老两口，留一
码柴给小两口，洋芋种全归老两口，到老两口干不动活时由小两口赡
养。分完后买洋芋的老板来问卖不卖洋芋了，和武军以 0.6 元一公斤
的价卖了 8000 公斤，共收入币 4800 元，卖完洋芋还剩大约 4000 公斤。

独儿子与父母分开吃饭，这事在村民中虽不光彩，但家族们都经
过细细商讨，认为以后的生活只能按和武军与父亲和圣伟商议的那样

来办，且小的外出几年，这样也许会好一些。否则，难以预料以后婆媳间的争吵、打闹，还会产生什么不敢想象的后果。因为在 90 年代初家族中就发生过类似的事情：婆媳常争吵，儿媳回娘家，又请家族喊回来，还继续争吵，结果从儿子 10 岁开始就守寡的老母亲含恨上梁自尽。前事不忘，后事之师，家族们怕这样的旧戏在和武军家重演，就同意了父子的协议，参加了分东西的过程。同时，大家一致认为在分东西上，小两口做出了很大的让步。

几天以后，和武军将携妻带女离家到城里开出租车。这是家族帮忙协商的结果，同时也是出租车营运业的开展使年轻一代有了选择，有了回避冲突的退路。

临行前收拾了妻子的嫁妆，准备把东西放在他们的卧室里，没想母亲和尚花又开始乱骂："不要把东西装在我家。"边骂边甩东西，小两口忍气吞声，没有顶嘴。在万般无奈之下，武军的妻子跑到家族中辈分较大的和尚勋家中央求给以劝解，和尚勋父子忙放下手中的饭碗前去劝阻。

只见和尚花大发雷霆，臭骂儿子和儿媳，还挥手动脚要打儿子，和尚花的男人和圣伟和赶到的和尚勋父子尽力劝阻，小两口才得以顺利收拾完东西，就乘坐一辆面包车去了城里。

留下的老两口看到这场面，可能心里顾虑名声太坏。和圣伟也整天嘴里发牢骚，还怪是亲家在作怪，扬言六年后若儿子不回心转意，就要一把火了却两亲家的房产，听了真叫人心悸。古时候流传在村寨里的"亲家不宜近，犁田驾牛不能远"的说法在互不敬重、互不相让的和尚花家灵验了。这是和尚花不顾儿子丈夫的处境发展到这一地步的，而亲家是没有做任何挑拨之事的，他们为了女儿是忍耐的。

和尚花与儿媳发生矛盾，儿子带着儿媳去城里开车了。一个家庭又分成了两部分。但分分合合，似乎也是大部分南溪家庭婆媳关系的发展变化规律。

（2007 年 1 月 2 日）村民和永红家杀年猪，请在城里开出租的和武军也回来帮忙。但和武军没有回来，就连他的老婆和金桂也没回来，他找理由说是下个月(农历十二月)村里要结婚的有四对，做客、帮忙得花半个月左右，误那么长时间，影响租车人的包款，太对不起主人家了。其实，他没有回来参加老婆伯父和永红家杀猪活动的主要原因是：自从去年他在她妈和尚花与老婆和金桂常吵常闹，无法劝说的情况下，与父母分家，领了妻儿到城里开车已快足一年了。这一年他开车，老婆领娃娃、做饭。虽然他的父母还在种田养猪，但已各自吃饭，生产生活上父子互不来往，不知道老两口杀猪时请不请儿媳和金桂方的亲戚。因此，他不回来参与每家的杀猪活动是自有道理的。

(2007 年 1 月 10 日)和圣伟、和尚花老两口要杀年猪了，杀猪的人都差不多到了，就连在城里开出租车的侄儿和朝珍、和朝亮已于昨晚回来参加今日他家的杀猪活动。人们吃完早点，吃饱喝足，还不见已与老两口分灶生活的儿子儿媳到来……结果儿子儿媳背着小女儿回来了，这合了大家的意，得了大家的心。

他家杀猪的人和客人和以往年同样多，有八桌客人，这在满下是客人最多的第一户。老两口杀年猪花了 700 元钱，这些钱主要用在烟、酒、饮料上，还买些菜、鱼、鸭、火腿肠之类的食品。最近几年村民消费水平趋上升的态势。

和尚花家的婆媳之争在下面"崇窝里的小家庭"部分还有继续。婆媳关系的艰辛难处在纳西族中比较普遍。我们揣测，这与纳西族妇女在家庭中的不让须眉的能力和地位有一定关系，同时还与纳西族女性的性格有关。

# 五、族人的共同帮扶

整个家族一边还在解决和尚花家的婆媳矛盾，一边还得帮着和国军家。

和国军连车带人失踪后，家里留下两老两小，妻子和玉祥又有孕在身，所以请人帮忙砍来年所需的柴。和玉祥请了家族和亲戚近10个人，开了两辆手扶拖拉机到前边山上去砍拾栗柴。被请的人发扬互助、团结友爱的精神而格外使劲，早早就出工，天黑时分才回来，砍的都是质优、量多的栗柴。

和玉祥有孕，但这是第三胎了，是国家政策不准生的。这项政策是从十八岁到八十岁的村人都知晓的。黄山乡在20世纪70年代末就被国务院授予"计划生育先进集体"的光荣称号，之后又累累获得国家级、省级、地市级、县级所授予的"先进""标兵"等一系列光荣称号。南溪也不例外，虽处高寒山区，但有关计划生育的规定是与坝区齐抓共管。所以，从70年代末到80年代初开始，计划生育政策就深入人心、人人知晓。和玉祥、和国军夫妇原来想着等洋芋挖完后去指导站做引产和绝育手术，但因和国军的失踪一直拖着。和玉祥现在才有心思去考虑引产的问题。和国军当医生的姐姐请假回家，专门陪护和玉祥到计划生育指导站做引产手术。

和玉祥做完引产手术，大家就互相商谈着看望她的事。有些人认为，这么一小点手术以及按照以前族中的惯例，不必去看望，等回到家时再送些鸡蛋之类的营养品就可以了；个别人则因为自己不久前才收受了和玉祥家的礼，不能免了；还有的人认为过去的惯例有些不好照着办，因为和国军失踪，和玉祥就成了寡妇了，这造成了如同去年的日历翻不得一样。但通过商谈，大家还是统一了思想，决定去看望一下。

和玉祥的公公和尚典串门休息时向和尚勋的妻子说："家族里的妇女一个也不去招呼和玉祥。"对方回答说："这是你们家要请一下，如果请了，家里有天大的事也是会先抛下去招呼的。现时家家都闲着，我家婆媳俩也闲着，只要你们说一声，个个都会去。这是你们家的不对了，气不吭一声又埋怨别人，家家都像这样能世世代代和睦相处吗？"和尚典觉得理亏，不出声气，默认了。

最终，和玉祥的妯娌——和尚武家的二儿媳以及和尚勋家的儿媳等带着鸡蛋去到计生指导站看望和玉祥。估计在城里打工的男人们的媳妇也会今日一同前往看望。这一做法是纳西族有病有难时互相关照、相互问候的传统美德，是人与人相处关系向更好的目标发展的具体行动。这种美德能得到传承，人们就会和谐相处更为团结。

和玉祥做了引产手术回到家，陆续有亲戚送来鸡、鸡蛋、米或其他营养品，有些亲戚还得等他家的通知才来，就是说他家要主动说："某天某日要'开于'（收礼）"。因此，和玉祥的公公和尚典请弟弟和尚勋的儿媳跟着他一起去城里买菜。

顺道的，和尚典还有事情要办，所以还请了去其他村上门的侄儿和朝祖。和尚典是想要去还儿子购买出租车的贷款。和国军的出租车是与和朝祖一起合买的，每个月2000元的贷款也是两个人轮流还。轮到和国军时，只有老父亲去替儿子还贷款了。

一边的老人还在为孩子遗留的事情奔忙着，一边的老人在孩子的陪护下出院回家了。

因患心肌病而住了两个多月院的和尚武老人，由他小儿子和朝珍接回家来了。病情有些好转，能自己坐三个来小时了。村民们都说："这样的年纪患这样的病，病的时间又这么长，要不是公费医疗的人，早就死了，谁家能付得起这么昂贵的药费。这里边还用了很多自费药，谁家又能担当得起呢。"是的，的确像村民所说的那样，即使和尚武老人有三男一女，要不是因为他是退休教师，有固定的工资，有公费医疗，那么多药费哪个又会帮他出呢？

（2006年2月21日）和玉祥引产后的"开于"（祝米客）终于进行了①。在城里开出租汽车的本家族人员和朝珍、和朝亮、和国军三

---

① 从前面和朝珍家为夭折的女婴做"祝米客"，到和玉祥家为引产的孩子做"祝米客"可以看出，南溪纳西族对生命的敬重和一视同仁，无论男女，无论出生的或未能出生的，无论正常成长的还是早早夭折的，都得以享受家族的迎来送往，衷心祝福。

人开着和朝珍的车回来参与这一活动。本家族在家的每户一人参与了这一活动。和耀军、和朝东、何朝光主要负责做饭，和福春、和社香负责蒸饭，收礼由和秋谷、和福春两人进行，记账由和朝亮进行，和朝泽负责烟酒。

参加本次"开于"的除家族、亲戚外，村里不沾亲的人只有和茂花及和李福来参加。共有八桌左右的人吃饭。当晚的饭还是安排了八个荤食，没有素菜。

等到和尚典家的各种事稍微缓一下的时候，与和国军合伙买出租车的和朝祖，请了家族的兄弟和朝亮、和朝珍去到和尚典家，和尚典又把自己族内的兄弟和尚勋、和尚武以及侄儿和朝东、和朝泽等请到了家里，一起商讨和国军和和朝祖的出租车 T 牌（牌照）之事。

当他们跨进门槛时，和国军的母亲和妻子，触景伤情，痛哭失声，边哭边诉，众人相劝。虽说劝慰，不少人的眼泪也夺眶而出。但失踪的人车无音信，再伤心、再哭也是白搭，反而还伤了身心，劝了一个多小时才劝住。

晚饭后，和朝祖说：失踪车的贷款两家已还清，可以进行车子更新的手续，有关部门提示更新时间不能拖长，看和国军父亲的主意如何？和尚典回答："要卖 T 牌了，你找个伴或者你自个考虑。"大家征求了和尚典以及妻子和儿媳的意见，最后决定：以 24.7 万元的价出售 T 牌，待和朝祖找到伴后，由找到的伴来付给和尚典家 20.35 万元。和朝祖打电话给他的连襟，希望能跟他合伙，对方回答说要与妻子商量后再作决定。从经济上看和尚典及和朝祖损失并不惨，惨的是和国军下落不明，丢下了两老两小和妻子。

（2006 年 3 月 22 日）从维西县邮电局退休后居住于满下老家的和尚典老人，就他儿和国军与车失踪一事，请他弟弟和尚勋向丽江市古城区、玉龙县出租车联合协会写申请，请求协会领导设法给点经济援助。并由弟弟陪同到协会交申请，向领导阐述该家庭的困难。

出租车协会的会长专门接待了他们兄弟俩，并给和尚典老人作了推心置腹的安慰，并说一定要在全体出租车主里进行募捐来援助。

家里的老人在陆续处理着因为和国军失踪带来的各种事情，作为儿媳的和玉祥也在振作精神进行生产劳动。

（2006年3月下旬）和玉祥又请了族人和家良、和福春婆媳、和圣伟、和尚花夫妇、和朝东夫妇、和英夫妇、和四娘及杨耀祥婆媳，她的父亲和国亮及母亲和六芝来帮她家称洋芋上车，今天她家的洋芋卖了13000多市斤。她家自从和国军于去年失踪后，全家人精神上受到的打击很大，加上两位老人都已有七旬高龄，她又做了胎儿引产术，家族的人们只要她家来请，都把自己的事暂时搁下，先来帮她家的。现处于春种大忙时节，她们家打算今年应种的洋芋请亲戚来种，被请的人们也会尽量帮忙。

至今，她家今年卖出的大小洋芋只有20000斤左右，属于满下村寨中历年来庄稼收入最少的农户之一。这样的户数在满下村寨为数不多。

## 六、家族照护下的死亡（1）：破除咒诅

似乎一切又都归于平静，没想，和尚武老人又一次病倒了。

（2006年3月24日）退休老师和尚武的病情又复发了，而且很严重，他的儿子和朝泽一面请人喊回还在地里种洋芋的和家良婆媳、和圣伟两口子、和朝东两口子及和尚典、和玉祥等，并把老父亲抬在炕上招呼好。一面打电话给在城里开车的和朝珍、和朝亮、和武军等，要他们回家，并把叔叔和尚勋也拉回来。到家后，大家动手打扫和朝珍的房间，打扫完后，大家把和尚武老人抬到和朝珍家招呼。和朝珍是小儿子，他们家才是老的宅基地。老人要回到老宅基里来渡

过一生中的最后一段时间。他的老伴和国琴也是在老宅逝世的。到下午5时左右，病情转危为安，和朝珍、和尚勋留下参加招呼老人，和朝亮、和武军，还有朝亮妻子和福春回城跑出租车。

（3月28日）今天被族人招呼了四天五夜的老人和尚武，病情有些好转了，说话的声音清晰了，又能吃点饭了，而且能坐上半个来小时与人交谈。看到这喜人的情形，在一旁招呼他的弟弟和尚勋问他："大哥，我的老伴前些天总是提醒我要注意看守好您，我们家族的男人们'绍没得'（不得口含）的很多，如不注意就会被'绍没得'的鬼神抢了去，往下的人也就难招呼好。如果招呼好了您，以后的就好招呼了。请问您知道咱们祖辈的有关事宜吗？"和尚武讲了曾祖父四金吐到祖父五七的相关情况。和尚勋记下了自己家族的近代四金吐到和朝东辈（五代）家谱。

（4月5日）是一年一度的传统节日"清明节"，全村除了和国臣、和国红、和福光三家火葬户①以外，都到自家的坟场去扫墓祭祖。这些年，每个家族都在坟场做饭、吃饭，每家自带些煎品以外，肉类、菜类大多为家族集中轮流去城里买，吃完饭后再算账凑钱，鸡每年以户轮流提供。

记录人简述并及时总结了阿四金家族这次清明节上坟的过程特点及缘由（他的这种边记叙事件本身，不时加以对比总结的记叙方式，散见于日志多个地方，可以说已经形成了记录人特有的记叙方式。这个方式一方面扩充了日志的信息量，为阅读者提供了上溯下寻的基点，一方面及时对截止于该时间点的事件或情绪等进行总结，保持了事件和记叙的同步；在同

---

① 纳西族历史上曾经普遍实行火葬，改土归流后坝区全部实行土葬，部分山区保留了火葬习俗。现南溪村属于两种葬式并存区域。滩下村除两户保持火葬之外，已经全部实行土葬。其余各村的情况如下：文屏村和满上村大部分土葬，旦前村、旦后村全部火葬，鹿子村和满中村大部分火葬，和金龙村基本火葬，且金龙村有一部分早先由鹤庆搬迁而来的白族后裔实行焚尸后土葬。

步下进行的总结、对比和追记，有助于为截止于当时的事件定格，仿佛为时间之流打上一个个小结，为不可还原的历史钉下一个又一个的基石）：

> 今年的"清明节"与往年有两个不同点：一是，原来在坟场现做现吃的阿四金家族，这次是在和朝珍家做饭，坟场上只是来祀奉一下供品，磕下头，然后回家吃饭。原因是族中老者和尚武患病倒床已半月，家族人每时每刻都在轮流守护，为方便而采取了以上的措施。二是和学伟、和学新家族坟场新添了一个景象，设了三坛吃饭桌。饭桌用杂石垒起，再在四周和上面刷上沙灰，起到平整黏结的作用。吃完饭后，就在简易做成的"桌子"上打扑克、玩麻将，凑热闹的人也多。

清明节上坟是一年当中重要的事情，各种外出的人都回到了村子。第二天，大家又聚在一起去缺乏劳动力的和玉祥家帮工。同时又开始担心和尚武老人是否能熬过土黄节令。因为清明节一过十多天，土黄节令马上就到了。这可急坏了守护着和尚武老人的所有人。

> 他们都担心着要是和尚武万一死于"土黄"节令间，那就不能挖土下埋，只能寄山①，而寄山的话，由于气候变暖，尸腐发臭不好再次搬动。所以，和朝泽、和朝珍、和尚勋、和尚典、和圣伟五人避着快嘴快舌的女人和生病的和尚武，悄悄地请了村民和顺达，带着酒、茶、香，扛着锄头到坟地里，上香敬酒敬茶，祀奉食品：熟鸡蛋、剪煎豆腐、煎鱼、肉、饭等。然后在和尚武老婆坟的左边挖了几锄土，并把所挖的土好好存放于一棵树底下，以便到时先盖于棺上。这样先破土以后，即使死者要在"土黄"节令里下葬也就无所忌讳了。做完此事后，五人都要闭住口，特别不能让快嘴和玉祥知道，要不然传到病榻上的和尚武那里，他会破口大骂，说"你们盼我死吗？"

> 4月19日，和尚武老人的病情不见好转，也没有加剧。为继续

---

① 在"土黄"节令期间去世者不能当即动土下葬，要等节令过完方能下葬。死者只能先停于家中或坟场等待，称为"寄山"；寄山位置一般在家族坟场靠边处。

招呼老人时烧柴做饭方便，他的小儿子和朝珍跟村民组长请示后，今天请族中人和尚花、和家良、和四娘、杨耀祥、和玉祥及和英、和朝东、和朝泽、和秋谷、和朝珍、和闰英等十一人去前面山上砍柴。开去两辆手扶拖拉机。人手不算多，但很好找柴，到 3 时左右就砍到了满满的两手扶（拖拉机）柴。此柴拉到和尚武的小儿子和朝珍家里，因为老人要在此院里寿终正寝。砍来这两手扶烧柴以后，可以解决两个月的烧火问题了。

大家一边不敢松懈地照顾着和尚武老人，一边也相互帮忙着生产和建设，整个家族同心协力，一切有条不紊地进行着。从阿四金本人开始，这个家族似乎都继承了他的精明能干，在南溪乃至远近乡邻一直是一个受人敬重的家族。但也是从他开始，一个家族的隐痛一直延续到现在的族人心里。为此，守护重病之人、临终之人成为了众族人心照不宣的第一要务。

阿四金的后代中的两代人（六人）成为国家干部，为国家工作，吃皇粮；因调皮而进学无果的后生也个个机灵，进城开出租车。阿四金家族是七邻八乡有名的书香门第，同时也是历代男人辞世时不得"绍沙"（口含）的典型家族。因此，招呼快要去世的老人时要格外注意，不得有半点的大意，以便要辞世者不让被"绍没得"的人抢了去。守住病危的老人，不要再出现"绍没得"的情况，是整个崇窝的大事。大家夜以继日地轮换着守护和尚武老人，但真正出事的却不是他。

（2006 年 4 月 27 日）真是"死人街上走，活人床上睡"。前天还在招呼病倒在床一个多月的老人；昨晚还在跟远在维西县拖支乡卫生院当医生的女儿进行电话长谈，告诉女儿目前家中一切安好；昨晚看电视节目看到夜间 11 点；前几天还一直念着退休工资汇来了没有的老人——和尚典，今早该起床时没有起来。老伴五三姐叫小孩阿冬去喊爷爷起床喝茶，可和尚典不应小孙的叫唤，五三姐大妈就亲自去喊，可千呼万唤也不醒了，她急忙跑到邻居五社员家急告了这一现象。五社员的妻子五子香站在门口大喊"阿佬木青不行了，阿佬木青不行了"（木青是和尚典的乳名），附近的邻居家族迎声跑到他家一看，和尚典确实已停止了呼吸，闭上了眼睛，手脚已经僵硬，上身胸部还有点热感，和社员、和尚勋、和作典给他做了好大一阵人工呼吸也没有用。妇女们哭的哭、劝的劝，劝者脸上也挂满了泪珠，有的还找来燃烧的炭火烧上辣椒面和鸽子屎①，但一切都无效了。昨日还健康的和尚典与世长辞了，抛下年近七旬的五三姐老伴，丢下两个小孙子，弃下苦命的儿媳，无声地走了。

听到这一噩耗的村民陆续来到他家，妇女们挂泪扶住悲痛欲绝的五三姐，男人们则坐在他家里，准备帮忙收尸。和尚典家族的人把看护和尚武老人的任务交给三儿子媳妇五闰英，其余都跑到和尚典家，买烟买酒，敬村人。和尚典的弟弟和尚勋，打电话通知在城里开车的儿子和朝亮，说明了和尚典家发生了不愿发生、也不该发生的事，把事情原原本本地告诉了和朝亮，要他转告在城里开车的和武军、和珍贵、和万群、和福春、和金贵等家族的人，要他们都作好回家帮忙的思想准备。接着和尚勋又打电话给和尚典的女儿和国英，告诉她："你的父亲病重，请假速回，向领导要说明老父病危。"又接着给和尚典在太安的弟弟和尚洪打电话："老二昨晚可能患心肌梗死而死了，请速来。"

和尚典的儿媳和玉祥回到家后，也同样悲痛欲绝、痛哭失声，众人实在难以劝住。的确祸不单行，和玉祥在 172 天之前走失了在城里开出租车的丈夫和国军，今天又是享受较高退休金（每月 1800 左右）的老公公长辞人间，往后的扶老携幼的重担全落在她一人的身上，怎不能使她撕心裂肺呢？村人都流着同情的泪水，就连男子汉和尚勋也老泪纵横。把和玉祥劝住后，和尚勋把她领到偏僻处，打电话给和朝亮，叫他们买来和尚典的寿衣：毛呢中山服一套、丝绸寿衣一套、高

---

① 当地民俗，用于熏撵某些不洁净的无身的存在物。

档皮鞋一双、被褥、内衣等，共花去 850 多元。

村民们都到了，就连准备帮和建华家搬房子的村民都来到了和尚典家，请木匠师傅和国兴、和建良主持做棺材的事，还没有进到他家院子的村民和万仕、和天林、和圣华等人在门外帮忙借东西（木马、木匠工具、炊具等），等借完东西才进门。东西到后，和国兴、和建良、和作典、和尚军、和永红、和学仁等十多个会木工的人都参加了做棺材的工作，不会木活的村民都就地休息。木匠们七手八脚，弹木线的弹木线，量尺寸的量尺寸、砍的砍、锯的锯、刨的刨、凿的凿，紧张进行了约两个小时，当快要做成棺材之前约 20 分钟，和朝亮、和武军、和珍贵、和金贵等回到家中，他们一到家把东西放下后，由和朝亮领头，和武军、和珍贵随后，向在场的每一位抽烟的村民敬烟，并连声道谢："谢谢大家，谢谢大家"。

在场闲着的年轻人捉了和尚典家的两只公鸡，一只准备用作"岩绍鱼"①（以示给死者放口含），一只准备用作"芝步吉"②（得口含而死者只要一只"芝步吉"的鸡，死男用公鸡，死女用母鸡）。

棺木做出来后，准备洗尸入棺，首先村民和作典抓住一只公鸡，备上一碗面粉，一杯水，站在死者和尚典身边大声喊："五木青老人病重危急③了，家族赶紧来守他啦！"于是家族的男人全拥到死者身旁，和尚勋大声送行："五木青，你奶奶叫五构，你妈叫五立，你要紧紧地跟着她俩走，不能跟随其他人走。你前面有三条路，你要往中间那条大胆走去，披荆斩棘，遇石踏碎石，遇河涉过水。上面一条是

---

① 纳西语音译。一个为没有得到口含（绍沙）的非正常死亡者做补救性放口含的仪式。以活鸡替代未得口含（绍沙）的死者接受口含，再用面粉和水灌死之后装入松明条做成的三角形小"棺材"，挂于棺材一侧，一同抬往坟场安葬。这只鸡或可被称为"替身鸡"。

② 纳西语音译，意为"架土锅"，概指人死亡后丧家所进行的一个特定的活动，根本意义是给死者另起锅灶。

③ 逢丧事人家向村人报丧时，往往以"某某病危了""某某不行了"这样婉转说法代之。

豺狼虎豹道，下面一条是野鸡野鸟道，中间这条是你的路。你要说是在家族面前来的，是从村民面前来的。"与此同时，和作典抓住鸡脖子一边给和尚典送行，一边往嘴里放口含，塞面粉、灌水，把鸡灌死后，给鸡穿上事先就备好的新衣（用一块新布剪成可以包鸡的形状）。村民们就七手八脚把和尚典尸体抬出去洗尸，和作典把鸡装进事先备好的用松明条①做成的三角形盒子（以示棺材）并盖好。

又提起另外一只鸡，用面和米灌死，口中说："五青，从今后，你烧你的火，你饮你的水，你做你的饭，咱们从此分锅。"灌死鸡后就由和永红、和社兴把鸡烫净、洗净，砍成块，把锅架在院子里的篝火上炒。洗尸的人洗完尸穿好新衣，进行入棺。和尚典的亲家和国亮（和玉祥之父）说："阿佬一辈子靠拿工资生活，装上两张红灿灿（两百元）。"主人听从，由和国成装进死者的外衣袋里，并大声说："阿老，此钱用去打麻将玩吧。"入棺完后大家把棺材抬到堂屋安放好，装鸡的三角松明条棺材也摆放在灵柩前面。和国兴把备好的"豪沃"（尖尖的一大碗熟米饭，盖四块肥肉，正中竖一个熟鸡蛋，上插一根筷子，横放一根筷子成"十"字形）摆到灵柩前面的桌子上，点上油灯，献上酒茶，点上香，接着煮来鸡心汤，放到桌上大声说："二哥，请喝鸡心汤。"做完这些，村民们去"芝步吉"（抬着事先备好的瓷罐、瓷碗、瓷杯、饭勺，用树枝做成的三角，新劈的九根干柴——男用九，女用七根），都装在一个簸箕里，还装有"芝步吉"鸡毛、肠，由和朝泽抬着到"芝步吉古"。转回后在门口进行"嗅颂"②。

家族人拦着村民请吃顿便饭，有些拦不住，进行主要操作的都被留下。到下午，家族人又陆续去看和尚武，怕发生意外，对和尚武隐瞒和尚典死的真实情况，骗他说："老二风湿病严重起不来床，今天

---

① 山松结节富含油脂，劈成细条，点燃后用作照明。此处以松明条做替身鸡的棺材，主要目的在于松明含油脂而不易腐坏。

② 纳西语，"除秽"之意。

就不来你这里了，老三和尚勋有事到云大基地去接待外来人，也不能来看您了。"用这样的方法来稳住病危中的老人，以防老人万一听到消息后发生不测。

下午快7点时，和尚典在维西县拖支乡卫生院当医生的女儿和国英，由丈夫杨文柒自驾车回到家。一到家她大哭大闹，一定要开棺看看老父的面，并且哭得很惨很凶，大家劝说无效。和尚勋把杨文柒叫到旁边，说明了老人辞世的情况，并说明了南溪满子师村远古时代就流传下来的没有进行"芝步吉"就不能回家的规矩。从早晨10时左右全村村民都集中于此，等你们到家后才入棺是客观条件不允许的，人们把老人收拾好后，需要回家照料孩子、喂牲口等。再说入了棺是不能开棺的，这是不尊重村民的现象，会受到村民非议，你要劝说和国英，给她打消一切疑虑。经杨文柒一说，真奏效，和国英比先前轻松些了。和尚勋就给和国英讲了老人的情况，以及给她打电话时的思想顾虑，以及村寨里的规矩（和国英从小农转非到维西长大、学习、工作，并嫁给了维西人，村规民俗一概不知），她就停下来不再闹着要看尸了。

到7时半左右，亲戚和家族其他人陆续来"吉足豪毗"（入棺后的献饭）。

晚饭时家族人去挨家挨户喊今天操劳的村民（洗尸者、做棺材者）来到和尚典家吃饭，以示谢意。饭后大家围坐篝火旁到夜间11时以后才陆续离去，家族年轻人则睡在和尚典灵柩旁守灵。

（2006年4月28日）家族的人集中在和尚典家，商谈和尚典老人的后事：戴孝人员、出灵的各种执事。方法是应带戴的由家族自报各方人，执事参考和作良大事时请人的记录，做适当调整。众人商讨后，由和朝亮执笔记录。

（2006年4月29日）家族的男人和朝泽、和朝东、和朝珍、和朝亮、和武军、和朝光、和尚勋、和尚军等人，拿着昨日商讨后记录的"和尚典大事请人"本子，挨家挨户请人。每到一家，大伙先跪地向北磕头①，再由和朝亮请人。如有错漏，大伙作纠正、补充。

（2006年4月30日）家族的和尚勋、和圣伟、和闰英留下招呼病倒的和尚武；和尚军在和尚典灵柩旁守灵，和玉祥、杨耀祥、和尚花在家招呼五三姐，同时做饭。除此之外，所有人去帮和尚典家砍柴。

大家对和尚武老人至今还封锁和尚典不幸去世的消息，谎称："和尚典患风湿病去医院治疗了。"

大家担心和尚典老人突然去世的消息会刺激到已经病重很久的和尚武老人，所以一直对他封锁消息。然而村子里另一位老人和国坚却在前来和尚典家进行拜祭的时候中风了，口不能言、手脚不能动。和国坚老人是和尚武的妹妹的丈夫。第二天凌晨，和国坚老人的家人就吹响了牛角号②宣告老人去世。村里人也陆续起床前去帮忙。

（2006年5月1日）艳阳高照，和风送暖，这段时间的南溪村寨，又忙开了种反季油菜（又称秋油菜）的农事劳动。不少村民已开始犁田，播秋油菜，然而村寨里有两个家族因有两个老者还未埋葬，而停止了一切农事活动。古来就有"死者为大"的说法，而且有死期不过七天就不下田犁地播种的旧习，一直沿袭至今。所以，一个家族的所有人集中在和尚典家，筹划出灵那天的伙食，商定在和尚勋家做饭，在他家待客，并着手扫除、搭棚、搭灶。另一个家族的人也集中在和

---

① 据和尚勋老师与满中村和福祥老人了解，南溪村民厨房一般建于居家北面，当报丧之人进门，主人家往往从厨房迎出，报丧人即对主人家磕头报丧，请求帮忙。由此引出向北磕头一说。至于传统上还有什么讲究，则不得而知了。

② 据和尚勋老师讲，历史上南溪曾经用海螺号宣告有人去世（估计和历史上东巴信仰盛行有关，白海螺是东巴仪式法器），后来因海螺难以获得，而改用牛角号，每村一个，每一次有人去世的人家使用后即留在自家，待有另一家有人去世时，转到该人家使用并保存。最近几年，由于牛角号损坏或一时找不到了，丧家即想出了用啤酒瓶敲去瓶底，当号使用的方法。世事变迁如此，也是让人哭笑不得了。

国坚家，商讨和国坚老人的大事，戴孝、请人等。

和国坚老人的子孙们早晨就到整个村子里挨家挨户请了发灵那天的各种执事，以及在傍晚请主管和炊事总管商讨发灵那天的各种生活用品。他们商定要在农历四月十一日出和国坚老人的灵。他的舅爷和尚典四月八日出灵，妹夫和国坚十一日发灵。死时相差三天，发灵又刚好相差三天。南溪古来就有"兴尸的漏各"之说，即人死就到处都死，的确也有点像。近段时间周边的高龙村、放牛坪村、太安村、吉子村各死了一人，加上满下二人，共六人去世。

和尚典及和国坚老人的葬礼都得到了认真的安排，同时开始考虑如何将两位老人去世的事情告知和尚武老人。

家族的后生们，经过一番深思熟虑，加上村民的点拨，决定把和尚典老人去世的不幸消息告诉重病在床的老大和尚武。

他们先备好了口含，然后大伙一起来到和尚武身边，说明了和尚典、和国坚两人已离开人间赴黄泉的情况。和尚武听后，泪如泉涌，并说："还不能去、还不能走的这个人走了，一个家庭的衰亡竟如此之快，料想不及。"在大家你一言我一语的劝导下，和尚武止住了泪水，又说开了：命苦啊命苦，少时苦，青年时当兵苦，送邮件苦，退休后因为家里没田而到处找空闲地开荒苦，没得到侄儿侄女及儿媳儿女的丝毫温暖苦，苦了一生就匆匆地走了，命运真是会捉弄人，阿四金的男人又是不等口含而辞去一人。

等他心情稳定后，由和尚勋、和尚军、和圣伟看护着和尚武，后生们则去忙和尚典大事的准备工作。吃晚饭前，请来了举行这次丧葬活动的总管和国兴、和顺明及炊事总管和永红。吃过饭后就请他们三位来指导购买此次丧葬活动的食物。

第二天，家族十几个人驾驶各自的手扶拖拉机到丽江城购买举行和尚典丧葬礼用的东西。除了在村里跟和建成买了一口一百公斤左右的活猪外，在城里买来猪头、鱼、猪肝、烤鸭、泡猪皮、鸡等食品。

回到家里，大家齐动手，帮购买东西的人下车，把酒烟放在一间房子里，把用的东西放在另一间房子里，把猪头、肺洗净后又放在另一间房子里，把鱼洗净后先暂时放在和朝珍家。整个家族共八家，为了方便完成此次的炊事任务，还买了一个大蒸锅。同时也买来了要敬"足若"①的烟酒，单独放在一边。

2006年5月5日，农历四月八日，和尚典老人的葬礼正式举行。由于他的转业军人、老党员、退休职工等身份，葬礼在传统仪式之中有掺进了些许另类元素。

太阳一出来，所有执事到和尚典家各就各位，各司其职。家族的人9时进行上祭、吊孝、追悼礼。追悼礼由和尚军主持。追悼礼结束后吃早点。

埋人组备了酒、烟、茶、灯。家族年轻人和灿、和亚华、和汝浩、和汝信、和朝珍、和朝光、和武军、和朝柱、和建成、和建忠、和建军等随同埋人组前往，帮忙找石头。挖坑时遇到一个大石头，现时的年轻人几乎个个都会石匠活，于是大家轮番打石头。因为这儿出现难题，家里12时才开始招待"足若"（一户一人）。家族的人摆酒敬烟，磕头时齐声说："感谢村民，请把和尚典老人送出去。"招待完"足若"就开始待客，原计划五十桌，结果有六十桌。到4时半举行送葬礼。送葬礼上，迪庆移动分公司和副总经理致悼词，悼词总结了和尚典同志的一生，高度赞扬了和尚典扛枪保家卫国，转业地方后从事邮电事业时的工作作风和艰苦奋斗的精神。和尚典是南溪第一个逝去的退休老党员，村委会的书记、副书记、副主任参加了今天的追悼会。在送葬礼上由单位领导致悼词的在满下村寨是第三个。

在举行送葬礼的同时，分工一些人去照看好和尚武老人，老人为他弟弟的不辞而别很伤感，当他接了弟弟的孝布时，泪水禁不住滴下

---

① 纳西语，前来帮助丧家抬棺去往坟场的村民。

来，尽管照看的人开导、劝说，还是难止住出自内心的辛酸泪。

5月6日，和尚典的亲戚们去伏山①。村民们一起早就到和尚典家各就各位，各司其职。今天照例忙的是炊事组、蒸饭组，记账收礼组到下午就交账交物，埋人组、烧草席的都处于休闲状况。炊事组照例把午饭做好，蒸饭组照例把饭蒸好，烟官、酒官把烟酒整理好，等到上坟人回来就不再管事了。家族的人到12点回到家，就在族中临时指定总管、厨师、酒官、烟官、招待。此次大事里的各种执事们，吃过午饭后就一直玩到傍晚才散伙。

和国坚老人家族的家庭，每两户一人去丽江城购买和国坚丧事的所需物品，开去三辆手扶拖拉机。买东西的记账由家族中的和万军担任。二十年前办丧事时采购物资，需要人背或马驮，要有二十来人去办，对年纪较大的人来说往事还历历在目。

事件发生至此，在伤心操劳之余，和尚勋老师还特意将和尚典丧事与村中往常丧事做了一个对比（具体信息见日志稿）。如前所说，及时的记叙和对比这种记录方式，其价值超出单纯的就事记事。

和国坚老人的葬礼也如期在农历四月十一举行，崇窝的人上祭、举行追悼礼、亲戚上祭、"足若"吃饭、送葬；第二天崇窝和亲戚伏山；第三天由崇窝兄弟做主分配了和国坚老人两个儿子关于葬礼的收支；最后，崇窝的全部人一起吃了一顿团圆饭。

和尚典、和国坚两位老人的葬礼在崇窝、亲戚和其他村民的协助下，圆满地办完了。重病在床的和尚武还一直由崇窝的人耐心地照顾着。白天主要由和朝珍、和尚勋、和闰英等人看守着，和尚典老人去世前也常常在哥哥床边，现在和圣伟也时常去看看。原工作单位领导们也前来探望。

（2006年5月10日）太安乡中心校党支部书记率中心校长、总务主任、办公室负责人共四人来南溪探望病重的退休老师和尚武，给

---

① 出葬三天后，丧家及家族成员前往坟场祭祀。

他带来了春节慰问品（一床高档被子），以及看病人的慰问品。最重要的是给病人带来了精神上的安慰。的确，小学教师，人多面大，离退休的也相当多，中心校领导在半年内就来看望三次，这使久病长期卧床的和尚武老师十分感动，由两个招呼他的人扶着到大门前送别。和尚武的小儿子和朝珍，杀鸡煮肉招待了来看望老父的校区领导。

和尚武老人的病情有些重了，族人一边是时刻有人的照顾，一边也不敢误了生产。生产过程体现的不仅是个体生命延续的需求，更是家族社会生命延续发展的需求，生死之大与生产之重，族人不敢轻易失衡。和尚武的几个儿子都在忙着种秋油菜。族人相帮互助，传统与现代生产方式的交混进行尽现其中。

（2006 年 5 月 12 日）和朝光、和朝东耕牛组①去种秋油菜，他俩家请了耕牛组的和作典家帮忙。和作典家早已种完油菜，但出于耕牛组本身是合作小组，因此，他家不计较和朝东家帮不帮他，而是看着和朝东家忙不过来，积极主动地去帮忙。和圣伟家本是与和朝光、和朝东为一个耕牛组的，但他由于与儿子分灶吃饭后，不想养牛，不想用牛来耕田，因此今天他请了侄儿和社红用手扶拖拉机去犁田种油菜。本来油菜应在十天前种完，但由于和尚典大事及姑爹和国坚大事而拖延至今才种秋油菜。

和朝泽家也去种秋油菜，他家由舅爷和金星家、和金辉家、和林家帮忙用牛来犁田，并由他三家帮忙种油菜。

（2006 年 5 月 14 日）昨夜的雨夹雪，村庄披上了一层不薄也不算很厚的白纱，鸡冠山上，母猪山麓银装素裹，出现了往年少见的雪满树枝的冬季景色。村民们有些围坐火塘做手工：缝带子、缝雨衣、缝背带、打毛线；有些年轻人则串门休闲，看电视、闲聊；有些村民

---

① 南溪的一种村民组织，产生于国家农村改革、包产到户初期。集体共有的耕牛被几家分一头，七八户或三五户组成一个互助合作小组，在犁田时采取互助合作的形式进行；有些耕牛组在其他生产活动中也互相帮忙。耕牛组这一组织形式不限于家族内。

则往和尚武老人处看望，他屋里坐满了村民。

（2006年5月16日）病重半年余，花了医药费近2万元，卧床时间约150天左右的和尚武老先生终于辞世了，他的家族圆满完成了招呼他、给他放"绍沙"（口含）的任务。

至此，可以感觉到，和尚勋老师也深深舒了一口气，因为他及时地为阿四金家族的口含之殇做了一个总结性叙述。

为使和尚武老先生辞世时得到口含，他们家族的后生们团结一心，协同守候，连日昼夜轮流守护了近两个月时间，终于打破了整个家族近代男人无一得到口含的历史。虽然为此误了很多工时，付出了很大的精力，但人人心中都感到满意。因为世居南溪满子师村的纳西族村民长期以来有这样的说法和共识，"族中一人得到口含后，后生们也易得到口含；若族中一人没得到口含，后代人都难得到口含"。从和尚武家的近代历史看，似乎对以上说法有些应验，如：四金吐被回民所杀，未得口含；四金吐之子五七因患传染病死，没得口含；五七之子五四哥因患传染病死，而没得口含；五七之长子五兴因殉情自尽，而不得口含；五四哥之子五木前因神经错乱，而不得口含；五兴的二儿子和尚典因突发病亡，而不得口含；和尚典的长子和国华因在金沙江游泳溺水死亡，而不得口含；次子和国军人车失踪半年余，估计已被人所害……所以，和尚武老先生是家族中最近五代所逝去男人中第一个得到口含者，整个家族后生们怎能不为此感到高兴呢？

家族五代人背负的咒诅终于被破除了，真是来之不易。读到此处时，我们同和尚勋老师一样，深深地松了一口气。一个让族人心力交瘁的守护终于成功了，一个本应悲痛的丧事因而变得悲喜交加。作为主位当事人的和尚勋老师，竭力保持的坚强、冷静、客观中，也绽放出如释重负的快意。随后，和尚勋老师还详细交代了和尚武老人离世的经过，强调了祖先神灵在其中可能的作用。

和尚武逝世的经过是：两天前病情加重，至昨晚下半夜声哑，很难发出话音，手脚不停地在动，上唇有些往上缩，但口中还发出轻微的"膀胱痛"声和呻吟声。

上午10时左右，侄儿媳和玉祥及和尚武的大儿媳，在走廊里讲了她俩昨天去旦都后村五男净处，去给娃娃要药时的情况。说阿大伯（指和尚武）病重这么长时间，顺便请五男净算了一下"莫英"①，五男净算后说是："苏不鱼"（纳西族传说中的历代祖先）阻拦着他，感谢一下"苏不鱼"就会有变化，同时还提醒最近三天得细心看护，倘若这三天无事，就等到五月初一可能发事。但她俩怕和尚武骂，就不敢告诉大家。大家听后，就动手祀奉"苏不鱼"，用酒、用茶、用饭敬奉于敬祖台，并插上香祀奉一阵后准备送出"苏不鱼"时，主持者和尚花说："有些时，送出'苏不鱼'时，患者会断气，提醒看守的注意点。"说来也巧，正在送出"苏不鱼"时，和尚武老先生猛睁一下眼后，闭目合嘴停止了呼吸，结束了他的一生，终年77岁。

招呼他的人们七嘴八舌地为他送行："五林（和尚武乳名），你奶叫五沟、你妈叫五恒，你妻叫五兰，你要紧紧地跟着她三个走，要拉住她们的衣襟不放手，大胆往前走。你面前有三条路，你要走正中这条路。上条路是野牛猛兽路，去不得；下条路是野鸡野鸟路也去不得，中间这条才是你该走的路。路上尽管有荆棘，巨石阻挡，你要披荆斩棘，踏碎巨石大胆往前走。不要跟着其他人，要紧紧地跟着你奶、你妈、你妻，向他们大声说：我从家族人面前来，从村民们面前来。"接着放进事先备好的口含，脸上盖上白纸，吹牛角号（用酒瓶打碎底子代替），并叫人满村边走边喊："和尚武老人不行了（死了之意），和尚武老人不行了，请村民们帮忙一下。"

在家听到号声和喊声的村民们都涌到了和尚武家，在田间或在家里干活的村民放下手中的活计（和建忠家建盖厨房请了一些人，和作

---

① 纳西语，鬼作祟的情况。

才家扩建猪厩也请了一些人，和丽军家请三人锯板子）纷纷往和尚武家赶来，顿时院子里人头涌动，家族后生们忙着敬烟敬酒、妇女们忙着烧水做粑粑，准备招呼村民，长者和尚勋、和尚军忙着给嫁到前山高龙村的独生女及在太安的弟弟和尚洪联系，同时与在城里开出租车的和朝亮、和武军、和福春、和金贵、和朝祖（和珍贵）联系，并要他们买些菜回来帮忙。联系完后，请村民们从和朝东家抬出棺材（前年已做好）给和尚武洗尸换装入棺。入棺时装了283.90元钱（200元今天装入衣袋中，83.9元是做好棺材时就装进去的），是装入棺材里的钱最多的一个。

中午家族人备了一顿便饭（五菜一饭），请村民们吃了再走，有好些人留不住，少部分人留住了。

晚饭做了六个菜、两个肉，招待前来吊唁的远亲近邻，及洗和尚武尸者，共有十余桌。晚上大多数村民都前来他家玩，大伙围坐院中篝火喝酒、喝茶、闲聊，有些村民做守灵人的伴到第二天天亮才回家。

和尚武老人去世的这一天，侄子和国军家来了一群人，他们是丽江市古城区、玉龙县出租车联合协会的会长和部分成员，以及电视台的新闻记者共计10人，他们是来进行献爱心活动的。

协会在四月中旬在全体会员中倡议捐款，帮助人与车同时失踪后家境处于贫困的和国军家，共募集到14938元。协会分配为和国军家10000元，和朝祖家4938元。电视台的记者对这一有难共帮的高尚风格深受感动，作了详细采访和及时播报。

和尚武老人终于得"绍沙"了，崇窝的所有人的努力没有白费。接下来就是关于葬礼的一系列规程。

5月17日，家族商讨和尚武老先生的戴孝问题，经商议确定有300个人戴孝，有32个女人同时戴孝围腰①。孝商定完后，讨论了丧

---

① 做成围腰状的孝布，给亡者至亲和较亲近的亲戚戴孝用。

葬活动的各种执事人员，基本上与和尚典丧葬大事相同，只有些细小的变动。

太安乡中心校的领导三人来和尚武家吊唁，并送上了花圈。询问了和尚武老师出灵的时间（已定在5月24日举行）。中心校领导表示，到时要带领太安乡各行政村的校长，及和尚武老师的老同志们前来参加丧葬活动。

5月18日，家族的后生们依照昨日所商定的各种执事名单，挨家挨户地去请人。长辈和尚勋、和尚军、和圣伟在家守灵，后生们请完人后分工成两个小组继续进行丧葬准备工作。一组和朝光、和朝柱、和武军开着手扶拖拉机到旦都村，以780元的价买来一口大肥猪，毛重300市斤左右，并拉回到和朝泽家关起来准备到时杀用。另外一组，和朝东、和朝泽、和朝亮、和秋谷、和英、和朝珍、和福春、和金贵、和玉祥等人搭灶、备棚子，此项工作在三点前完成。

5月20日，家族里的人开着手扶拖拉机到山上砍了两手扶丧葬用的柴，一车是干柴，一车是湿柴①。除了本族所有年轻人以外还请了和学青、五亚梅、五亚冬、五满月等四个亲戚来帮忙。他们带着午饭上山，到三点钟时就砍回满满的两车柴。

5月22日，家族共八家的后生们去城里购买后天和尚武老先生出葬所需的一切，付钱由和尚军负责，记账由和朝亮负责。

5月23日，满下村寨村民在忙着和尚武老师的丧葬事宜，天刚一亮，青年们及不承担重要执事的村民们先到山上砍一背柴。和尚武家族的妇女们则天一亮就忙着蒸馍馍，煎糯米条，好为所请的村民们做茶点。炊事组及蒸饭组的村民先到一步，他（她）们吃过早点，就要做12点吃的午餐饭。因此，每家丧事都是这两组人员先到。9点

---

① 干柴易于燃烧，但不耐烧；湿柴燃烧慢，但耐烧，所以遇到婚丧事宜需要即时大量用柴时，上山找柴火的人们往往采取干湿搭配的方式找柴。

多钟人们陆续到了，有些拿着工具，有些背着柴，还有的是空手而来（有重要任务的）。

人们吃过早点，总理管分配其他杂工。吃过午饭（12 点），大部分村民去砍柴，三辆手扶（两车杂柴，一车夜晚烧的粟柴）。家族年轻人杀猪，记账收礼员都忙扎牌楼（用两棵松树和松枝扎，用一根椽子拴上松枝横架于两棵松子上，样子像门）再拴上用五色纸做成的花朵，装饰灵台，贴上其弟和尚勋题的对联"三十八年讲坛笔耕，喜桃李满神州大地"及"育桃李呕心沥血，建家园不遗余力"。其他承担各种任务的村民各行其是，家族的老者在忙着剪孝布。

吃过晚饭，在院坝里烧上了熊熊篝火，村民们围着火塘，跳起了"喂慕达"①。有名的民间老艺人和建良领唱，之后，村民们都领唱一两段，一直跳到鸡叫时才休息。刚休息就进行了"艾居八达毗"——鸡鸣祭饭，传说这碗饭是死者能吃到的。所以，每当鸡叫，儿媳及女儿就备一碗稀饭来祭灵柩，不免又哭泣一阵。所唱的"喂慕达"用录音机录好，准备明天在灵柩前播放。之后烧上些洋芋，人们围火而坐边吃洋芋边喝茶，边聊天。聊天内容主要是丧葬时所唱的"喂慕达"的歌词和词义，当然主角是民间老艺人和上了年纪的老者。

5 月 24 日，全体村民为和尚武老人举行丧葬礼。8 时半家族祭奠"豪毗"，9 时举行追悼会"戴孝"，四方宾客纷至沓来，12 时开始待客。

---

① "喂慕达"和"窝热热"为两种典型的纳西族传统歌舞形态。在南溪，开丧头两天晚上跳"喂慕达"，歌词有歌颂亡者生前功德、讲述"口含"来历、讲述回归祖地的线路等内容。送灵头一天晚上跳"窝热热"以示与死者告别。"窝热热"亦即"热美蹉"，意为跳飞魔。据东巴经记载，"热"是一种长翅膀的精灵，亦是主宰生育之神。它会在夜间飞出来吸食人行将死亡时流出的眼泪及灵魂。为避免"热鬼"作祟伤尸，人们便通宵达旦地在死者家中唱跳"热美蹉"，以示祈求和驱赶它。演唱时由一歌手领唱，众男女以歌声相合。男声以稳沉缓慢的节奏、刚健浑厚的声腔有规律地呼喊着"窝—忍—忍"的衬词。女声则以清越明亮、滚动式的喉头音（纳西语称"若啰"），用"哎嗨嗨"的衬腔模仿羊群的鸣叫，与男声巧妙配合，构成鲜明的多声复调音乐。现在南溪的葬仪上基本还维持这一传统，但有简化和随意化的表现。

程序是："足若"（村民）、远方来客、近客，太安乡教委十六人单独在和尚勋家招待。到下午4时待完客。

吃完饭来参加丧葬活动的人们在院子里跳起了"窝热热"①，到5时举行送葬礼，由和尚军主持，太安乡教委主任（中心校长）致悼词。悼词中赞颂了和尚武老师为太安乡教育事业作出的贡献，名师出名徒，桃李满天下，他所培养的学生有很多成为建设祖国的栋梁。

5时半出葬，太安乡教委及教师代表和村民一道把和尚武灵柩送到坟地。在太安中学支教的北京青年志愿者（女）摄下了当天的一切活动过程，她说："这里的丧葬习俗值得研究，很有价值。"丧礼结束，记录人同样及时地总结了此次丧葬的特点（参见日志文稿）。

5月25日，家族及亲戚去上坟（伏山），他家所请的各种执事把各种事情都办好，只等伏山回来时交代给家族的人。

5月26日，吃过早饭，家族的妇女们（除和玉祥及五三姐婆媳外），都在和朝泽家忙着捡东西、还东西、收拾东西；而男人们在和朝珍家里，由族中长者和尚勋主持，以孝男商议、族人评议的方式，对和尚武丧葬所花费用进行三人（和朝东、和朝泽、和朝珍三弟兄）分担，以及对丧事所收到的礼(钱、肉、米、小麦、玉米等杂粮、柴、烟、酒、茶）进行分配。分配过程中没有大的争议，是很公开的。

商议及分钱刚完，和玉祥背着小儿子五丽东来到，说是"五三姐昨晚吃药过多，而口齿不清、发音浑浊"。真是牛事不发马事发，大伙暂停分物又赶到她家，看情况、提问题，给五三姐喂了红糖水，金不换（解药），认为不怎么严重，就又返回和朝珍家继续进行物资分配事宜。

事隔约一个小时，和玉祥又说："老奶奶仍然不见明显好转。"大

---

① 见上条注释"喂慕达"。

家就组织送医院救治，所幸的是和朝亮、和朝珍的出租车自 5 月 16 日和尚武去世那天就开回，停在家里，一直到今天料完丧事后准备回城。就由和朝亮开车，和武军护送，和福春、和金贵护理，五三姐的亲家母五六芝也被家族请去招呼五三姐。到医院检查后认为不那么严重，就在门诊里打吊针。

在家的家族人们帮三弟兄除烟、酒外，全部物品都已经分完。晚上，在和朝泽家吃了一顿饭，就示意和尚武治丧全过程已结束。待明日三兄弟带烟酒去酬谢总理、厨师总管、蒸饭总管等担任重要工作的执事。

# 七、生活的延续

崇窝里和尚典、和尚武两位老人相继去世了，所有人都为此奔忙了一段时间。但葬礼最终结束，意味着生与死的隔离已经完成；活着的人，生活还得继续。种洋芋、挖洋芋和卖洋芋依旧是南溪生活的大底色，但这个看似一直不变的底色实际上也随着年轮的滚动而呈现些许不一样的变化，这些变化，小则是村民个人或家庭或家族的个体性表达，大而化之，则是文化变迁、国策调整、地方治理能力等的整体性表达；在这块大底色之上，各种临时的或是社会文化变迁带来的事件，则如浓淡不一的色彩，丰富灵动着整个画面。

（2006 年 5 月 27 日）和尚军、和一花夫妇及儿子和朝柱，从满上村和朝柱二舅处借来手扶拖拉机（他们自家的手扶拖拉机于购买和尚武老人丧葬用品返回途中坏了，至今还没时间修理），要忙着卖洋芋。一家人边捡洋芋（去芽捡烂）边上车，共装了约 3000 市斤左右。这车洋芋是应约要拉到丽江市内的一家烧洋芋店，是满下村寨 2005 年收成出售的最后一车洋芋。这些洋芋曾在半个月前就有来南溪的洋芋商出过 0.50 元一市斤的价，但因和尚军家处在和尚典老人治丧期没有时间，而出不了手。但历史上就有"死者为大"之传统，就是说，治丧为主，生产暂让于丧葬活动。所以他们家也是无话说的，是心甘情愿的。

5 月 29 日，雨时下时停，早晨的细雨挡不住人们下地锄洋芋，已出土的嫩绿的洋芋苗在向人们暗示："该抓紧进行洋芋田间的锄草扒根了，要不然没有锄完就得薅，而且会很紧张的。"村民们都看到了这个势头，因此，冒着细雨在锄洋芋。

村民和朝珍及老婆和闰英，从前年开始就不种田，弃农开出租车。现回来招呼父亲和尚武有两个月余，了结父亲大事后准备回城开车，今天忙着收拾。和闰英还冒雨洗被、洗沙发，干得很欢。的确说来也很同情他俩，开车挣钱养家糊口不容易，但和朝珍考虑到父亲病重将要辞世是一世里的一年①，找钱是一辈子的事，不管怎么困难也要看守到死。经过近两月的招呼，给父亲送了终，再等两天就无牵无挂地又可去开车了。

6 月 26 日，村民和朝光请来部分亲戚和家族的人，帮忙他砌土基。他所砌的是砖包墙，砖部分承包给鹤庆砌砖师傅，里面的土基部分由自家来砌。砌墙的师傅主要由和作典主持，和朝东作帮手，其余人员都是小工，搬土基、和泥、搬泥。从早晨干到天黑也还没砌完，看来，还要砌一天。越往上，速度就越慢，搬运传递土基就越吃力。目前每家每户都在忙着薅洋芋、薅油菜、收青稞、收豌豆、撒蔓菁，是一年中农事多的一段时间。帮和朝光的人们心里急着农事，只是嘴上不好讲。不知和朝光暂停砌墙，待农事完后再砌，还是继续砌。如要继续砌墙，人们也只得忍气吞声地做完，要是他能说出等几天再

---

① 意思是，对于在世的儿子来说，父亲只有一个，他的死亡过程在儿子一生中只会是某一年的事情，不该计较照顾时间的长短。

砌，那就是求之不得的事了。

7月9日，村上有30多人去前山石镜头村参加丧葬礼。村上有些人家的媳妇从石镜头村嫁过来的，而和尚花的女儿嫁到了石镜头村，去世的人算是他们的舅舅。死亡似乎也有一种"效应"，一个跟一个，一族跟一族。

白事百里响，一个跟一个，一族跟一族，去的人就有三十多个，有些农事家事脱不开身的就置了点礼。去参加丧葬的人因路途较远（紧走要三个半小时，松点四个小时），所以大多数都带了钱，只有很少部分带米和肉之类的礼品。

……参加丧葬的人除了和尚花等两人留宿石镜头村外，其余村民等到出灵送葬后返回。和朝光在返回途中还特意进山捡了两公斤白松茸，卖到十二元钱。他为之感到很满意，他说："我今天一举两得，很划算。"

和国军消失得无影无踪，没有任何的线索。人们还是得继续着劳作、建设、经营的日子。

8月17日，村民和尚军、和朝柱父子俩从文屏石厂捡来厂方丢弃的五彩石碎片，用成条形的碎片砌了三个花坛，成块的碎片砌了一块地皮（两座房子之间的空地）。结果砌成的花坛美观、大方、实用，砌成的地皮胜于混凝土浇灌的地面。从去年以来他俩父子一直不管农田，农活由和朝柱之母和益花包揽干，一直专心于家庭房屋建设，到目前已见成效，家庭房屋处于满下村寨里的排头。和尚军会木工，也会泥水工，还会打石的活计。所以，除了大些的工程需要人帮助外，其余的活都是俩父子干，农闲时和益花也帮俩父子干一下。父亲还年富力强，儿子已基本能掌握建设规划和出力气干，更为主要的是十多年来与族人众人不和，想争口气。

10月29日，和尚勋老师接到太安乡中心校总务主任的电话通知，带上身份证可来领取已故大哥和尚武老师的抚恤费及安葬费。因和尚武老师有三个儿子，中心校领导怕三兄弟会对此遗产发生争执，在出葬时就请和尚武老师的胞弟和尚勋老师，按照和尚武的遗嘱，分给三个儿子，以免发生争执。

全部取款后，四人围坐一块，由和尚勋按照和尚武生前的遗嘱先补给大儿子和朝东5000元，和尚武生前在二儿子家的生活费1500元，小儿子和朝珍（结婚时小弟兄挂的礼款）1000元，然后每人分了2444元。分完后三兄弟每人拿出20元，共60元作为和尚勋、和朝东、和朝泽三人的午饭款和往返的车费。他们兄弟仨都明确地意识到今后再也沾不到老父亲的光了，只有自己拼搏才行了。

10月30日，和尚武的小儿子和朝珍和闰英夫妇，结婚近十年，因和闰英患妊高征致使生育失败，终于在其堂姐和朝花的引荐下，在玉龙县医院收养了一个女青年生下的私生子（女婴），他付了女青年的住院生产费1000元，便由堂兄和朝祖、和武军二人拉到白华住所。他见到来丽江城的叔叔和尚勋，请他给婴儿取名，和尚勋想了想说："是只金凤凰飞到你们家来了，就叫玉凤吧！"他俩高兴地采纳了，并提笔写在出生证明书及婴儿注射预防针的册子上。

他俩收养了刚生下的婴儿，困难是可想而知的，和尚勋鼓励他俩说："要知难而上，要付出艰辛，除此之外别无他法。要个侄儿侄女抚养，成功的希望很渺小。以前南溪要来侄儿侄女的，一个都不成功，抚养大以后都闹矛盾，不欢而散。外面要来婴儿抚养虽然苦些，但散伙的可能很小。"他俩也默认了这些道理。

因不孕不育而抱养别人的孩子，这在满下村寨是近五六十年的第一例。

一系列的家族丧事，似乎也起到了化解宿怨、强化凝聚力的作用；因做人不周被家族隔绝的和尚军家，因此重新回归家族活动。

12月29日，和尚军家杀年猪了，今天的场面与前十二年有明显的不同。前十二年参加他家杀猪的人只有满上村的几个舅爷，如果杀的猪大，就很吃力。参加的人少，人际关系也不尽心意。今年却有新的变化，他家族的人和朝亮家、和玉祥家、和朝珍家、和朝东家、和朝泽家、和朝光家、和圣伟家都参加了他家的杀猪活动，就连在城里开出租车的和朝亮、和朝珍也被接连不断的好几个电话催回去参加。这说明他家的人际关系发生了根本性的变化，由原来家族人断绝来往，变成共同参与家族中的公共事宜。发生这样明显变化的原因是和尚军父子主动前来帮忙参与今年四月底族中老者和尚典突然辞世时的一切活动。从此，他们家族也就对他家另眼相待，和开初时一个样。

今晚，大家围坐火塘有说有笑，休闲到半夜才散，年轻人则围坐桌子玩麻将到天亮。

和尚军还托人，捎肉给住在医院里治痛风病的族中兄长，和尚勋和家良夫妇。

# 八、崇窝里的小家庭

断断续续的，崇窝里不同家庭的生活在日志中还在继续着。按照记录的时间顺序，各个家庭都有所展现。

南溪村寨的村民小家庭显然都是归属于某一家族或家族分支的。这里我们专门提出来的原因，一为强调，二是希望带着家族—崇窝这一视角，再次感受这样有厚度和温度的家庭及其生活。有一种感觉，如果把我们现代城市生活中的家庭看作一个个大海中的水泡、一片片飘零无依的树叶的话，家族之下的家庭则恰似一棵根深叶茂的大树上的一个个小枝丫，依树而高茂；祖先之根永远滋养着每一条枝叶，枝叶繁茂也为树根集聚更大能量；枝叶之间，茎脉相连，各自招摇的同时，受持着大树的律动。一片生命之叶凋落时，落叶归根，化为祖先之灵力，滋养家族后代子孙。一棵棵如此循环律动的家族之树，生成了村庄之林，树因林而显繁茂，林因树而一体庄严。平凡如斯的南溪村寨，以家族的律动展示着她的不凡。

村民或家族成员的相帮互助，有时也需要某些互惠条件来促成并保持平衡。

（2007年3月9日）和圣伟、和尚花夫妇今天请前山行政村高龙自然村的村民五一社（本家族和尚武的女婿）来帮他老两口子犁洋芋地。五一社从家里拉来犁，用手扶拖拉机做动力来犁田。他到和圣伟家后，先让老两口往拖拉机里装厩肥，去犁地时把厩肥拉到田里，省了老两口用人力来背肥或另请人来拉肥之事。五一社是在春节回家拜年时，和尚花就请好他来帮忙的，当时和尚花以人情的方式送给他一袋（约七十斤左右）油菜籽，估计价值120元左右。在前些天和圣伟从城里买来柴油，准备用于犁田和拉厩肥到田里，五一社犁田拉肥也就不再收费了。

本来和圣伟是参加和朝东、和朝光、和作典耕牛组的，现在也还养着一头牛犊，而且可以在今年春耕春种时训练耕地。但他们两口子可能考虑到春耕时间紧任务重，训牛犊时费力，人手又少，才想出请五一社来用手扶拖拉机犁田的念头。

10月2日，经过近两年分开各自生活的村民和圣伟、和武军父子现时有了合家的迹象。和武军的老婆和金桂，领着女儿又经常出现在和圣伟老两口处，而且又开始帮忙老两口做些农活。吃饭、睡觉也常在家里。

头一年，双方互不理睬。而后，老两口又常给儿子和武军打电话，也许和尚花感到这样做有些过头，或许有人指点她待儿媳不能像以前一样，于是她又常跑去城里看看儿子一家三口，还把小孙女和新蓉背回家领上几天。和武军、和金桂也常买些城里的鲜菜、鲜肉、鲜鱼捎给老两口，一来二往，婆媳关系有些改善。和金桂回村帮其他人家办事时，又回婆家睡一夜两夜。这段时间和金桂又领着女儿回来帮忙老两口挖洋芋。

不少村民根据和尚花的为人，有疑问："这种现象会长久吗？"也有村民认为："因为老者一年比一年老，少者一年比一年大，若在生活中老者服老，青者谦让，我知你让，是会长久的。"

12月9日，和尚花家杀年猪了。今年与去年比有明显的不同，去年杀年猪时儿子和武军及儿媳和金桂也回来参加，但只是以宾客的面目出现；而今年的杀猪活动他俩则以主人翁的姿态出现，主持筹办杀猪客的货物，参与炊事，参与杀猪，不再像去年那样别扭被动。这充分体现了曾因婆媳不合，常吵常闹，导致老两口与小两口分开生活的这个家庭又破镜重圆，又开始了共同的生活。亲戚和村民看到这一现象都感到高兴，不再像去前年那样做客吃肉没味道，而是喜滋滋的。大伙有说有笑，觉得这样肉才香，酒才美。

和尚勋老师对此感到高兴，并道出了作为一个老党员、老教师和族中长者的语重心长的劝诫之语。

在党中央号召构建和谐社会的大好形势下，家庭是社会的一分子，家庭必须和睦，只有家庭和睦，才能与邻为善、与人为亲，这样才能成为和谐社会里的文明人。从她家的事例使不少村民看到：矛盾归矛盾，父子归父子，婆媳（在儿子、媳妇不离婚的前提下）是婆媳，父子不可能各奔东西，婆媳不可能长时间分离。因此，要在生活中学会化解矛盾，要学会做人，要多想到理解，想到体贴。要不然，丑闻传到人们耳目中，老人、年轻人都出丑。

村民们都想看到和睦幸福的家庭，不想看到吵吵闹闹、打打散散的家庭，都愿所有村民都能理解并按照历史上流传南溪的谚语"接骨防筋，养儿防老"的传统美德行事，不愿再看到独儿子与老父老母分开生活的现象。国家实行计划生育后，南溪行政村是实行计划生育的先进单位，杜绝多胎生育，一对夫妇只生两个娃娃，已实行了三十多年，百分之八十的村民都只有独儿子了，在生活上如果不能尊老爱幼，互敬互让，老人又由谁来赡养，不就成了严重的问题吗？

其次是和朝光家，他的父亲是和尚武老人的堂兄弟。家里由和朝光来当家，弟弟和朝祖上门到其他村了。

（2007年1月11日）和朝光的畜厩木料已基本备齐，今天请村民和建良来动工建盖，在和建良的提议下，他还请了村民和金星一起来做木匠活，方式以点工进行，每工工价30元（包生活）。和建良与和金星一边干活，一边议论："你们家族中的后生们，数和朝光厉害，他主持操办了自己的婚事及弟妹的婚事，还搬了家，搬家后还返修了一所正房。就建设和操持家务这方面来讲，'朝'字辈的人个个不及他，其他人虽然各方面比他好，但都倚仗了父辈的福。"

事情也的确像和建良他俩所议论的那样，和朝光到目前已办了四桩大事：一是父亲的丧事，这一桩有伯伯、叔叔、姐夫、大姨爹和圣伟等亲戚的资助，他不须花较多的钱；二是他自己的婚事；三是弟弟和朝祖的婚事；四是妹妹和朝梅的婚事。可以说在满下村寨同辈人中办事最多的人是和朝光。

2月11日，和朝光从满上村其弟和朝祖家买了3000斤品种为"胜利二号"的小洋芋，拉到丽江坝子里换玉米及小麦。换的生意很好：1∶1.5，就是说1斤小麦换1.5斤洋芋，换到1500多斤小麦。

上好车往回赶时已是夕阳西下，也许他边开车边想着这车洋芋赚了多少钱，或许是想着其他心事，拖拉机开至中济村出口处撞在一辆三菱汽车上，把汽车后尾撞烂好大一块，同时他的手扶拖拉机方向盘也有毛病了。停下车，和朝光要报交警处理此事，生怕开汽车的人打他，敲他好些钱，可这汽车是外地的，开车人说算了就走了，他感到很幸运。事情的确也是很幸运了，这车要是本地的，和朝光必定得赔个五六千元的修理费。他心里确实有说不清的后怕。他今年是三十六，走红了，他感到很安然、很幸运。他老婆问他怎么开拖拉机时，他回答没有见到他前面有车，他老婆说："我的心都掉下去了，以后开车得专心才是。"

第三家是和朝柱家，他的父亲和尚军，也是跟和尚武老人一辈的。家里只有和朝柱一个独儿子。

（2007 年 2 月 26 日）和朝柱开始犁田了，他开着手扶拖拉机，拉着铧犁到田边停下后，解下拖斗、安上铧犁，抽了杆烟，他的父母还没来，他就不再等父母，开始犁地了。才犁了一垄，母亲和一花就到了，一看错了，是在犁旁边和尚勋家的地了，可她说："只是四垄，干脆帮他家犁完算了，事后我们告知他家一声就是。"和朝柱也就将错就错，把和尚勋家的四垄地给犁完。这儿的地，偶尔做过几十次活的村民，如不留神也很容易搞错，因为这儿是集体时代的"饲料地"，每户两分（四垄），大小一样，又没有界石来区分，犁起地来也挺难的，常把这家的土翻到那家田里。

和朝柱今天的这一举动要是在前些年是不会有的，这主要是去年四月二大伯和尚典去世时，他们又主动合入家族的缘故。

第四家是和朝亮家。和朝亮是和尚勋老师的儿子。

（2007 年 4 月 2 日）和朝亮以 42 万元的价格买了一辆车龄已有三年多的出租车。这是满下村第一个投资最大的农户，他的资金来源是：1. 出卖两年前以 12.5 万元购置的半辆车，现以 21.55 万元的价格卖给本村村民五亚军；2. 向亲朋借款 10.5 万元。向以下人员借了以下款额：和朝花（其姐）4 万元、和武军（堂兄）1 万元、和玉祥 1.5 万元、和耀武（其姨表）1 万元、和朝泽 0.5 万元、和家珍（其舅）0.5 万元、和占军（其麻将朋友）1 万元、和圣武（开车朋友）1 万元；3. 自家投入积累 11 万。

年轻人认为办成了一件大事，和尚勋老师则忧心忡忡，认为买车风险大，但只能屈从于年轻人的意志办事了。至此，满下村寨已有三辆出租车，四人合伙拥有 2 辆，这比起鹿子村和旦都村，只是零头。这样的差距，出自于人的各种素质，特别是看事物的眼光，吃苦耐劳、勤俭持家的精神等。

对此事和尚勋老师半调侃式地评价说：和朝亮敢于投这样的巨资买车，主要是因为退休的父亲还不怎么老，是他还债的依靠，他自信还10万元钱，在父亲有生之年是轻而易举的事。

12月17日，和尚勋老人家杀年猪了。今年比往年多了些热闹，虽不说是宾朋满座，也比往年来的客人多一些。和尚勋的妻子和家良家的亲戚都来了。首先是杀年猪从未到过她家的大哥和家珍，因为南溪与汝南两村相距较远，除特殊情况外，一般不常来。现在因交通方便，和家珍先坐汽车到城里，再由和家良的儿子和朝亮从城里用车接到家。其次是侄女和朝梅、侄儿和朝杰因工作及路远的关系从未到过她家，今年也由和朝亮用汽车接到家，吃过晚饭再由和朝亮送回城里。和家良的女儿和朝花及女婿赵桐林，外孙赵永星也受到和朝亮的关照和接送。该来的都来了。亲戚们离家时，和家良给来的女儿，侄女，侄子和耀武，哥哥和家珍每人一份鲜肉和米灌肠，除和家珍坚持不拿走外，其余的都乐意地接受了。和家良还让儿子和朝亮给他租屋住的房东（白华村李大妈）带去鲜肉和排骨，同时给了和朝珍的小女儿和玉凤半挂鲜肉。这样开朗的农妇在村中是不多的。她之所以能这样，是因为家里经济情况比以前好些，更主要的是她心地善良、通情达理、热情大方的缘故。

第五家是和玉祥家。和玉祥是和尚典老人的儿媳。丈夫的失踪、公公的突然离世，让她不得不独自撑起一个家来。已经出嫁的姑姐考虑到她的难处，将其婆婆及小儿子接过去生活了。家里只留下和玉祥和大儿子。但很多事，还得靠着自家崇窝及亲戚帮助。

（2007年5月21日）村民和玉祥请家族的人和圣伟、和朝东、和朝光、和尚勋、和秋谷及她的父亲和国亮、母亲和六芝，帮她家翻盖瓦。这事已在去年的4月29日准备进行，在4月27日就从太安街上买来菜，可在28日她的老公公和尚典患急性病去世，而拖至今年的今天才进行。因为起房十年来，格整、装修后，瓦片一直未重新整理过，因此，下雨漏得较厉害。今天整理瓦片的方法是，把原盖的瓦片全部掀掉，重新盖一次。早饭前就开始，坚持到下午 1 时半把正房盖完。吃过午饭后，又整理厨房，因为厨房只有两间，面积也较小，因此，到下午 4 时就盖完。盖法和盖正房一样，把所有的瓦片掀了，用扫帚扫净烟灰，重新盖好。吃过午饭后，大伙帮着把她请人砍来的木料剥皮，并抬进院子里晾好。利用休息时间大伙又把她砍的柴搬进去码在房子底下。

大家干的事情多，到傍晚 7 时半才休息，可大家谁也没有怨言，因为她一人得承担一家的一切家务和农事。

12 月 8 日，和尚典老人的遗孀和志贤领着小孙子从维西赶回来参加杀年猪，这让和玉祥得到了极大的安慰。

与往年的不同点还有一个是，和玉祥考虑到只有大儿子和丽松与她长期在家生活，就把事前养好的两口年猪中的一口作为商品猪卖出，只杀了一口。所杀的这口猪体大肉多，供娘母俩生活已经足够了。去年杀的猪，因为婆婆和志贤已年近七旬，怕随时会产生三长两短，因此，和玉祥还节约有百来斤腊肉，以备应付老婆婆不测事情发生。

令人遗憾的是，和玉祥后来的表现有些不争气，辜负了族人亲戚的关爱和无私帮助，受不住寂寞的她被一个拉市人哄骗，不务农活，用光存款，还不断去找大儿子讨钱花。大儿子也因为受不住骚扰而放弃护林员工作，流入县城，最后因携带毒品而入狱。这对遭受家族亲人非正常死亡打击、一生爱惜名节的和尚勋老师，无疑又是一个痛心的、雪上加霜的事件，直接导致他后期的日志记录出现停顿。

第六家是和朝珍家。和朝珍是和尚武老人的三儿子。

（2007 年 5 月 9 日）在城里开出租车的村民和朝珍趁回家参加和文海老人的丧葬活动之机，向兄弟亲戚等借钱，等筹足钱时准备去昆明医治他老婆和闰英的病。和闰英常患高血压，特别是妊高病严重，几次怀孕未成功。前段时间和闰英因患胸膜炎而住院医治，经查实，她同时患有先天性心脏病及慢性肾病，需转院到昆医治。和朝珍在经济相当困难的情况下，东借西贷筹资要到昆明医治。这些年他的经济负担够重了，首先是自讨进老婆后，老婆到他家一年左右就开始病，时时药不离嘴，还经常去医院住院治疗。再加上老婆有病长时期不劳动，全靠他来养活。每次父亲住院医病都使他误工，老父亲的退休金他却得到很少（这点，他父亲和尚武在临死前也有深刻的反省，他向招呼他的老人说："三个儿子中，和朝珍待我最好，可我因为讨厌和朝珍的老婆，所以对和朝珍实惠很少，这是我的一大过失，若我还能活段时间，定作补偿"。但事与愿违，说出此话后二十天老父就辞别西去了）。

和朝珍深深知道若不开车，这些花费无法支付，他从心底感激支持帮助他开车、买车的亲戚们。

今天他请他的二哥和朝泽帮他贷款 1 万元，向他的大哥和朝东借款 2000 元。资金到位后，他去请他在县医院工作的堂姐和朝花办理转院手续。和闰英将成为满下村寨有史以来第一个进省城医院医病的人，对她是一种极大的福分，对和朝珍却是很大的负担，但妻子病魔缠身，他也无奈了，只好挺住了。

（8 月 20 日）和朝珍的老婆和闰英近些天病情有些加重，医院要她住院治疗。和朝珍考虑到她的病在两个月前曾到省城昆明大医院医治过，在市、县医院也医治了好多次，他认为医不好了，用南溪村的一句流行语"羊亡饲草完"来下结论，心想："为医病花完钱，病却不可治好，倒不如回家养病，吃点止痛药"。由于他俩租房住的主人怕和闰英在他家发生意外，就得给和闰英买口棺材，就得破费千余元。因此，就冷言冷语催他俩离开。纳西族古往今来，视外人在家死亡是吉祥的事，但得为死人送棺材；外人在家生小孩却视为不吉祥。因此，外人在家生娃娃的事是几乎没有的，哪怕是已嫁出的自家姑娘，也不准在娘家生娃娃。

　　鉴于主人家的催离，和朝珍把老婆孩子领回家，并带回所有的生活品，把车租给村里的搭档和亚军妹妹和亚梅来开（车是和朝珍、和亚军两人合伙购买的）。他打算在家长住一段时间。

## 九、家族照护下的死亡（2）：平等的女性关怀

　　整个崇窝是八个小家庭，除了以上的六个家庭，还有和朝珍的两个哥哥：和朝光、和朝泽没有更为具体的描述，但他们后来又合体在崇窝的一致行动中。

　　（2007年4月4日）家族的和玉祥、和朝东、和朝泽、和朝珍四人去丽江城购买"清明节"的生活品。今年的"清明节"由他们四家请两顿饭，中午饭在坟地就餐，晚饭在和朝泽家做吃。本家族的和尚勋、和尚花、和朝光、和尚军家不须再备明日的用品。请客的原因是，和玉祥的老公公和尚典于去年4月28日去世；和朝东、和朝泽、和朝珍的父亲和尚武于去年5月16日去世。因此，今年的"清明节"由他们四家合资请本家族。

　　死了人的人家在"清明节"请客一事，在满下村寨已盛行十来年，现已成了不成文的规矩，很难由一两户改变这一状况。随着生活水平的提高，看来是越演越烈，无法改变无形中形成的村规。

　　今年的"清明节"按理应该请一下在太安生活的叔叔和尚洪，但绝大多数人没有想到，有人想到也不便提出，因为这些事是要请客一方考虑的，舅舅、姨妈等都提前请了，却把叔忘了。说实在话，"清明节"请客，各具不同的心理，有些真心实意，有些不情愿但出于面子，有些不愿意但兄弟要合资请，出于无奈。但不管有什么样的心理，这已在满下村寨成了规矩，而且会成为传统，年年传下去，这样

才算一年内逝去者的丧事真正全部结束。

活着的后辈为逝去的两位老人做完了所有能做的事。几个月的缓和，崇窝因为和朝珍老婆的病重又一次集体开始了"绍沙"的守护。

（9月26日）家族一共八家，开始看护身患百病的中年妇人和闰英。和闰英从满中村嫁到满下村和尚武家，与和尚武的小儿子和朝珍成婚。婚后不久就常病，近十年来她主要患有妊高征，以致怀过多胎而无成活。今年上半年又住院多时，查出患有肾衰竭、胸积水、先天性心脏病、高血压等多种疾病。在丽江医治了很长一段时间后转省城昆明附一医院治病，检查结果与在丽江所查的结论一致，医了十天后病情有所控制，后转回丽江。前不久又复发，全身浮肿，胸闷肚胀，无力行走，坐卧不宁。家族因处于农忙，但又不能把招呼和闰英的事丢给和朝珍一人，根据两者都得兼顾的客观情况，每天由家族中的两户（每户一人）帮和朝珍看护和闰英。晚上有不少村民也来帮忙看护，但主要还是由家族来承担。

（9月27日）家族的人去东边山上帮和朝珍家砍柴。手扶拖拉机去了两辆，一辆是和朝珍的二哥和朝泽家的，另一辆是邻居和圣华家的。

和朝珍常年开车住在城里，老婆和闰英也在他那里做两口子的饭，平常很少回村来生活，因此家里柴火短缺。面对这一客观现实，砍柴的人个个都拿出良心，都想多砍点拉回去，以便招呼和闰英时有足够的柴烧。他们砍好柴上好车，就地吃中午饭，午饭后动身回家。手扶拖拉机拉着很重的柴，刚行驶到足球场边，老天就下起雨，大家都很幸运，要是晚回半小时，下了雨路上就难行了，特别是上坡度较大（人称"地板秤"）的地段，下点小雨手扶拖拉机就很难爬上来。可今天他们抢在下雨前到家了，很幸运。

（9月30日）在城里包开出租车的村民和朝泽，接到其弟和朝珍的电话，就买了几条烟回家来，帮忙招呼弟媳和闰英。和朝珍为招呼老婆之便，不久前买了张台球桌，顺便卖点烟酒、方便面条等零食。和朝泽所带来的烟一时抽不完，和朝珍就打算卖给来打台球的年轻人。和朝泽回到家后，见到和闰英的病情还不到病危的状态，准备明日又回城去，家里由老婆和秋谷去关照和闰英。

（10 月 8 日）家族的人们近一个月招呼和闰英以来，实在有些挨不住了，因为招呼病人是昼夜不分，轮流看护，再加上这段时间农事很紧，都感到有些熬不住了。大家认为要不是"快嘴和尚花"把和闰英患不能医治的病告诉和闰英本人，那招呼之事可推后到这些天才进行较适宜。这些天和闰英的病情的确有些加重了，坐卧不安，浮肿不消，饮食减少，粪便难以排出体外。每天白天由两户抽出两人帮忙和朝珍看护，晚上也分上、下夜两个班来看护。这样的看护不知道还要进行多久，患者难过，看护的人也难过。但不管怎样也只能挨着。

10 月 15 日清早，和闰英病情加重。家族人就不再轮流照看，而是每一户一人都留下来，和尚花家的三人都留下了。

根据这一情况，长者叫和朝珍打电话给在城里开出租车的和朝泽、和武军、和福春，要他们去白华村棺材铺买一口棺材。他们接电话后立即到棺材铺购买了一口价钱为 1400 元的黑漆棺材。南溪的纳西族历来的规矩是按不同的年龄段用不同颜色的棺材，死者为八十岁以上用大红棺材（整个棺材都染成红漆），五十—七十九岁用身黑头红的棺材，成年人到四十九岁用全黑棺材，未成年人用薄板订成棺材，并且不上漆。

同时用电话通知满中村和闰英娘家人，和闰英的胞兄和春红，堂兄和春华、和春先都赶来参加看护。这一规矩也是古来就有的，称作"生离死别"，但到临终由家族长者给死者"送别"（纳西族语称"布补"）放口含时默默退出。送别的方式是：当病人停止心脏和脉搏跳动时，由看守的族中长者大声呼唤病人名字，告诉本家祖宗三代得口含逝去者的名字，要她紧紧跟这些祖宗而去，并大声点出死者面前有三条路，上条路是猛兽的行走路，下面一条是飞鸟行走的路，中间一条是死者通往仙境的路，要死者从中间一条去，并向老祖宗报告说是"从家族面前来，从众乡亲面前来"。

到中午 3 时左右，和闰英寿终正寝，结束了她三十七岁的短暂人生。死后家人吹牛角号召集村民，村民们闻声陆续来到她家，准备帮忙洗尸入棺。棺材在白华铺子里，在和闰英死后十分钟装车，由卖主用汽车送来，运费已包括在 1400 元中。村民们边抽烟、喝酒、喝茶，等着棺材到来。家族的妇人忙着备饭，男人忙着给村民敬烟敬酒。村民们在没有"芝步吉"前不离开她家。

（10 月 16 日）家族八家人全都集中在和朝珍家，安排和朝珍之妻和闰英的丧后事宜。

女人们一清早就起来忙着做早点，吃过早点后，长辈和尚勋、和尚军、和圣伟三人坐在灵柩旁休息；年轻人具体商量和闰英丧葬活动和各种执事人选。这一举动是全权让年轻人做主，学会处理事务的一种得体做法。商量完后，按照笔录再作思考，看安排是否合适。认为没多大误差后，留下和朝珍、和玉祥——因为和朝珍刚刚鳏夫，和玉祥是寡妇，这两个人不能参加请人的行动。特别是和朝珍，等到夫人的丧事料完后，由兄弟一人陪同先去上街一天，回来后才能进他人家门。请执事完成回到家后，他们商量确定戴孝的问题，商量时还请来了和闰英的哥哥和春红，堂弟和春先参加，主要是请他俩提出死者方家族及亲戚的戴孝人员。

（10 月 17 日）为举行死者和闰英的丧葬礼，家族的人却不能闲着。年轻人顶着渐渐沥沥的雨，开着两辆手扶拖拉机到沙场拉来沙子，铺在和朝珍家院坝没有打混凝土的地上，以防丧葬礼时人多泥泞；年老的妇人则收拾搬动松毛、垃圾、干柴等，整理做饭的地方。大家都整整干了一上午。

做完事后，年轻人忙着搓麻将，年老妇人则忙着各家的家务，喂猪、找猪食、割羊草、洗孙子孙女的衣服，忙得累了也没时间坐下几分钟休息。和尚勋的妻子和家良深有感触地对人说："人生最难、最累是当奶奶了，不当奶奶就好了。"这话是很客观的，它一方面揭示了南溪山寨不少家庭老妇人负担着繁重的家务和农事劳动，另一方面揭示了不少当代年轻人避重就轻、弃繁就闲，只图享乐、不图奋发苦干的不良现象。现在的老父老母健在的年轻夫妇肯干活的也是有的，如和圣武、和爱花夫妇，和圣华、和良命夫妇，和永华、和金良夫妇。但也有极个别的少妇，见了麻将、扑克就把家务事和农事抛于脑后，一头扑到赌的行列里。

（10 月 19 日）满下村寨为死者和闰英举行丧葬礼做准备工作。年轻人及担任各种执事的成年人都聚在和朝珍家。

早晨，被请人们背了一背柴来到他家吃早点。此前，担当重要执事的人家是不要背柴的，如总管，炊事，蒸饭，记账等，这次开始，不管担任什么执事，每人都要一背柴，这是一个新的方法，这方法打消了部分人的心理不平衡。主人家原来打算今天吃早饭后不再集体找柴，这做法是坚持了二十多年的规矩。炊事主管和永红对主人家说："这规矩不能改，以前，不管下多大的雨，家家都去砍柴的，今天拖拉机用不上，人背人扛也要去，要不对以后的丧葬中集体砍柴是个难题。"于是，总管派来帮忙的小工（多为未婚青年）每人砍背柴。不少人冒雨到山上去砍了来，一些较懒的则从自家背了来。其他执事各忙各的，家族在忙着剪孝布。由于这些天连着下阴雨，总管便指挥在家的人员搭盖雨布，把做饭，吃饭的地方盖得严严实实的，可以和天晴时一样进行活动。

记叙和闰英葬礼的过程中，记录人对一些规习的改变进行了说明，如上面有关各家出一背柴的事，以及下面祭品的改变，物品货币化是其趋势。本章家族叙事，有关丧葬的内容分量很大，似乎有重复感。但经过梳理，慢慢读下来，各个葬礼可以说是各有千秋，其中包含了变与不变。一些被某个葬仪被忽略的细节（记录人忽略或者丧家忽略的细节，或者时间变迁引发的细节），在另一个葬仪中又会冒出来。整个叙事给人感觉像一首交响乐，主旋律渐进的同时，变奏不断发生和跟进。因此，我们也正是在意识到这个特点后，才尽量保留日志素材，呈现叙事的整体性及其变化的细节。

（10月20日）满下村寨为和闰英举行丧葬礼。一起床，各种执事各忙各的。9时家族进行上祭，祭品做了细小的改革，就是免了家族各户的挽幛（俗称祭单，一般由缎被面或绸被面做），改为祭钱20元。这样做对丧家有实际的作用，被面用途不广，对丧家有实惠的是钱，钱可以变通为所需物品。9时半举行丧葬礼，纳西语称"悬白"。因为和朝珍、和闰英夫妇没有儿子，所以丧葬礼上的"三敬、三献"（敬香、敬酒、敬茶，献饭、献肉、献汤）由本族后生五八金、五丽松、五建伟三个小男孩进行。这项内容，规矩上是由孝子和孝子的堂兄或堂弟进行。出葬时的"引路方"（纳西语称"河"）本应由孝子扛着走在灵柩前，但和朝珍无子，后生们都幼小，就由和朝珍的胞兄和朝东扛。

南溪纳西族丧葬礼中，家族祭供品本来为五谷(米、玉米、小麦、青稞、燕麦)，现在为三种：米、玉米、小麦，近族每种粮食大多为十斤或八斤，一般亲戚多为五斤，现时还加了人民币（多则200元，少则5元不等）及烟等物品。历史传统没有家族摆酒敬烟的现象，这一举动在南溪开始流行才有六七年时间，造成丧葬活动中不仅丧家花销大，而且家族和较亲的亲戚花费也很大。三亲六戚送小礼，开初多为一瓶酒，现发展为钱，开初多为两三元，现为30元不等。例如，这次死的是长者和尚武的儿媳，和尚武的侄女或其他亲戚送来一份丧礼后，还要给和尚武的三个儿子、女儿、和尚武的兄弟另送酒或数额不等的钱。这一做法也是最近十年来才兴起的，源自太安乡汝南村，后南溪村也接受，并越演越烈。

不管家境的好坏，都得赶潮流。

（10月21日）家族和亲戚带着供品去坟场上坟，又称"伏山"。到坟场后，由长者和尚勋、和圣伟、和尚军三人进行祀奉祖先的事宜，向历代祖先寄托和闰英的灵。祀奉寄托后，大伙向山神、祖先磕头，然后食用所带来的食品。休闲娱乐一阵后，12时回家。家族的年轻人都安排了各人所担的工作，请各种执事入座就餐，入座的次序是：总管，炊事，蒸饭，埋人，洗尸者，烧衣被者，烟、酒管、记账、收礼，招呼老人的小工。招呼完毕，各种执事就摆上扑克、麻将进行娱乐休闲。

闲不住的中青年们共三十多人，用手扶拖拉机拉去满上村球场，与满上村人进行篮球赛。

（10月22日）村民们都忙着下田挖洋芋，搓打油菜，干得热火朝天。今天才彻底结束和闰英的丧事，前后花了十多天的时间，这还算是短的，要是家里人多，出葬日难择①，更会增加时间。

（10月25日）前些天失去妻子的鳏夫和朝珍，去城里逛（纳西语叫"只口"）。居住在南溪的纳西族女人，一旦出寨，就由妯娌陪着去城里逛一天后，才能到亲戚家去；男人成鳏也如此，先要去城里逛，除年岁大者（六十岁以上）由兄弟或侄儿陪同前往外，一般都不陪。如今因社会发展，过去进城上街步行已改成坐汽车，又考虑到开销，因此除个别不能或不会自理的人外，一般都无人陪同，由自个进行。这样进了一转城后，鳏夫寡妇又可随意去亲戚邻里家走动。

和朝珍的妻子和闰英就这样逝去了，可怜她年纪轻轻就重病缠身，而且没有一儿半女，但是在最后的日子里，她得到了崇窝所有人的细心照顾，并且得了"绍沙"。她的灵魂不会是孤魂野鬼，而是永远得以祭祀的祖先。夫妻俩共同收养的女儿还将在家族的共同照料下成长，并陪伴养父

---

① 出葬日要选择与家庭成员属相都不相冲的日子。

和朝珍。死亡、新生以及新生命的成长延续，生命的祭典在家族中不断轮回辗转，推动家族的繁衍兴衰。

（10 月 30 日）和朝珍为去年从玉龙县医院要来的养女和玉凤举行生日庆典活动。经一年养育（一口母乳也没喝过），小玉凤长得结实，已开始咿呀学语，抬腿学步，很逗人爱。她被生母抛弃，养母和闰英前些天因病去世，只有父爱的她，生得很精灵。

庆典活动较为隆重，晚饭后，小孩子们围在和玉凤身边，边拍手边唱《生日快乐》歌。成年人则围桌而坐边抽烟、喝酒，边展开扑克麻将之战……


# 十、野鬼缠身

守住即将离世之人的"绍沙"对于所有崇窝的重要性，在于冥阳两利。一是亡者灵魂得以顺利回归祖灵住地，而不会成为游魂野鬼；亡者得以葬入家族墓地，竖碑立名，接受祭祀并护佑后辈；二是家族在世之人不容易发生不测而得不到口含；还有第三点，万一没有得到口含，特别是横死者，则不仅亡灵自己变成孤魂野鬼，还会因此造作各种恶事，例如偷他人"绍沙"，使之无法得到口含，或者偷乳母奶水，使之奶水枯竭无法喂养孩子；而最为常见的，则是附身："缠人""咬人"，使之痛苦、昏厥、失神甚至发生不测。因此，家族延续之重，不仅在于祝福照护新生者、悉心看守临终者，全力祭送新亡者，虔心拜祭先祖们，还要不时地对抗来自"鬼"的各种侵扰。在南溪历史上，自有历代的东巴们承接了迎新践亡、祛邪镇鬼等生命攸关的事务，但在东巴断代、东巴文化知识日渐消隐之后，生死大事统统落在了以族中长者为主的全体族人身上。他们凭着已经非常不完整的相关知识，似懂非懂，但又不敢不重视地应对这发生的一切。

（2007 年 9 月 19 日）"和乐开死了，我家和乐开死了！"乐开爸和珍元这样喊着跑到和子一家。在和子一家的乐开外公和金胜急忙往家跑去，和子一、杨文花夫妇，和金星等人也一同急速跑到和金胜家中。只见只有两岁多的和乐开黑脸青唇，瞪着白眼没有动弹，只有微弱的呼吸。和金胜忙抱住外孙子，摇呀、喊呀，杨文花急忙找来一个鸡蛋和一个碗，在碗底竖鸡蛋来算卦，算出的结果是：前久7.30特大沙场事故中被压死的三个小伙子的阴魂在咬小乐开。于是人们七嘴八舌地骂，杨文花、杨玉兰等妇女解下围腰，边骂边拍打小乐开的身体，驱鬼。她们又找来三个碗，盛上冷水，加上几个火炭，每碗里放些饭粒，要把三个死鬼送出去。边送边骂："以后若再来我们家，就要撒尿给你们，用斧头、砍刀砍你们。"边说边把饭碗摔到大门外朝沙场方向的地方。这招真灵，小乐开又睁开了双眼，呼吸由弱变正常，脸色也正常了，大伙悬着的心才落了地。南溪村寨中至今还有好些类似今天的例子。如20世纪90年代初在南溪鹿子村旁的水塘边，因一辆大拖拉机翻车压死两人，以后路过此地的外村人和鹿子村人常常中邪发急病、大病，人们就用今天的方法驱赶鬼神，患者得以好转。

自从和仕黄、和自华、和六元三人在沙场遇难后，旦都村、鹿子村的小学生不再自个行走，而是由家长轮流用手扶拖拉机把学生们送到学校。因为是全行政村集中办学，把原来的村小撤了归到南溪完小，由于校舍紧，满中村、满下村的学生及满上村、旦都村的一至三年级学生不住校。旦都前、后两村的学生家长就坚持每天都轮流送接没有住校的学生娃娃，生怕中邪生病。就连以往下课后常骑单车回家过夜的鹿子村籍老师和学礼，新学年开始也改变了以往的做法，住校时间多了，因为压死人的沙场在去旦都村与鹿子村的路边。

（12月16日）和万琴家杀年猪，刚吃完晚饭，发现和朝珍的女儿和玉凤哭叫不止，有很不舒服的表现。大伙就怀疑是鬼缠身，于是拿出鸡蛋来看，然后把鬼送出去。当初只算到是被xxx缠住了，（于是）只是（用通常驱鬼的方法——笔者注）把它送出门，可是和玉凤的病更加重了，翻白眼，闭上双眼，丝微不动。和万琴、和万军就拿起砍刀，边舞砍刀，嘴里边骂前久被沙石压死的三个死鬼①，并找来三个碗，放上水和饭把它们送出去。这样，和玉凤慢慢又呼吸起来了，眼睛也渐渐睁开，脱离了险境。此时此刻的和朝珍急得哭了起来，亲戚们把她父女送回家，陪他招呼和玉凤，继续用舞刀弄剑的方式驱赶鬼神，和玉凤好转后才陆续离开。和朝东、和英夫妇就睡在和朝珍家，以防不测之事发生。

（12 月 31 日）满下村寨最近一段时间连续发生"鬼缠人""鬼咬人"的现象。自村寨里的农户开始杀年猪以来，连续发生"鬼咬人"，致使人突发大病，甚至差点送命的怪现象。发生这种现象的人是和玉凤、和鹿开、和建华、和琼英、和金红、和万元、和闰芝等。

清晨和智刚（和尚勋老师的孙子——笔者注）也遭遇此现象，他惊叫一声"奶奶"，就屎滚尿流，瞪上白眼，失去知觉，昏死过去。他的奶奶和家良抱住孙子大喊邻居和永昌夫妇。和永昌在现场咒骂死鬼，打碗舞刀，他的妻子和社芬忙跑去喊邻居。邻居和国武、和闰之夫妇，姑爷和八金，和金贵，和益花等人立即赶来。和国武一到现场，就往和智刚脸上狠狠吐了一把口水，并大骂："不要脸的东西，怎么到处这样缠人，你们找你们的父母要吃、要花、要喝的，我们要用砍刀和斧头砍你们。"边咒骂，边用砍刀又砍烂一个碗，和智刚这才慢慢苏醒过来。和国武边骂边找来三个碗，碗里盛上冷水，再拿一团米饭，在和智刚脸上擦擦，然后分放在三个碗里，叫和闰芝、和金贵、和社芬每人端一碗边骂边送到沙场方向，和智刚就慢慢恢复呼吸

---

① 和尚勋老师所说的沙场死难者三人的具体情况可参见即将出版的日志第二卷，2007 年 7—8 月的记录，陆续记叙了 2007 年 7 月 30 日，满下村三个青年人在沙场挖沙被埋遇难，非正常死亡又遭遇土黄节令而无法及时下葬的事件。这个事件当事人（鬼魂）之后又在南溪若干起被鬼纠缠的事件里再现。

并入睡了。这些事仿佛是沙场受难者三人的死魂所为。

这种"鬼缠人""鬼咬人"的事，客观上看起来是存在的，但这属于迷信，这种现象无法用科学的观点来解释。根据过去东巴进行"祭风"的说法，给不得口含的死人进行"祭风"仪式，通过"祭风"活动，让死者的灵魂由本家老祖宗关照，这样就跟得口含者一样了，很少会产生缠人、咬人的情况。

十多年前南溪鹿子村在村边发生一起拖拉机载人翻车，造成两死多伤的事故，此后，鹿子村里也常发生类似上述"鬼缠人""鬼咬人"的事，闹得村民人心惶惶，早晚不敢经过事故地点。这种事情多发生在热闹的时候，如举行婚嫁、丧事时，对这种事情有传说："三年以后渐渐减少了"。不知是真是假。如今的满下村成了十多年前的鹿子村，人们提心吊胆的。本来不相信鬼神的村民，也无言解释这一现象，也感到有些畏惧感。

过去虽有这种现象，但没有到差点致人丧命的程度。现在这般严重，人们认为是因为三个死鬼同时对某一人实施"缠、咬"所致。这是众人的意识。

12月14日，满中村村民和丽元家杀年猪，他的二哥伍石红来做客。伍石红现年已六十六岁，作为大东巴的儿子，他对东巴的各种活动从小耳濡目染，很多规矩、仪式、过程、目的都还记忆犹新，历历在目。他讲述了东巴祭风的目的："祭风是由不得口含而逝者或死者的家人所为，是为死者以鸡代人重放口含，寄托给本家历代祖宗的一种仪式。举行了这种仪式后，死鬼不再当饿鬼，不会伤害人畜，也就没有鬼缠身之类的事情。"

有关鬼缠身的灵异事件，在和尚勋老师多年的记录中不时出现，各个村子都有。和尚勋老师自己也很无奈："我记的都是真实发生的事件，但真的担心外人会以为是我编的。"而且如和尚勋老师所说，近年来这种现象有加剧和频繁出现的态势。这种情况如果联系丽江著名老东巴和承德老人的看法，则是东巴断代以后没有得到超度的非正常死亡的魂灵"堆积太多"所致。笔者作为研究者，也关注过这个普遍存在的"迷信"现象。从南溪的非正常死亡界定、非正常死亡者"亡魂"的社会危害、对非正常死者亡魂的处理（包括防范如临终守护、使用辟邪物如镰刀、历史上的超度亡魂、驱邪赶鬼如咒骂以及舞刀弄剑等）①。这些问题的细节在日志当中已经得到了全方位的情境性对应和主位诠释。

# 十一、族亲的死亡

如前所述，阿四金家族男性不得口含之历史终因和尚武老人家顺利接到口含而告终结。可是，族人心里才稍稍松了口气，接踵而来的又一起非正常死亡事件的发生，使得阿四金家族以和尚勋老师为主的几位长者，不得不开始更为用心地对待和维护关乎家族命运的神圣存在。

（2008 年 2 月 13 日）满下村的阿四金家族共八家，除和玉祥母子去维西其姐和国英家过春节还未回来外，其他七家的男主人和尚勋、和尚军、和圣伟、和朝东、和秋谷（因夫和朝泽在城里开车不在家，而她来顶替门户）、和朝珍、和朝光、和朝柱等人，各户拿了香、酒、茶等供品，带上斧头、锄头到坟场上来，准备收拾一下前天被大风吹倒的山神树②。

在南溪村寨，从古到今，不能乱砍乱动坟场、火葬场的山神树，

---

① 参见和继全、赵秀云：《信仰需求与传统延续——基于南溪纳西族社区非正常死亡观念的调查》，载赵心愚主编：《纳西学研究》（第一辑），民族出版社 2015 年版，第 293—307 页。

② 据和尚勋老师与和福祥老人所述，南溪各村有特定的坟山，特定村子各家族的坟地或火葬场占据该坟山的某一山坡或小山包。坟场山神即是指这些家族坟场或火葬场所在山地的小山神。笔者认为，这类山神在某种意义上可以被称为坟场守护神。山神树则是位于坟场北方的一棵壮硕的松树，神台一般就是神树脚的土台或石台。

即使倒了也不能把树枝砍回家当柴烧，也不能把树干砍回家当料子用或当柴烧。山神树倒有不祥之兆的说法，但因狂风所致，该族人还聊以自慰。

他们到坟场后，先烧上一坛大火，这就是古来所说的"纳西米你迪"，纳西语，意为纳西族做什么，都得先烧一坛火。休息片刻，由族中的长者和尚勋、和圣伟、和尚军插香于山神前、坟前、祖宗位前，再逐一祀奉供品、边敬供边说："山神、XXX、XXX、XXX、XXX、XXX、XXX、XXX、XXX、XXX、XXX、XXX、XXX，① 祖宗们，今天是鼠年正月初七日，因狂风吹倒了山神树，我们来收拾一下被吹倒的树，请您们保佑我们平安，谢谢！"说完再逐一向神位、坟、祖宗位磕头，然后，众人也逐一磕头。休闲一阵后，年轻人挥斧收拾大树，砍成若干节抬到坟前横放好。

山神树的倒塌，似为天灾。日志中有记录因为狂风导致有些人家屋顶上的瓦都掉落下来的情况，也有记录雷击致死的情况。但是狂风再大，似乎也不应该吹倒山神树。家族男性很多得不到绍沙这一咒诅的阴影似乎又在族人心中萦绕开来。

（2009 年 6 月 9 日）南溪村的夏忙已凸现出来了，天一亮，村民们肩扛锄头、手提化肥袋到地里去薅洋芋，陆续成熟的青稞豌豆正待村民去收割，萝卜、蔓菁、绿肥，还有近些年试种的药材玛珈也待人们撒播，村民们都处在一片繁忙的景象中。

和尚勋的妻子和家良则不然，自本月 5 日晚 10 时左右，她在丽江市邮政局工作的女婿赵桐林患脑充血住院抢救后，她整日抹泪度日，她的老伴、儿子儿媳，以及在城里开车的侄儿们都招呼在患者身边，他们都希望着经昆医附一院神经科专家（主任）来丽江做脑手术抢救的患者可以苏醒过来。但病况却让人失望，在医院里的人随时打

---

① 文中符号 XXX、XXX，为埋有两人的坟，符号 XXX，为埋有一人的坟。

电话给老奶奶，哄她说"病情有所好转"，生怕她老人家经受不住突如其来的打击。在家的侄女和秋谷、和玉祥不顾一天劳作的辛苦，晚上还陪她睡觉，劝她把心放开一点，可老人家哪里能放下怜儿爱女的慈母心。

世间的情况是："天有不测风云，人有旦夕祸福，马有九肥九瘦"，不是吗？好端端的一条好汉，瞬间躺下不动了，而且可能不再动起来了，有颗良心的父母，谁能不伤心呢？

6月18日，和尚勋、和家良的女婿赵桐林，今早7时50分在昆医附一院抢救无效而死亡。两个老人听到女儿从昆明传来的噩耗，顿时泣不成声，瘫软在地，家族中的少妇杨耀祥、和益花等来相扶相劝。和尚勋已从电话中知道在附一院神经科主任的帮助下，女婿的遗体及时得到火化，女儿和朝花及他的小叔子赵桐元乘坐下午3时的飞机带骨灰回丽江，儿子赵永星及和朝亮乘坐救护车回丽江。需要去招呼女儿和孙儿孙女，和尚勋给老伴宽了一阵心，劝说一阵后，立即下去城里。

到城里女儿家中，摆在他面前的是女婿的一张遗像和一个骨灰盒，他的女儿和朝花被玉龙县医院的一群女医务人员陪着、劝着、扶着。见到这种凄惨的现象，他止不住内心的悲痛，泪水像泉水般涌了出来，但他为了稳定女儿的情绪，强装冷静止住了泪水，对女儿说："我们为一线希望，已付出百倍的努力，无法挽回他的生命，这就命中注定了你与他共同生活十余年的缘分，你要强忍悲痛，硬起来，走的已不会再回首，若你再倒下，我们两家会一齐垮了，若你能够强撑着，有困难我和你弟不会不管你。"

医务同事们的好心相劝，她的心稳定了。面对这一情景，和尚勋深深感到玉龙县医院的领导和同志们很团结，在困难时刻很能互相帮助。他深情地对玉龙县医院和泽源院长和在场的医务人员说："太感谢您们了。"

6月20日，和尚勋家族的年轻人及太安、汝南、前山、天红的亲戚都参加女婿赵桐林的出葬活动。

女儿出嫁，已经不再是父亲崇窝的成员。所以，和尚勋女婿去世，本身不是崇窝内部的事情，但是因为女婿是年纪尚轻、突生疾病去世的，加之近年族中接二连三的非正常死亡事件，不免也引发了人们的各种联想。

6月28日，近些天，满下村民就和家良女婿的病逝发议论的话较多，都认为近些年来满下村阿四金家族的和尚武家、和尚典家、和尚勋家下一代的早逝，如和尚武的三儿媳和闰英前年病逝；和尚典的大儿子和国华1991年在金沙江游泳溺水身亡，小儿子和国军2005年人车一同失踪；2009年和尚勋的女婿赵桐林病逝于昆医附一院。他们议论说："因为他们的父母没有合墓所致，他们为母亲立碑时，没把老父亲的名刻在碑上，这样造成祖先对后人的不满意而没有关照后代，而是伤了后代。"就连他们的父母在四五岁时就给了太安村舅舅家的小儿子和尚洪也打电话给和尚勋问起此事，说："一定要把老父的灵魂接到祖坟里给老母亲合墓，并重新刻一个石碑，把老父的名字也定要刻在墓碑上。过去父亲上称天，母亲上称地，有天地，才有我们后代。一定要请个老人来搞好此事，否则心不安宁，面对一个个逝去的年轻人，我们的心难安。现在四个兄弟就剩下我们两个了，一定要把这件大事办好，您是共产党员若不方便，就由我来办。"面对弟弟的有证有据的话语，和尚勋答应农忙结束后着手办理此事。他当即打电话给和尚武的小儿子和朝珍，要他把他的哥哥和朝东、和朝泽联系好，和尚典家由和尚勋负责联系，表示定把亡魂不在一块的父母魂合在一起，以给后人平安。

至此，和尚勋老师通过再次追忆父亲的生平以及不得葬于家族墓地的缘由，来尝试分析家族不幸的根源。他的坦荡无畏让人钦敬；他的忧思何尝不是我们所谓现代文明人的忧思呢。

6月29日，关于满下村寨和尚武父亲的情况追忆：和尚武的父亲和继先，乳名叫五兴，排行老大，村民称"大哥兴"。生有六男一女，第三个男孩和第四个男孩因病逝于青年时期，把四男一女养育成人。因兄弟和仕哥家亡于传染病，剩下一男孩，也由和继先来养育，真是儿多母苦，生活百般困难。但他忍受着千辛万苦，供长子和尚武上学念书，直至儿子国立师范毕业。云南解放后，他毅然送儿子和尚典参军，1959 年，他以模范军属的身份去省城昆明参加"群英会"。1960年他在生活上因经不起村中不孕妇女的引诱，性生活上产生了越轨行为。事情暴露后，他认为在村民中，在儿子儿媳（大嫂已到家有三五年时间）面前无地自容，更感到对不起和他一起生了七个孩儿的老婆，感到走在村民和家人面前很惭愧，失去了生活的信心，就与勾引他的不孕妇女和农一起跑到"鸡冠山"后跌水岩附近一死了之（双双殉情)①。当时人们就把两具尸体一同就地火化。死者的两家人都不做任何"祭风"②、"招魂"、捡骨以及"鸡代人放口含"等事宜，对此事不闻不问。

1963 年和尚武的母亲病逝，找坟地进行土葬，那时正值在农村开展"小四清"运动，在这样一种形势下，谁人都不敢做"祭风""招魂"、合墓等事。

1987 年，和尚武、和尚典、和尚勋三兄弟经协商，认定应该给母坟刻个墓碑，当时和尚典提出要把老父亲的名字也刻上，理由是："不管怎样死，是养育我们的父亲，应该刻上、该祭奉亡灵。"和尚武说："听说不得口含者禁葬于坟地，不刻父名算了。"三人都尊重了长兄的主张，结果墓碑上只刻了母亲的名字，造成了清明节和春节祭

---

① 亦称"情死"，纳西族地区改土归流后由于汉文化与纳西族传统文化在婚姻恋爱观方面的冲突而渐渐催生的一种习俗。当相互恋爱的青年男女因各种原因或阻碍不能走到一起时，会选择相约赴死。有学者认为东巴教的祭风仪式和东巴经中有关"玉龙第三国"的言说，也为恋爱男女的自杀行为提供了心理支持。

② 纳西族东巴教重要仪式之一，目的在于超度殉情自杀和战争灾祸等非正常死亡者的灵魂。

奉，只祭奉老母，不祭奉老父的现象。①

从以上情况看，村民的议论不无根据，和尚勋已打定主意，在适当时候给父亲"招魂"，以"鸡代人放口含"，与母亲合墓立碑祀奉。

7月20日，家族的和尚勋、和朝泽、和朝珍、和尚洪四人总认为这些年所发生的家事有很大的不顺心，就在今天，在丽江市东巴文化博物馆研究员和继全老师的引荐下，来到老东巴和承德（丽江大东人，双目失明，精通东巴文化和各种仪式，还擅长占卦，听说很准）处。到后他们说明了来意，和承德就请人找个小簸箕把一小袋石子放在里边，分成七八堆，有些五个一堆，有些三个一堆不尽相同，最多的那堆八个，最少的那堆二个。分好后，他从挎包里拿出"白满"（占卦的器具②），进行"白满逗"（占卦）。和承德把"白满"丢下后，由和继全老师告诉他"白满"颗粒面上的颜色和数量。这样反复搞了几次后停下来说："你们家坟地的南面有个山沟，另外，你们家下葬第一具尸体时，在山神下面没埋下'阴契'，让山神不快。"和尚勋问及该怎样补做，和承德说："在山沟边做上一个一人来高的三角塔，面向东，中间要砌进装有江水的土罐，还要修个烧香的洞洞。修好后要请一个东巴拿上一只公鸡来祭塔、开光，写一张阴契在山神面前诵读，读完后烧了，用山神树下的土把纸灰压住就行了。"他们四人表示一定照做，临别时和朝泽付给和承德50元占卦费。

他们四人出来后，决定照做，因为有"既然占卦了就要照做"的规矩。

7月23日，今天是南溪满中、满下、旦前、旦后、金龙、文屏村的六月祭祖节（满上村于昨日祭祖，鹿子村则各户看日子，在六月

---

① 这段补充叙事说明了阿四金家族为亡者放口含、念诵指路辞时仅只念诵女性祖先名字的缘由。从中可以感受传统习俗的中断给后代造成的有形与无形的伤痛和难以弥补的代价。

② 类似骰子。

内进行祭祖，没有统一的时间）。

　　家族的和尚勋、和朝泽、和朝东、和朝珍、和朝光、和尚军、和圣伟、和玉祥八人（每户一人）吃过早点，备上祭品，带上采石头工具到坟场去。到了坟场，他们用祭品祭了山神祖坟后，按照前些天占卦人说的，在坟场沟边修了一个三角塔。修完后，就地饮酒，吃糕点，闲聊到中午才返回。

　　中午饭后，各家各户的男主事人开始迎祖，做祀祖晚饭。晚饭前先送祖，再进行晚餐，所有这些都是按照传统的做法进行的。

# 十二、新人再来

　　安抚死者灵魂是纳西族处理死亡事宜中最重要的一环，而山神的侍奉又是重中之重。坟场沟边修塔算是一种补救的措施吧。2009 年下半年，一切都又变得不一样了。亡者逝去，新婚又续，新生命又开始降临。一切仿佛仅仅是一个无始无终的循环。

　　（2009 年 8 月 4 日）和尚军在儿子和朝柱的要求下，筹集十七多万元购买一辆九成新的面包营运车。儿子和朝柱现年二十岁左右，他和未婚妻和翠芳看准了城里运输行业的势态，前些天就在开租来的面包营运车，要求和尚军筹借资金自家买一辆。和尚军答应了他俩的要求，今天请村民和建忠、和学武以及满上村和朝柱的三舅和仕前，买了一辆价格为 17.2 万元的面包营运车。他们家打算把此车转户到古城区七河乡前山村委会和翠松名下，以便跑丽江机场营运时免费，以及享受年保、交过路费等优惠。这是满子司村（上、中、下）一百二十户里买车最年轻的一人，也是自己看好市场前景，自己决心干番事业的第一个未成家的年轻人。

　　（8 月 20 日）和尚军开着拖拉机去城里买小麦，并把小麦碾了回来。他对见到这情况的人讲："现在年轻人，很没有把握生活当中禁忌的防线，儿子与前山石镜头村的女青年和翠芳，一样手续（订婚、结婚）都不做，就大了肚子，使得我们做父母的先忙于备坐月子的米酒，真是子大不由父了。"见状的人说："这样还利落，稳当，要是按照传统的婚娶方式，还不算稳当。现在年轻人都流入城里，见多识广，见异思迁，弄不好还会给男女双方的父母造成心灵伤害。现在虽然父母无任何准备，但子女的婚姻大事却定了，办婚事也不必像以前一样花长时间准备。现时经济发展了，物质充裕了，只要孩子提出要结婚，随时都可以办给他们。"

（8月21日）和尚军的妻子和益花与儿子和朝柱今天去前山石镜头村求亲，商订结婚日期。说是求亲，但和翠芳（女）与和朝柱（男）早已在一起共同生活，现已成事实婚姻，只是双方共同举行一下婚礼而已了。按历史传统的规矩，每年的七月初二，若要娶媳妇的人家必带着礼品去女方家求亲，商订举行婚礼的日子，不管在什么时候举行，哪怕婚期在冬腊月或来年正月才举行，婚期也必在今天商订。所以，南溪村有句口头禅叫："善每鸣俄布"（意为农历七月初二订婚期）。他俩娘母今晚会得到和翠芳母亲的金口玉言。

（9月21日）家族集中在和尚军家，准备筹办明日举行和尚军儿子和朝柱的婚礼。昨日进城买货去了一部分人，另一部分人在家办需料理的事情。有的干事，有的休闲（上了年纪的长辈们）。干事的很忙，但再忙，长辈们都插不上手，杀猪、做饭、备佳肴都是年轻后生们的事。

（9月22日）和尚军为儿子和朝柱举行婚礼。因为女方（居住前山石镜头村）家在城里农家乐里举行嫁女欢宴，因此，迎亲的队伍也由面包车、出租车、轿车组成庞大的阵容去迎亲。同时，经亲家双方在商定婚期时就讲好，免了"回门"这一过程。

把新娘接到家后，先在厨房里，双方亲戚的长辈们围坐火坛边举行祭灶神（过去由东巴来竖柱）尝酒仪式。仪式由家族中的长者和尚勋主持，但他对这仪式不甚熟悉，对过去常用的一些祝福语就更外行了，他就直接用现代语言说："我们的和朝柱讨来了靓女和翠芳，祝他俩天长地久，白头偕老，顺顺利利，大吉大利。"简单的尝酒仪式结束后就开始待客，程序是先招待女家的亲人、族中老人，接着待远处来客，再待本村的来客。

到晚上又招待女方来客吃夜宵。

（9月23日）和朝柱结婚庆典的第二天——招待回门客。

按照传统的做法，今天吃了早饭后，新娘新郎、伴娘伴郎等都应回娘家，请来新娘的至亲到男方家，由男方家人盛情招待。

这样做的意义有两点，第一点是由女方家的这些长辈向男方父母和家族寄托新娘，并向男方家人说："从此后，该女活是你家人，死是你家鬼，希望你们给予精心指导。"有些口才好点的人会说："从此是一家人了，如有女儿不是的地方请勿外扬，如有女儿不对、不懂的地方请给予指点教育。"第二点是家里增加了一个人，也就多了一层亲戚，借此机会来相互认识。但因新娘已接近产期，女方家因人手紧而在城里农家乐请客，举行过简单的婚嫁仪式，回门这一过程也就免了。女方的这些至亲昨天来做客，今天就由男方家留下继续招待。男方家族不少一人仍参加今天的活动，舅舅们因村里修村道而告缺。

（10月30日）家族到玉龙县医院看望住院生产的和朝柱妻和翠芳。

南溪村过去就流传有这样一句口头语："来来往往看得见，送这送那看不见。"说明了礼不在于轻重，但沾亲带故的人必须有去看望、问候的做人礼节。

（11月1日）婚庆典礼举行后才四十天的和朝柱妻子，前些天在玉龙县医院剖腹产下一女婴。在婚前和产前他俩没有办理结婚证、生育证，人口迁移（女方的医疗保险仍在古城区七河乡前山行政村石镜头自然村），根据古城区及玉龙县的相关文件，因和翠芳没有以上证件，生育住院的费用得不到报销。她的婆婆和益花很想不通，唠叨说："去住古城区医院就好了。"和朝柱说："不管住到哪个医院，文件是统一的，规定是统一的，不会得到报销，你说的话很不客观，很刺耳。"

他们办理了出院手续后今天下午3时出院回家。住院十天花费了四千来元的住院费、药费、花销费。这样的巨额支出，和益花是心疼的，但和朝柱是无所谓，"认为该用、要用，过去没实行新型农村合作医疗时，别的村民住院生产、治病，该支出多少都是自家掏，东借西贷也得支付，没有理由心疼，没有理由产生怨气。"

（11月14日）和益花、和朝柱母子俩在忙着请祝米客。母子俩分工负责，路远点的亲戚由儿子去请，村子里及邻近点的亲戚由母亲来请。他们各提小提篮，篮中装上若干碗米酒，每到一亲戚家就端出一碗上面盖有红糖的米酒，说声："请尝一下孙女的米酒。"亲戚家的年长者拿来一双筷子，夹一点米酒分别放在三角的三支脚上面，然后夹一口到嘴里品尝起来，口里还说："好甜好甜的米酒，祝孙女健康长寿。"事毕，母女就跟亲戚说明举行祝米客的时间，帮手的分工，一一都请好。告别时，亲戚们都送十个鸡蛋（过去一般常送五六个）。请好一家后又到另一家，一天要跑好几十家，没有时间逗留在某一亲戚家，说完就辞别而去。

（11月20日）和尚军和益花夫妇为小孙女举行祝米客。参加祝米客的人除本村的亲戚、家族外，来自前山石镜头村，太安无足比村的远方亲戚居多，四邻村寨的亲戚都前来参加今天的祝米客。

家族叙事一章到此结束。

本章体量很大，在"崇窝（家族）"这个大主题下，以十二个分主题将日志中有关阿四金家族的叙事进行了提取和梳理，辅以适度的串缀和阐释，使之成为一个连贯的整体：宁静的日常生活—新生命降世的悲与喜

（夭折与新生）—生命的无奈与伤情（失踪和疑似死亡）—矛盾（家庭婆媳交恶与和好）—帮扶（族人共同照护孤儿寡母）—家族照护下死亡（1）：破除咒诅——生活的延续—崇窝里的小家庭—家族照护下的死亡；（2）：平等的女性关怀—野鬼缠身—族亲的死亡—新人再来。

在较为全面地呈现何为家族、家族当中的家庭与个体的日常生活，家族常规事件和非常规事件，从而生动演示出南溪村寨社会生活图景的同时，一条非刻意建构的主线——家族命运与"绍没得"的关系，亦即家族生命循环和家族生命维护的关系，贯穿始终，且所占的话语分量非常大。仅从分节标题就可以看出，十三个分主题中，有五个日常主题，一个新生主题，一个婚嫁主题，其余六个主题叙述死亡，占据所有叙事一半多的分量。由此，透露出"绍沙"与家族命运生死攸关这一强烈信息。家族延续之重、"绍没得"给族人带来的巨大心理阴影，以及希望突破这一咒诅的努力等，都在记录员和尚勋老师的心里和笔端流动。间接地，折射出东巴断代、传统信仰知识和仪式的残缺所带来的后果，以及村民和族人为弥补这种不良后果所付出的努力，还有无奈。

对此，我们不禁感叹和尚勋老师，他何止是为记录而记录，他是在用生命来叙述生命，用生命来观照死亡，来看护族人。每个家族、每个家族长者，概莫能外。

对他们以自身生命所呈示的叙事及其含义，我们无意再去做公式化的阐释，事实就是事实。对这个事实，我们谨做三个基本的解读：一是南溪村寨家族式的临终关怀，迥异于现代城市社会人情异化、情义淡薄的个体临终，有着积极的和普遍的意义；二是传统仪式的缺失或不完整，导致死亡本身发生"意外"，灵魂"失控""异化"，进而影响甚至扰乱生命的正常状态、社区平安和家族的延续发展，当然，也影响到南溪村寨临终关怀的有序、有效的进行；三是村民的自我调适的努力。其中第三点提示我们，在看到文化变迁、传承弱化和中断的同时，更应该看到，文化的传承性、传承力实际上来自人们——特别是尚未崩溃的传统社区——生命延续、灵魂安顿和心灵抚慰的根本需求；而这三者实际上是互为前提的一个环。一些似乎无关大碍的传统习俗或许会在社会变迁过程中消失，但事关生老病死等关键问题时，文化的主体性、个体和群体的能动性可能会不断激发出来。

对此，我们需要对村寨信仰文化的传承和复兴进行更为深刻的反思；对我们当下以非物质文化遗产的名义、以生态文化的名义，甚至以信仰复兴的名义，所进行的传统文化保护，目的何在？是否是真正有效的？以信仰为内核的非物遗，如果失去信仰主体，以及信仰主体的生命实践，如何得以保存？反过来，非物遗如果没有生活化的必要，没有生命需求，又何必保存？

南溪传统东巴信仰及相关民俗文化延续状态，也是我们自基地建立起就关注的一个重要方面。相关的文论如《心灵之河——南溪村民族信仰文化的三十年变迁》[①]《信仰需求与传统延续——基于南溪纳西社区非正常死亡观念的调查》[②] 以及我们曾经报送玉龙县政府的项目建议书《少数民族心灵传承文化的恢复与再传承——以丽江南溪村为例》等，都在不同角度和不同程度地阐述这个主题。但是当我们将本章的家族叙事梳理完毕后，两相对照，日志叙事除了无可替代的主位视角这一绝对优势之外，在叙述的厚重感、历史感、说明力度、情景表现性等若干方面，远胜我们的文论，或者按通常的说法，不在一个层面上。日志的相关叙事，是生命的叙述、灵魂的倾诉。

毕生致力于比较宗教研究的伊利亚德有一个始终坚持的观点是，宗教必须总是根据其自身的属性来解释："'宗教现象'唯一可被认识的方式就是从其本身的角度来理解，也就是说，把它当作宗教性的事物来研究。竭

---

① 和晓蓉：《心灵之河——南溪村民族信仰文化的三十年变迁》，参见张跃、何明主编：《中国少数民族农村 30 年变迁》，民族出版社 2009 年版，第 678—707 页。

② 和继全、赵秀云：《信仰需求与传统延续——基于南溪纳西社区非正常死亡观念的调查》，载赵心愚主编：《纳西学研究》（第一辑），民族出版社 2015 年版。

力通过生理学、心理学、社会学、经济学、语言学、艺术学或任何其他的研究方式来理解宗教的本质都是错误的，因为这样触及不到宗教中一个独特的、不可化约的要素——它的神圣性。"① 因此我们只有在尊重宗教（抑或民族信仰）这种特性，这种独立性以及对历史和空间的超越性的前提下，才有可能对其作有效的理解和阐释。

自从马林诺夫斯基倡导了"科学"民族志的基本方法，民族志的研究就在力图接近"科学"的道路上不断前进。科学性迫使研究者必须在各方面选择所谓的"客观"。于是，研究者是观察者，研究者是代言者；研究者必须隐身，研究者必须闭嘴。民族志的文本中只能是"他们是""他们说""他们认为"，所有的观念和想法都是"他们的"。哪怕是自己的分析观点，也想方设法让研究对象站出来表达。

然而，在和尚勋老师的表述中，他就是村民的一员，他作为兄弟、丈夫、父亲等身份角色都在日志的记录中有非常明确的表达，有些场合中，他还特别强调了自己是云南大学南溪纳西族基地的管理者、村民日志的记录者的身份。特别在自己崇窝的"绍没得"问题上，他并不忌讳"写"下来。"绍没得"在纳西族的传统认知中是一个非常严重的事情，大家表面上不会太多地谈论这个问题，但是其实都心知肚明——"绍"不单单是说死亡的人自身不能成为得以祭祀的祖先，其中包含的"福泽"也没有能够传承给后世子孙——这些都是与"崇窝"的延续有很大关联性的。一旦事情发生了，和老师就以原本的方式将其记录下来了。他说的话、他的行为、他的想法都在日志中有了充分的表达。

还有就是记录者情感的完全表达。正如研究者都希望自己永远高高在上地进行观察分析一样，研究者的情感表达在很长时间内也是禁止的。直到1967年，马林诺夫斯基写于1914—1915年和1917—1918年两次田野期间的日记的出版，这位"科学"民族志倡导者的形象大受影响，但《一

---

① 转引自包尔丹：《宗教的七种理论》，上海古籍出版社2005年版，第211—212页。

本严格意义上的日记》带来了整个人类学界对于民族志研究方法的反思，其中研究者的情感是否可以得到完整表达的讨论也得到关注。但是，其实并没有多少研究者敢于站出来表达自己在研究中过程感受到的喜怒哀乐。

　　和老师的村民日志一方面打破了一般性工作日志的记录方法，并没有书写的固定纲络，也没有严格的板块或方向。另一方面又与个人的日记有所区别，不是纯粹个人的活动和思考。原则上村民日志是要求记录员按照日志的体裁（即时间顺序）记录村寨每天发生的事情，而且尽可能完整和详细。① 和老师的记录一直在追随着村寨生活的记录方式，但同时也将自己的情感完整地表达出来。比如在自己的哥哥与其儿媳发生矛盾的时候说：宁愿多劝老人几句，也不能过多地说小辈，因为以后老人的赡养还要依靠小辈，所以"老者无奈啊！"（详见"生命的无奈与伤情"部分）又如在自己的女婿突发脑出血倒下的时候感慨道：天有不测风云，人有旦夕祸福，但是作为有颗良心的父母，怎么能不伤心呢？（详见"族亲的死亡"部分）。

　　一个侄儿失踪了，两个哥哥病重并死亡，自己唯一的女婿也在毫无征兆的情况下倒下了——一连串的事件对和老师是一个巨大的精神打击——和老师也因此停止了一段时间的村民日志记录工作。情感上已经不可能让和老师保持对记录工作的激情和活力。包括后期和老师非常担心自己的儿子在城里跑出租时沾染上赌博，他坦言，当时他的精神非常紧张，每天凌晨都没有办法入睡，守在窗台上看着儿子是否已经开车回来了，第二天他曾经试图让自己冷静下来继续日志的记录工作，但是脑海里总在想着怎么让儿子不要跟那些赌博的人往来，根本没有办法静下心来。所以，日志变成了年志的原因就在这里。

　　一般认为，20 世纪 70 年代以后才在后现代的民族志作品中，出现了

---

① 　何明：《文化持有者的"单音位"文化撰写模式——"村民日志"的民族志实验意义》，《民族研究》2006 年第 5 期。

一些真正以"第一人称的""内部描写的""认知性的"的作品。①

　　我们通过村民日志进行"生命延续与家族叙事"的梳理，可以看到作为记录者的和尚勋老师始终都把自己放在"文化主体"内部，并且把自己及家族的故事作为村寨情况的一部分，这种站位与外来的研究者的立场有着明确区别。另外，和老师也不隐藏自己对于生活的感受和体会，这不仅体现在村民日志的文字中，也体现在和老师对待村民日志记录工作的态度中。

---

① 　朱炳祥：《反思与重构：论"主体民族志"》，《民族研究》2011 年第 3 期。

# 第三章　精明农民的小家庭生活

有关小家庭的叙述，在第二章"崇窝里的小家庭"一节里有很多内容，但主要视角是家族与家庭的关系。本章将一个特定人物及其家庭的叙事理出来，希望从村民社会的角度再次打量南溪。

和国武，小名社山，与和尚勋老师有姻亲关系。和国武的哥哥和国亮的二女儿和玉祥，就是和尚勋老师的侄子和国军（出租车失踪案）的妻子。在从 2004 年开始的记录中，不仅有和国武，还有其妻子、女儿、女婿的相关记录。特别是其家庭生活部分体现得比较明显：和国武开小卖铺，想着法儿地赚钱，妻子风湿病不能干重活，两个女儿前后出去打工，一个招了七河女婿，一个跑婚去到前山。他们的家庭生活贯穿了倒卖小商品、下鹰、招女婿、跑婚、煮米酒、倒卖沙石资源等一系列事件，一个平凡而别样的家庭生活故事，映射着南溪村民生活的各个方面。

日志不时地，会将镜头聚焦于这个精明的村民及其家庭。

2004 年 1 月，家里小女儿和玉梅提出要到丽江城里打工，应该是想着要去城里的农家乐或饭店里做帮手。母亲对小女儿独自外出打工实在放心不下，说：女孩子把握不好自己，会发生丢尽人脸的事情的，但是拦不住了，只能由着她去。父亲和国武则认为孩子大了，出去闯荡一下也不是坏事，于是还用车亲自把和玉梅送到城里。

和国武家算是村子里经济条件比较好的，因为和国武非常有经济头脑。和国武的妻子得了风湿病，一直在看病吃药，但是效果不佳，所以干不了多少活计。但是和国武在村里开了个小卖部，还安装了一个饲料粉碎机，也收购空瓶子等废品，倒卖蔬菜和水果，还在家里养了全行政村最好的种猪（猪种收入，每配一只母猪收 15 元）。他经常是拉着各种废品下山去卖到收购站，然后就拉着蔬菜和水果回来。有时是专门带着妻子去城里找单方医生①，看完病也不能空着车回来，又忙着去倒卖蔬菜水果。

和国武的经商头脑，在村里是出了名的。有一次，他开着微型车去丽江城里，在路上看到一些饮料瓶，他立马停车把空饮料瓶一个个捡上车。到了山脚下的白华村，他把车停在一户人家门口，这家的老奶奶看见他来了，赶快去把老爷爷从外面喊回来。和国武见到老爷爷，马上给老爷爷敬烟，还说："阿佬，你能不能把你家里烂了②的这架小型粉碎机卖给我，我买了几架烂的在家，好拆开后组合一架可用的粉碎机"。老爷爷信以为真，满口答应。他马上又问："阿佬，要多少价？"老人说："你认为可出多少，你开价得了。"和国武沉思了片刻，说："阿佬，以 30 元钱的价让给我好吗？"老爷爷说："可以，可以。"老奶奶在旁插话说："当作废铁来卖都可卖五六十元，30 元太少了，但阿佬答应就算了。"于是和国武把烂粉碎机抬上车，直接拉到城里收废旧场，一过秤算合 159 元。几分钟时间就净赚了 129 元。从路上捡来的饮料瓶他又卖了 5 元。这一趟就净收入 134 元了。回去时批发了一车蔬菜、水果和百货。单单菠萝批发价 4 角 / 斤，他拉上山就售价 1 元，每斤净赚 6 角呀。

2004 年 5 月，和国武又开始在村里收购药材——岩陀。他又找到了增加收入的门道，但这个门道对村民也有好处。如果家里有剩余劳动力完全可以上山去采挖岩陀。"五·一"小长假时，都有小学生扛着小锄头，上山自找点零花钱。小学生挖的不多，他（她）们也为自己能找到三五角钱而高兴，大多数小学生卖了岩陀就买了零嘴，开

---

① 找民间懂草药的医生看病。
② 口语，意思是"坏了"。

心得很。岩陀的采挖是从 1996 年左右开始的，那时有个汝南化村的松茸老板放弃了松茸生意，突然来到南溪收购岩陀，那时岩陀是满山遍野都长着的东西，虽然每公斤只有 3 角钱，但能干的人每天都能挖到三四元的量，最笨拙的人也有十余块钱的收入，现在每公斤的收购价是 5 角，但每天能挖到 10 块钱的量也不容易了。可见几年时间，药材资源已经受到破坏。和国武是把岩陀切片晒干。5 月中旬，已经有从城里介绍过来的老板来跟和国武收购岩陀干片，和国武更是提出每公斤 2.8 元的价格。老板没有还价，说等量大一些再一次性收购。

2004 年 7 月间，和国武一边让女儿在小卖部里收购另外的中药——灯盏花和重楼，一边忙着做点菌子生意。这个季节，菌子的价格不低，听说有村民捡了 8 斤的一窝菌，拿到城里就以 13 元/斤的价格卖了 114 块钱。和国武更是让老婆拉到城里租房住下，专门负责卖杂菌，和国武就往返于家和城中间，买些杂菌供老婆每天售卖，又把女儿收购的药材拉到城里卖给药材商，既紧张又有序。

和国武忙着各种赚钱生计，家里的农活也没有落下，但因为小女儿和玉梅出去打工了，重担都落到了大女儿和玉兰的身上。堆肥、种洋芋、卖洋芋都是田里的活计。农历二月间的堆肥是春耕前的重要准备工作，和玉兰一个人忙不过来，都请了村里的人来帮忙。但是遇到村里有人家卖洋芋，又需要上车的劳力时她又得赶去帮忙。干完田里的活，到了一定的季节，还去捡松茸、采剥松子等，可以自己家里吃，也可以拿去卖钱。平时村里有红白事，和玉兰也要作为家庭的代表前去挂礼，或帮忙做饭等。和玉兰真的是一个能干的姑娘。

父亲和国武和其他人一起开车去七河乡的前山村买松茸，回来的时候车子陷在了泥坑里，加上发动机也出了故障，完全陷下去出不来了。和国武只能托在山上捡菌子的邻居给女儿带去口信，让她赶快请几个人并带着钳子等工具去帮忙。和玉兰找了 3 个人往父亲所在的位置赶，半路上又遇到帮父亲带口信来的人，说要请七八个人才行，还得拿几根绳子过去。和玉兰立马回村子找人、拿绳子。来回折腾了不说，等父亲一伙人修好车回到村子的时候，还做好一桌子菜请帮忙的人吃。大家都说这是一个心灵手巧的姑娘。

2004年8月，在外打工的小女儿和玉梅又回到家里，她和姐姐要忙着挖洋芋。也许是因为她在外一段时间，胆子也大起来了，她学着男人一样自己开着手扶拖拉机去到洋芋地里。父亲和国武则忙着上山下鹰①去了。

和国武果然在鸡冠山上下到了一只鹰，是一只雄鹰。和国武叫上他的远房弟弟一起去卖鹰。临走前，和国武的老婆还交代说：听说这些天一只好鹰可以卖到3000元左右，你们要好好把握行情。和国武和弟弟都做到心里有数了。他们下山就通知了白华村的村民YS，YS有一伙喜欢养鹰放鹰的朋友，他们火速找到了和国武，和国武看在YS和其他几个老熟人的面子上，让价200块，没想YS一伙二话不说就付了2800元给和国武，并分头买鱼买肉盛情招待和国武他们。这是南溪近十年来售价最高的一只鹰了，早些年能卖到一半价就不错了。一只鹰2800元的售价，刺激了村里不少男人都加入了下鹰的队伍。往年下山鹰就是一种休闲娱乐，现在则以增加经济收入为目的了。

和玉兰与和玉梅两姐妹忙过了挖洋芋，又在10月底开始忙着上山采剥松子，父亲和国武还一直在忙着上山下鹰。妹妹和玉梅不仅开上了手扶拖拉机，还驾驶着父亲的微型车穿梭在林间田坝拉洋芋、拉蔓菁、送肥到田里、到山上拉松毛、拉柴了。像和玉梅一样的女青年村子里有好几个。

可以看出，和国武家养种猪、办小卖铺，看似休闲，其实非常忙碌。

2004年12月中旬，天气已经变得寒冷，但带着母猪过来与种猪交配的村民一大早就把和国武一家叫醒了，父母还没起来，小女儿和

---

① 纳西族一直有饲养猎鹰的习俗，"下鹰"就是用网诱捕山鹰的过程。

玉梅赶紧起床赶出自家种猪为别家发情的母猪作了交配，然后就到厨房里点火烧水，等猪交配完，她拿一个鸡蛋喂给种猪并将种猪关好。她又忙着去洗脸准备早点，早点还未做熟，又有村民来磨饲料，只得又忙着先去磨饲料。刚磨完饲料又有人来买东西，她又跑出来卖东西。姐姐和玉兰一早上也来不及帮妹妹，一大早起来就背着篮子先上山去拉松毛了。

2005年1月，和国武又送长女和玉兰去到玉龙县瓦沙毕公司打工，这是和国武托了在县上当领导的好友安排的就业门路，和国武和妻子都很高兴，只是小女儿和玉梅有些情绪，埋怨父母为什么不让她出去打工。

和玉兰走后，家里操作粉碎机的活就基本落到了有风湿病的母亲身上，和国武也不时要帮着做。村民都把绿肥割好晒在田里，晒干了用拖拉机一次拉过来粉碎，出每百斤5元的加工费，但粉碎过的绿肥便于管理，喂猪时也只要直接拌进去就好，方便而不浪费。2005、2006年的时候，南溪的满中、满下百余户只有和国武家一台粉碎机，所以每年年末到第二年2月间，他们家要忙到午夜时，村民拉绿肥过来的车都排着队。

和国武一家在村里的经济条件不错，这其中离不开和国武灵活的头脑，但也离不开两个女儿的勤劳。可生活总会出现意外情况。

2006年1月，长女和玉兰恋爱了，对方是玉龙县鸣音乡人，是来南溪改造公路的施工队的工人。两人一会儿在和玉兰家待三五天，一会儿又跑去鸣音待十天半月，甚至过年都是一起在鸣音过的。和国武看到两人心意已定，马上带着礼物跑去鸣音乡求亲，准备要招姑爷上门。哪想见到亲家才知道男方是独儿子。亲家考虑到自己也年迈了，所以提出要两个年轻人结婚后两边管，并等他们都谢世以后再到南溪女方家定居。后来两边再商议，决定将男方的父母托付给嫁到本村的姐姐和姐夫赡养，男方直接到南溪上门。

　　和国武忙碌起来了，带着一家人（包括未过门的女婿）挖沙子、拉沙子，准备修整厨房。女婿干活也很来劲，拖拉机一趟就拉150个空心砖，完全是超载。但这让和国武和妻子都非常满意，大家议论说女婿能吃苦、肯干，也说明了他们的女儿有眼光，找到了一个能人、勤快人来做女婿。拉来的空心砖用于修葺厨房。一切都在为两个年轻人的婚事准备着。

　　2006年6月，和国武还离家去到鸣音收购药材，往年这个时候他在自家小卖铺就能收到药材，但是村里又出现了几户也开始收购药材，他觉得竞争大了。所以就决定去到未过门的女婿家那边去收购，他估计着那边应该药材的品种和数量多，收购价格也会低些。他的打算得到了老婆和女儿的赞同。和国武去到鸣音几天，又返回南溪，请他的堂弟去往白华信用社贷款5000元，他应该是确实看到了在鸣音收购药材的商机，赶着回来借贷些钱增加投资吧。

计划没有变化快。事情似乎在7月间就发生了转折——和玉兰从她打工的地方又领回了一个七河乡的男子五八金。

　　经过与五八金父母的多次商谈，五八金可以入赘进和玉兰家。8月末，和玉兰一家人都在忙着修整房子，长期手足风湿疼痛的母亲也高兴地加入到劳动中。他们修整的房子并不急用，但是他们赶着做的原因是：居住在南溪的纳西族，一直都相信家中如果有怀孕的妇女，则坚决不能动土搞建设，大动土木会伤及孕妇和婴儿。和国武一家是担心和玉兰会很快怀孕，这样就不能修整房子了。

　　和玉兰和五八金还计划着要盖一个大门，所以请父亲去跟别人借点钱。和国武借了2000块钱，带着老婆和女婿去城里购买了砖头、水泥、铁门、瓦等材料。有意思的是，和国武发现买回来的马牙石颗粒太大，不宜粉刷，于是想办法把马牙石弄碎，他先是用锤子来敲打马牙石颗粒，敲来敲去，马牙石颗粒到处飞，后来就从邻居家借了一副早已不用的石磨，像磨粮食一样，一勺一勺把马牙石往石磨里放，一边推磨一边放，马牙石立马磨成粉状。和国武的脑筋就是转得快。

房子修整好，和玉兰也怀孕了。虽然两人还没举行婚礼，但男女双方相恋，而且已经在一方家居住，居住方则由家族里的长辈前去对方家里求亲，大家都基本认可了他们的婚姻（日志中对于和玉兰领回来的第一个准女婿是如何打发的，没有记录）。

2006 年 12 月，和玉兰的外婆去世了。戴孝有严格的规定。五八金作为和玉兰的丈夫也必须戴孝。

五八金与家族里另一个已经订婚的女婿一起要先戴上一顶帽子，然后才将孝布围戴在帽子上。这是南溪人一直遵守的规矩，但是已经没有人能够说明其中的内涵。

（2007 年 1 月 21 日）和玉兰和五八金的婚礼正式举行了。他们的婚礼已经不是传统的模式，因为入赘的女婿家离南溪比较远，所以各自安排了庆典。新郎家是 20 日就请客了，新娘家也安排了不少亲戚前往七河乡去做客，传统的尝酒等过程都免了，新娘家没有专门去迎亲的，入赘的新郎家没有送"嫁妆"，也没有专门送亲的。新娘和自家的亲戚在 21 日中午 1 点多才赶回南溪，参加父母安排到的庆典，新郎的亲戚则在下午 5 点以后才赶到南溪做客。婚礼过程已经简化，主要是因为双方家庭距离太远了，村上还有其他远嫁维西、四川等地的人家，都是类似的婚礼过程。

婚礼后不久，和国武和妻子又开始忙着准备女儿坐月子时要食用的米酒。由谁来做米酒也是有讲究的。

一般都是媳妇要生孩子了，那么要在生产前三四个月就请媳妇的母亲或父亲来家里做，如果他们真的不会做，才轮到男方家的父母亲自做或再请人来做。和国武的长女是找了女婿上门，所以和国武先去请了姑爷的父母来家里做米酒，但是亲家以不会做为由拒绝了此事，最后，他们请来了和玉兰的舅妈来家里做米酒。

南溪人做米酒都是用麦子做原料的。先用脚碓来捣麦子，要掺上少许水椿，椿后把麦皮扬净，放进锅里用水煮一阵，再捞上来用蒸笼蒸熟后晾在簸箕里，待麦粒都冷却时掺上甜曲，然后装进箩筐里放在火塘边烤，借此热度来进行发酵，发酵到米酒甜甜的时候（一般这个过程都需要两天两夜），装进备好的罐子里，罐口用小碗反扣上，同时用灶灰拌的泥封紧罐口，不让漏气。这样一直放到孕妇生产时才开盖食用。

和玉兰的母亲做烧柴、提水等的辅助工作，和舅妈一起忙碌了整整一个下午才把米酒做好。

2007 年 5 月间，和玉兰生下了一个儿子。

和玉兰的儿子满月后几天，邻居和家良家杀了一只大公鸡，特别请和玉兰去他家吃饭。这次请饭也是按南溪的规矩来的。在南溪，凡是生孩子坐月子的女人，等孩子满月后，娘家如果不远，就先回娘家去休养一阵，娘家远些的，就有娘家的兄弟或家族里的人请她去吃一吃饭。经过了这样一个阶段，生孩子的女人才能开始到别人家串门子。和家良家儿媳的娘家也不远，但儿媳在生养了第一个孩子后一直等不到娘家人来接她回去的口信，所以，和家良就请求和玉兰的母亲以亲戚的名义请儿媳吃顿饭，和家良和和玉兰的母亲确实是亲老表的关系。当时和玉兰的母亲按照和家良的请求做了。现在和玉兰是招姑爷上门，情况比较特殊，所以和家良就当是还礼，也要请和玉兰去他们家吃顿饭，这样，和玉兰才能正式出月子开始在外活动。

按照南溪的传统，产妇要离开她做客的这家时，主人家不兴让产妇空手而回，要送点鸡蛋、大米之类的东西让产妇带回去。刚出生的孩子第一次去到外公外婆家或其他亲戚家，也要让孩子带回一挂肉或一些米，寓意着孩子以后都能有吃有喝的。

2007 年 8 月的一天，和玉兰和五八金吵起嘴来。和玉兰抱着满月不久的儿子，坐在一边絮絮叨叨："你洗头何必在这时候洗，天黑以后不行吗？"正在往盆里倒满热水的丈夫边准备边回敬说："我洗我的头，关你什么事，你管到我洗头的时间上来了！反正这会儿没有家务做，趁闲着我洗个头不行吗？"和玉兰听了，又心平气和地解释说："我不是闲得无聊来爱管你洗头的事情，而是听老人们常说，人们洗头一般都在天黑以后洗，大白天洗头的事只有想去殉情的人才做。"原来云南解放前，南溪的成人洗头或洗身都是在天黑以后进行，有些讲究习俗的人家给娃娃洗头洗澡也是在晚上。那时候，只有准备去殉情的青年男女才在白天梳洗打扮，然后天黑以后趁家里人不防，悄悄地出走殉情。五八金听完老婆的解释后笑着："我又不会去情死，你怕什么？"和玉兰则以命令的口吻说："以后不要这样了。"小两口都是纳西族，但是遵循了不同地域的生活规矩，还需要在共同的生活中相互磨合。

真如俗话所说，不是一家人不进一家门，五八金也是一个能干的人。农闲时他领着媳妇在南溪收购洋芋、小猪、废铁之类的东西，然后把这些东西卖到丽江、鹤庆，又从鹤庆买了米、饲料、水果、食品等拉回南溪卖。反复倒腾，赚了价格差。五八金也向岳父提出要再买一辆后轮驱动的拖拉机。和国武觉得有道理，就领着女婿去到鹤庆花一万七千块钱买了一辆二手拖拉机，专门用来跑运输，而原有的小型拖拉机则留下做农活。

这个时候，村里的六七家农户都有两辆拖拉机了。都是一辆一把式的用来犁田，一辆方向式的用来运输。

精明的和国武也有算计过头而招众人咒骂的时候。

（2007年10月9日）不少村民往"楞石古"方向去挖洋芋，回来时有驾驶技术不过关的拖拉机手把拖拉机陷在路上泥坑里，不能自拔。等后面转回的人及拖拉机逐渐增多时，人们把车停下，不约而同地帮忙推陷在泥坑里的拖拉机。只听到"一、二、三；一、二、三"的喊声，十来个人一起使力，载有一吨洋芋的手扶拖拉机被推出泥坑，到安全地带停下来等后面的车过来。如若后面又有车陷下，大家又去帮助推车。大伙七嘴八舌地咒骂现任村组长和圣明以及村民和国武，都骂他俩私下收了石头老板的一笔钱，不但把全村的石资源耗尽，而且（因为石头老板用大卡车超载拉沙拉石料——笔者）把路弄得烂成这样。大家建议和圣民应组织修理农用路，但和圣明怕把村民集中起来会乱，因此，他不敢集中村民修路，而东躲西藏地避开众人。

2008 年 5 月，和国武把自己家的小卖铺搬到了村子北边的公路边上。他计划着让老婆一边带孙子，一边照看小卖铺。小卖铺还扩大了经营范围，除了经营烟酒副食、猪饲料等，还扩大经营面粉、面条等粮食制品。这样既增加了家庭的经济收入，也有利于村民就地购买面粉。村民们都说："你很会动脑筋，会找钱，同时也有福气，找了个好女婿。女婿也精打细算，会做小生意赚大钱。"

和玉兰和五八金已经能够担下不少事。和国武就带着已经断奶的孙子和妻子去到丽江城里打零工。

他找了份看守拆迁工地的工作，还领着妻子在工地上捡废旧砖，最后用两辆农用车把废旧砖头都拉了回来。村民见和国武回来了，都跟他打招呼，他则有些风趣地回答说："我在城里工作，一家人都跟着我，现在我实在是负担不起，财力精力都支持不住了，因此回来了。"听到的人都取笑他说怕是老婆对他放心不下，才跟着监督他的，他笑着说："年过五旬，这时不比那时了，担心是多余的。"大家都哈哈大笑。和国武最后才说拆迁工地的事情已经做完了，他等几天又要去伐木的工地上看材料了。

和玉兰和五八金的婚姻，使得和国武家发生了一定的变化。而小女儿和玉梅在姐姐结婚以后又出去打工了，并且很快找到了自己的爱人。

2009 年 2 月，和玉梅与打工时认识的男子自由恋爱，并以"跑婚"① 的形式要求自主婚姻。和国武和妻子听到这个消息后，心里有

---

① 跑婚，20 世纪七八十年代比较常见，是指男女双方自由恋爱后，因担心女方父母不同意，所以直接跑去男方家里住着，逼迫双方父母履行婚姻的各种程序。

些不是滋味，他们说："论年龄应该嫁了，论家境不该嫁。因为招了上门女婿的大姑娘和玉兰马上在五六月份生产第二胎孩子，不仅有好多的家务事要帮忙，经济开支也不宽裕，传统规矩上来讲也不宜今年出嫁，因为今年是还未出生婴儿的本命年，姑娘不懂，无法了。"

第二天，和玉梅跑婚去的男子家父母请了他们家族的人来到南溪求亲。他们从离南溪有十多公里远的太安乡开车过来，还带来了两大篮子的礼物：一篮子里放火腿，另一篮子里放腊肉，另外米20斤、中等烟两条、茶叶四包、红糖四碗、中等瓶酒八瓶等平均分装在两个篮子里。他们把东西放下，就与和玉梅的父母在火塘边坐下。和国武非常客气地说："你们辛苦了，你们是受他家之托而来的，我们之间没什么说的，只能怪自己的姑娘不懂事，大家抽烟、喝水、喝酒吧。"来求亲的人也跟他很客气，和国武又跟他们说：此后两个年轻人把我们拴在一起了，成了亲戚，不必客气。边说边给来人敬烟、倒茶、倒酒，经他这么一说，来人紧张的心情放松了，脸上现出了笑容，嘴里也开始话多起来了，双方谈得很融洽。和国武还招呼大女儿女婿给说亲的人做饭吃。等大家离开时，和国武说："娃娃造事，大人辛苦，你们不必再来了，干脆在农历二月初四那天让两个孩子回家来吧。"来人连声说："好，谢谢！"他们担心而来，满意而归。

2月28日，农历二月初四，和玉梅和男方家的亲戚们来到了南溪，这算是第二次求亲的过程，也相当于正常婚姻中的订婚或喝订婚酒仪式。男方家仍然准备了两篮子礼物（品种和数量与第一次基本相同），和国武把和玉梅的叔伯、舅舅、姑妈等亲戚都请到了家中，连和玉兰的婆婆也赶来了。大家都带了米、酒、腊肉等礼物。和国武家热情地招待了各方客人。

和玉梅的婚礼是在5月间正式举行的。姐夫五八金安排了两辆拖拉机，拉着和玉梅父亲、母亲两边的亲戚以及和玉梅的小伙伴一共20多人去到太安乡的新郎家。去做客的人都带了钱去，以钱代礼。

和玉梅的父母也在事前贷来 2 万元，作为嫁妆送给小女儿。但是因为刚刚在 4 月上旬为长女和玉兰生育二胎举办了"祝米客"，所以就把和玉梅的嫁女宴给免了。

作为村寨找钱能人的和国武及其妻女，在日志中生动地活动着，我们仅仅较为随意地截取了其中部分内容。农民的精、勤、算计等特性在和国武身上可谓流光四射；在他调动下的妻女和女婿也是个性鲜明让人感慨。

本章"精明农民的小家庭生活"与前面"生命延续与家族叙事"相比，其体量和内容上都显得薄弱得多，但我们并没有放弃整理。因为这个"小家庭的生活"展现了一些一般人难以调查得到的东西。

和尚勋老师笔下的和国武是一个想着法赚钱的精明人。和国武夫妇和两个女儿生活在一起，因为和国武的妻子有风湿病不能干重活，他自己也不愿意干农活，所以整天忙着倒卖小商品、倒卖药材，完全是一个唯利是图的形象。但不可否认，他也是村落中一部分人的代表。他没有加入到出租车营运阵营，他的根基还是在农村，但完全靠种植又不能快速发家致富，所以只能从家庭实际出发，利用长期开小卖部的便利，寻求其他的致富门路。和国武确实精明，爱动脑子、寻门路，有些投机取巧。他并不以种地为根本，一方面他将农产品带出去，另一方面他又将小商品带回来，他游走在农业和商业之间。他的身上还是有着中国农民勤劳、肯吃苦的基本品质，只是比一般的农民更能顺应时代和社会的变化。

两个女儿在家的时候，堆肥、种洋芋、捡松茸、采剥松子，甚至学着男人的样子开着手扶拖拉机去田里干活，作为农民的本质并没有变。但是她们作为年轻一代，已经在尝试着离开农村。尽管父母万般担心，但是她们都希望能够出去打工，城市及城市生活对她们有着非常大的诱惑。

总之，和国武一家的生活在南溪是有一定代表意义的。

另外，和尚勋老师关于和国武一家生活的记录，还观照到了纳西族的历史文化。比如入赘、跑婚的婚礼习俗，以及坐月子时的米酒是应该由谁来做、怎么做，产妇如何才能出月子开始外出活动，包括应该白天洗头还是晚上洗头的争论引发的殉情等话题。

　　关注文化及发展是人类学的核心命题之一，人类学家践行"参与式观察"工作方法，其目的就是不放过研究对象的任何文化细节。但是，研究者与研究对象的文化背景始终有差异，人类学家不断尝试在"主位""客位"的角色中不断转换，难免还是没有办法全面的观察和了解到文化本身。

　　"村民日志"正是希望文化主体能够全面呈现其文化本身的尝试。何明教授认为，村民日志至少在两个层面具有可供反思的意义，一是村民日志所叙述的内容，二是文本本身也可以作为一种"社会事实"来进行解读。那么，和尚勋老师对于和国武小家庭生活的记录，正是在内容形式上让我们找到了可供进一步研究和反思的线索。

# 第四章　村社公共生活

我们从村社公共生活和活动的角度搜索，也得到了非常丰富的记录材料。这些记录，并不仅仅是事件的简单记叙，常常会有一个个活泼生动的人物不期而出，也许只有只言片语，有人无名，但使人非常直观地感受到一个鲜活的社区里，人们辛苦劳作，休闲娱乐，为自己的小生活而奔忙，也为村社的集体利益而发声奔忙的生活本真状态。集体资源的开发、公共设施的修建、基层组织的选举和运作等，都在日志中有了相对完整的记述。

本章在前面家族叙事、小家庭故事的基础上，从特定节日的角度，以及基层村务的角度，集中呈现另一组鲜活的村社公共生活图景。这些公共活动范围大小不一，有某几家人的，某个村民小组的，几个村的，或者是整个行政村层面的。事件有日常的，有突发的，有年节周期的，还有偶然出现的公共性质的。从某种意义上讲，这些生活图景还是乡村振兴视角下一个生机尚存的、具有复兴潜力的当代民族边疆农村的缩影。

## 一、艰苦奉献的村干部们

村民自治制度产生于 20 世纪 80 年代，主要指的是村民根据法律法规及乡约自主管理本村事务的基层民主制度。南溪行政村的管理机构设置为一个党支部、一个村民委员会，实行村民自治，管理七个村民小组。村民小组下设小组长、副组长（兼任会计）。早期阶段，支部书记和村民委员会主任分别由两人担任，2001 年丽江市黄山镇的南溪、长水列为机构改革的试点，实行党委行政一肩挑，书记和村委会主任由一人兼任，这一状况持续至今。

南溪村委会有一个长期稳定的致力于奉献和服务的村级领导班子，这个班子形成了奉献为民的传统。村委会现任领导班子为：书记兼主任和继武、副书记和国军（原老书记）、副主任和丽军、副主任和旭峰、村监委主任和国高。其中前书记（现副书记）和国军为复员军人，已经在村委会服务 34 年，带领南溪村走过了最为艰难的发展岁月。现任书记兼村主任和继武已经在村委会服务了 21 年，副主任和丽军坚持了 19 年，至今未婚，全部精力扑在工作上。和国高早先为满中村小组的组长兼农科员，进入村委会服务已 5 年。和旭峰 2017 年毕业于云南民族大学数学与计算机科学学院物联网工程专业，是南溪村考出去的大学生，2018 年作为丽江市玉龙县"引进乡村振兴人才、回乡创业富民工作"人选吸收进村委会领导班子，成为该班子的青年中兴代表。该班子勤奋务实，不图私利，深受村民拥戴。

师生与村干部合影

日志不仅对南溪行政村和村民组两级的村务活动的方方面面均有涉及，包括公益活动、选举、调解、公共事件处理等，对其中一些非常明显的不正常行为也给予了关注。通过我们的梳理，一个农村个体经济背后的基层组织及其运行便浮现出来，让人从中看到国家制度与政策在村民话语中最为真实的表达形态；使人惊叹于国家基层治理所达到的深度与广度；更感动于将国家制度和政策具体付诸实施的基层村干部的刻苦奉献；当然，也对其中的问题有了更为生动细致的了解。

首先，透过日志，让我们对农村基层选举所涉及的乡镇选举、村两委选举、村民小组选举三个层级的具体程序和活动细节一目了然：召开选举领导小组工作会议—拟定候选人并公示—准备选票—召开各村民小组选举大会—新一届村委会全体委员会议，讨论新一届自然村组长、副组长事宜—村委会领导到各村召开村民家长会，讨论并选举新一任村民组长、副组长。从年复一年日志对选举程序和活动内容的叙述中，看出南溪有一个超级稳定的村委会领导班子，以及相对频繁更换的下一级村民小组长。

（2007 年 3 月 28 日）黄山镇两委换届，南溪工作组今天召开各村民组长会议，参加的人员有镇派往南溪工作组全体成员、村委会书记、副主任、副书记，以及各村民小组组长、副组长，共计二十五人。会议的主要议题是：进行选民登记，由各村民组长副组长核实各村民小组有选举权和被选举权的公民人数，报给村委会副主任，再由村委会副主任张榜公布各村民小组的选民人数和名单。会议结束后，大伙在村委会吃午饭，下午休闲玩乐到傍晚才散伙。

这次南溪的选举委员会组成人员全都为现任各村民组副组长，他们是：和承军、和国军、和学忠、和万里、和圣伟、和银红、和秀文、和兆台。组长由和承军担任，副组长由和银红担任。定 4 月 18日为选举日。

（2004 年 4 月 19 日）黄山镇村改工作组在村公所召开全行政村村民组长、副组长会议（村委会选举领导小组会议）。会上由工作组长、黄山镇党委副书记木建华同志讲了选举工作中的各项注意事项及需要做的各项工作，并传达了黄山镇党委对南溪行政村村委换届选举工作的意见。要求各村民组长、副组长在选举前对群众做好宣传工作，迫切希望南溪村民能够与镇党委、政府达成共识，迫切希望南溪全体选民能够与党委、政府的意愿形成统一。他再三强调，各个村民组长、副组长在选举日前要跟群众做耐心细致的思想工作。

参加会议的人员有镇工作组成员5人，各村民组长、副组长16人，原村委会主任和继武、副主任和丽军，现任村支书和国军。

（2004年4月20日）行政村根据昨天"村政领导小组"的会议精神，对主任候选人和副主任候选人名单提出公告并在各个自然村张榜公布。

主任候选人是：和国军、和永红。副主任候选人是：和继武、和丽军、和文红。主任要设一人，实行差额选举。村委会要设二人，也实行差额选举。

村委会委员的候选人是：和国军、和继武、和丽军、和文红、和勤军、和永红、和国高、和国兴、和文光、和丽章、和红光、和云发。正式要11人，也实行差额选举。

（2004年4月22日）镇村改工作组的同志和原村委会的书记、主任、副主任在村公所积极筹办在本月25日举行选举的前期工作。他们马不停蹄地填写选票，在繁重的工作中各显神通，有些用复写纸来复写。

（2004年4月25日）召开南溪行政村举行第二届村民委员会换届选举大会。主会场设在南溪完小，在鹿子自然村、旦都村自然村、金龙自然村、文屏自然村分设流动会场。各流动会场由上午10时到12时分别进行选举。下午1时到3时在主会场进行满上、中、下三个自然村的选民选举。

参加今天选举会议的领导有：县委驻黄山镇工作组长（玉龙县政

协副主席）和世忠、黄山镇党委书记和积军、黄山镇党委副书记、纪委书记王世坤、黄山镇党委南溪工作组长、镇党委副书记木建华。工作组的全部同志及原来村委会主任、副主任参加了会议。会议由南溪行政村选举委员会主持。选民总人数1070人。

选举结果，村委会书记和国军以905票当选为南溪行政村第二届村民委员会主任。原村委会主任和继武以852票当选为南溪行政村第二届村民委员会副主任。原村委会副主任和丽军同志以1013票当选为南溪行政村第二届村民委员会副主任。

今天选出的第二届村民委员会委员是：和国军、和继武、和丽军、和文红、和勤军、和永红、和国高、和国兴、和文光、和丽章、和红光等11人。

选举结束后，黄山镇党委书记和积军同志给当选同志戴大红花，授当选证书。会上和国军主任作了简短的就职演说。他表示，决心带领村民在奔小康的路上积极努力工作，为人民实现小康贡献力量。会议结束后，南溪村民与镇政府进行了一场篮球友谊赛，结果以镇政府85∶75获胜。

村委会两委领导又是"连选连任"。这个情况说明村委会党政两委领导的工作能力、奉献精神得到村民认可、得到上级镇党委和镇政府的支持。

行政村一级选举结束不久，即开始村民小组领导人的选举工作。日志记叙会议过程中还附带记叙了同时发生的其他村务。

（2004年5月10日）今天在村公所举行第二届南溪村民委员会，会议由行政村党支部书记、村委会主任和国军主持。参加会议的有行政村副主任和继武，副主任和丽军，以及全体村民委员会委员。

会议的主要议题是关于选举各自然村组长、副组长的事宜。

丽江市委常委玉龙县委书记李世碧来南溪调研村"两委"换届的情况。在村委会听了镇党委书记及村委会书记和国军的情况汇报后，对村"两委"的换届表示满意,并希望连选连任的村"两委"领导为民办实事。事后李书记还到满下村落水洞进行了视察,觉得这是招商引资的有利条件。他还对南溪文屏至南溪路段的建设提出了可行性建议:修成弹石路。

5月16日,满中村村民小组长选举会议。

今早举行自然村家长会。除一两户不到会外,到了98%。会议由原自然村组长和国兴主持,村委会书记、主任和国军到会做了会议的内容说明。会议的内容有两项。一是对村民组长、副组长进行换届选举。二是进行农网改造事项的说明。他简要地总结了前三年组长、副组长的工作。他希望原村民组长能够继续连任。通过家长们民主讨论的方式,一致请和国兴再任三年组长,副组长和武军因在丽江城开出租车,家长们一致选举和武军之父和圣伟任副组长。

农网改造的事项,如下:

1. 每户投资202元,电力公司负责拉线到各户的电表处,家中主线应由农户来承担。2. 不管电杆竖在什么地方,村民都得支持。每户202元中的200元上交电力公司,2元则用作组织村民组长、副组长砍线路经过地方的树及树枝。

新一届村委会的老领导们继续着他们奉献村民、奉献家乡的琐碎繁杂村务。日志中不时出现他们忙碌的身影。

(2004年7月22日)南溪村委召集自然村组长、副组长,参加填写玉龙县合作医疗管理人员及黄山镇卫生院主持的"农村新型合作医疗手册"。大家同心协力地办理,按预期的时间完成了。

7月28日,村委会书记兼村委会主任和国军及村委会副主任和丽军在行政村分配昨日所要来的夏荒粮,分配的方案是:对鹿子村双目失明的杨闹、旦后村跛脚并受脚伤的和玻两人,给足一年的口粮。每个村的残疾人给一些。各个村的特困户给一些。

8月15日,村民和万林、和亚兰夫妇为庆贺长女和丽菊考上大学特设宴请亲戚一同祝贺。村委会在相当困难的情况下，为鼓励后代学有所为，千方百计抽出 100 元奖励考中大专以上者。

9 月 22 日，村委会的书记和国军、副书记和继武、副主任和丽军，三人一同前去镇政府里申请村公所的建房资金。同时也请求镇政府对公路的维修、改造给予资金或物质上的支持援助。

如南溪这样既没有卖地收入，又没有乡镇企业的山村村委会，干工作基本是靠觉悟、靠奉献乡村的责任心。村委会的集体福利是非常稀少的。

2004 年 12 月 20 日，村公所干部在和国兴家买了一口肥猪，并趁和国兴家杀猪之机，请他们杀了、烫了、剖了后才用村委会书记兼主任和国军的车拉到村公所擦盐挂好，以备来年食用。他们去年也用这样的方式在和国兴家杀了一口猪。这对应付上级临时下乡，及组织开会，筹备不到伙食的情况是很起作用的。

在村干部中，满中村原村长和国高（2017 年起任村委会监委）算是一个特例。他的精明钻营与第三章"精明农民的小家庭生活"里的和国武有得一比，在利用职务之便牟利方面却是让人哭笑不得。

（2005 年 4 月 19 日）满中村的村民组长和国高为了讨好南溪公路改造施工者，并为了能参与工程赚钱，不顾村委会干部的劝说，让施工人员住进云南大学研究基地。后经和尚勋与村委会书记和国军、副主任和丽军劝说，这是云南大学用来接待中外学者用的，没有得到云南大学项目负责人的同意，是不能让人住的。和国军书记也说和国高太贪钱了，群众对他的举动很反感。和尚勋老师说："听说云南大学的老师这周内要来，如果她们见到这种状况，影响肯定不好，这直接影响到今后的研究工作，也影响到能否通过这一平台把南溪推出去的大事。"和国军书记约和丽军，叫和丽军去说服和国高。在和丽军的耐心说教下，施工队由今天下午搬到和国高家去住。

（2007 年 11 月 22 日）南溪村委会书记和继武领着防汛工程施工者（永胜农民工）来到满下村寨村民和福祥家，进行察看、测量。他们根据黄山镇政府及水管站领导的指示，要在和福祥家正屋上边砌一堵挡土墙，以防雨季发生山体滑坡。但和福祥老人坚决不同意，不让施工，说是将建造挡土墙的经费全部给他家，他家就搬迁到其他地方建新宅而居。

历届党委政府关注民生，曾在五六年前就多次动员和福祥家搬迁，政府答应给适当的补助，但和福祥老人考虑的太多，动员多年均没有结果。今天政府是在动员搬迁无效的情况下才要建造挡土墙的，但也遭到和福祥老人的阻止。不知道事情的发展结局怎样，不知道能否按照老人的意愿做。

（2007 年 11 月 9 日）村民组长和圣明拿着一支笔，一本登记本，还提了一个小包包，挨家挨户地收缴 2008 年度农村合作医疗统筹款。他每走进一户，就先要医疗证，再按证上的各户参合人员填写登记表上。然后，按参合人数收款，每人 10 元。从组织新型农村合作医疗开始到现在，统筹金为每人 10 元，村不漏户，户不漏人，做到所有村民都参合。新型农村合作医疗回补农民的办法是：第一年给每人 10 元的门诊费，住院费报销 10%；第二年门诊费每人 7 元（到 2007 年），当年用不完的可累计余额继续使用，2007 年开始住院费报销 50%（如若一人一年内住院两三次，也照样按比例报销）。农民得到实惠，尝到了参合的甜头，有效控制了农村大病返贫、因病致贫的恶性循环。因此，村民对这一项活动是衷心拥护的，在进行此款收缴时没有人说二话，没有人说怨言，即便是暂时手中无钱也及时向他人借来交了。

以往是各户长集中一下，让大伙在同一地点、同一时间向组长交款，很顺当。和圣明选择入户收缴的办法，主要是怕人一集中，有些村民惹是生非，抓住他卖石头带给村民的不利事宜吵起来。因此，他不召集人，而是自个儿费点时间挨家挨户地收。当然，惹是生非的人毕竟是少数，是个别人，但只怕一些人也跟着这些人瞎吵乱嚷，和圣明只用了两个小时左右就把此事做完了。

老书记和国军一直开着他的长安面包车，既是往返村子和镇政府等工作单位的代步工具，又是方便村民进城的运营工具。公私兼顾，以公益为主的经营方式，得到村民的首肯和赞扬。

（2009年8月2日）这些天，南溪村民显得很忙碌，忙着薅玛咖，薅蔓菁，脱粒青稞，上山采集野生菌……各忙各的。有些村民去城里卖前两天从山上捡来的菌子，满中村村民、现任南溪村委会党支部副书记的和国军同志，天一亮就把汽车开到公路上，按几下喇叭，进城卖菌的村民纷纷从自家走出，走向他的车。从7月15日起至9月20日左右为每年南溪人卖菌子的高潮期，也是和国军同志服务于民，同时增加自家收入的高峰期，他每天都坚持让村民们赶上早市，好进行卖菌活动。村民都喜欢乘坐他的车，想趁早卖个好价。最少时有三五个乘客，多时达十二三人。

这段时间往返于丽江城与南溪的车子虽然有七辆，但每天每辆车都有人坐，主要原因是各村民小组的村民卖菌子。

新任书记和继武在任上也得到了村民的好评。

（2010年1月25日）南溪村委会党支部书记兼村委会主任和继武，在凌晨三时起床夜尿，得知南溪村委会金龙村民小组东面山上发生森林火灾，但还不知道发生火灾的山林是七河乡的山界还是黄山镇的山界。他打电话邀约了和仕先（金龙村民、旱季护林防火员，年龄五十岁左右，中共党员，复员军人），他俩半夜赶往火灾现场，一方面查看火灾情形和地段，一方面打电话通知村委会副主任和丽军组织好应急扑火队伍。村民们常说："和继武书记实干精神强，大家都佩服他。"在情况不明，又在夜半三更的情况下，没有对人民的事业负责的心，不是视人民的利益为重的人，的确是很难有这种举动的。和继武书记这种以人民利益为重的精神，使他的同事们受到教育，使南溪村民都很感动。

（2010年12月8日）南溪村"新型农村社会养老保险"投保活动，

在各级党委政府的领导下，在村委会干部的耐心反复宣传和动员下，已有百分之七十左右的村民投保，投保人中，有百分之九十五左右的村民投了100的这档，加上政府补贴（每人35元），共投135元。目前，即使镇领导和村委会干部多次入户宣传"新农保"的政策，各村民小组仍不愿投保，不想交保险费的村民还有百分之二十左右，有个别钉子户的工作还不好做，镇领导和村干部要忍受个别村民的谩骂。

今天南溪村委会党总支书记兼村委会主任和继武，党总支副书记和国军、副主任和丽军，夏副镇长等到满中村和占军家、和福生家、和万春家宣传，收取投保费，其间挨了这些农户家人的辱骂。

干着繁杂辛苦的村务工作，但村干部的津贴收入却是超乎想象的少，他们不仅少有时间参加自家劳动，还得开着自家的车、接受着家庭的贴补。

（2011年1月12日）南溪村委会召开各村民组长、副组长会议。会议的主要内容是：总结2010年南溪村的村务工作，讨论和商定2011年的村务主要工作；发放2010年村民组长、副组长津贴。据村委会副主任和丽军同志介绍说：从2008年度开始，国家财政提高了对村民组长、副组长的补助标准，从原来的每人每年240元，一下提高到每人每年800元，这使大多数自然村干部安了心，但有些村干部在2011年4月举行的换届选举中不情愿地落选了，新选上来的也没有再坚持不干的了。

（2014年2月26日）南溪村委会副主任和丽军同志，召集南溪各村民小组组长，副组长交回前几天布置填写的报表。并把大家留在村公所，要求把各村民小组，各个农户的惠农卡账号认真填写好，才集中交给他，他要在明日送交黄山镇财政所，财政所会在明后两天内把玉龙县民宗局，扶持南溪村委会种植玛咖的扶持资金拨转到南溪村各农户的惠农卡里。

这对户数较少的文屏村民小组、满上村民小组、满中村民小组、旦后村民小组的组长、副组长的负担是较轻的，但对户数较多的金龙村民小组、满下村民小组、旦前村民小组、鹿子村民小组的组长、副组长的负担是够重的。他们都拨通各自村民小组、各户户长的电话，询问该户惠农卡的账号，这个有点费时间，户长接到电话后，要去找那本惠农卡存折，有些还又请识字人看了才会报给组长或副组长。他们从早上10时半一直干到下午4时左右才完成，完成后立即交给和丽军就各自回家。和丽军也携带好装有这些表格的挎包，同旦前、旦后村民小组的组长、副组长一同回家。

在回家的路上，他们五人都把话题集中在党和国家对农业、农村、农民的政策上，都感到这些政策对农民很好，逐步缩小了城乡差别，工人与农民差别，提高了农民的收入，有效地提高了农民的生活质量。

下面是一次完整的建党节活动。如前所言，日志的这类记叙，会让我们看到平常难以想象的，农村基层党支部以什么样的形式在开展活动。

（2016年7月1日）南溪村党总支也和全国一样，组织全体党员和入党积极分子，共同欢庆中国共产党建党九十五周年。参加人员构成情况是：1.南溪村全体党员和南溪村入党积极分子，约共70人；2.黄山镇党委和政府下派指导和参与活动的黄山镇党委副书记和永红同志，以及黄山镇人民政府李副镇长、黄山镇驻南溪村委会的新农村建设指导员张云龙同志；3.玉龙县委党校理论教员李老师等三人。

南溪村党总支的基本构成情况是：

党员下设：上片党支部（文屏村民小组及金龙村民小组）；中片党支部（满上村民小组、满中村民小组、满下村民小组）；下片党支部（旦前村民小组、旦后村民小组、鹿子村民小组）。党支部下设党小组（每个村民小组为一个党小组）。除村委会党总支书记、副书记、村委会主任、村委会副主任、村委会经济监督委员等几位正常享受国家发的半脱产人员工资外，总支委员、党支部委员是没有任何津贴的。党小组长和村民小组长等同享受国家年津贴（约每年2000元左右）。

党员除本村委会村民外，还有从国家机关、事业单位、工厂退休后回南溪村养老的人员。现有和桂花（从玉龙县计划生育委员会退休）、和国贤、和尚勋、和正文（从黄山镇中心校下属的南溪完小退休）、和士高（从丽江市印刷厂退休）五位。

活动内容：

1.党总支书记兼村委会主任和继武代表南溪村党总支委员会和村民委员会，向大会人员介绍了南溪村现在的基本情况和未来五年的规划目标。

2.黄山镇党委副书记和永红代表黄山镇党委、政府作了发言。

3.玉龙县委党校理论教员李老师讲了"两学一做"的党课。

4.各党小组组织座谈欢庆活动。

和继武书记在介绍时说："当前和过去几年，我们南溪村在上级各级党委、政府的正确领导下，在政府各级部门的指导和支持下，各方面的建设和发展是好的，上级领导是满意的，村民是满意的。由于去年村民的玛咖价格下跌得厉害，村民的经济收入比往年少了好些，但对村民的生产生活影响不大。因为南溪村民想办法，克难关，千方百计弥补玛咖带来的经济损失，村民的劲头令人鼓舞。我们一定要和全玉龙县人民一起为摘掉'全国贫困县'的帽子，把我们南溪村也和全县同步建成山美、水美、村美、人美、环境美的大美玉龙而辛勤劳作。"

接着，黄山镇党委副书记和永红代表黄山镇党委政府发言。他首先传达了玉龙县之前召开的党代会精神。县委已下决心并做出决定：从2016年开始摘掉"贫困县"的帽子；要带领全县人民实现脱贫致富，逐步实现小康玉龙的目标，使全县各族人民和全国各兄弟民族一样过上好日子，要做到精准扶贫。

最后由玉龙县委党校理论教员李老师讲"两学一做"的党课。李老师以理论联系实际的方法，讲解了习近平主席提出的党建理论，讲解党在社会主义时期的基本路线，以及在我国坚持一百年不动摇的依据。李老师由浅入深地给村里党员上的这堂党课，使党员们听了以后，对党的理想信念更加坚定。

今年的建党节，经过县委党校李老师的党课培训后，南溪村的党员们对党的宗旨、理想、信念有了进一步的了解。这收获是往年建党节未曾有过的。随后各党小组就上述内容分组进行了交流座谈。

南溪村干部们的个人德行和集体风范与时下中国农村很多村干部—老板"双肩挑"①的村干部形成极大反差，不仅清廉苦干，拿着每月 1700 元且时常不能按时到位的薪金，靠着家庭的反哺，干着远超薪值的烦琐村务②。更让人肃然起敬的是他们对党和国家政策均有着朴实而准确的理解，以及坚定的执行力。当"为人民服务"几个字从他们嘴里说出来时，显得那么朴实自然，让我们感受到其本有的内涵和力量。截至 2018 年年底，他们经过大量艰苦扎实的前期工作，获得 2018 年脱贫攻坚第三方评估高度评价。当评估方问和继武书记有何感想时，他坦然说道："我只希望老百姓比我富了，全村人民都走到我的前面，我也就问心无愧了。"村领导们还骄傲地说，南溪脱贫建档立卡户全部都是因病因残致贫，没有好吃懒做不思进取的懒汉。其实这也是全体南溪人的特点。

村委会领导在岗的长久性、持续性，以及他们的奉献精神和服务精神

---

① 当我们在访谈中问起这种"双肩挑"现象时，时任玉龙县总工会副主席李世强说，外面的村委会选举中，有所谓的老板来买选票，他们其实就是希望当上干部后能够有两个方面的便利：一是追求一种政治荣誉，二是希望利用村委会来拉一些项目工程并从中牟利。对这类人而言，工资根本不是他们主要的收入，他们也不会太在意多少。但是在南溪，从来都没有这样的事情。李主任还说，其实有些有收益的社区里，是有部分的公务开支可以让基层干部自行支配的，或者在有些村落里，他们有村级集体经济收入，比如由村办的企业，或者是有土地征用的赔款等。但是像南溪这样的山区，根本不可能有这样的途径。

② 现在村委会的干部基本都是 1700、1800 元 / 月的工资，非常低。他们每天来往村镇都自己开车，自己贴油钱以及在外吃饭等的花销，所以工资连自己的开支都保证不了。和继武书记说他每年都差不多要从家里再拿 1 万多块钱补贴自己花销，现在已经干了 20 年，往家里也拿来差不多 20 多万了。把他们这种做法叫作"家庭反哺干部"。这种情况在山区普遍存在。

对于村落振兴是重要的保障。透过日志，不忘初心的意义在记录员这位老者身上，在村干部身上具有了别样生动的阐释。

## 二、一家之主的男人们

2004 年初，一场"别人家"的山火，将村落里的男人们集合在一起，大家在有序领导下统一行动，控制了火势，最后扑灭。大家摸黑回家，劳累但有一丝兴奋，同时还有自豪感。这一行为还反映出南溪这样一个民族山村人心向善，村寨集体力量的动员力、集合力并未丧失这一良好态势。这个态势不仅见于扑灭山火这样危险性极高的行动，还在下面各种各样的集体性活动中得以反映。不可否认，当代农民在个体化生产经营以及经济市场化过程中，小农意识、唯利是图意识在某种程度、某些方面被强化，自私自利思想行为逐渐不被社会所谴责。但任何事物的存在和发展从来都不是单向度的，平衡、中和是自然与社会存在与发展的必然规律。长期个体化的生产生活现状使得村民对久违的集体劳动发自内心的乐于参与甚或向往，对集体的力量仍然抱有敬畏态度，对集体利益和他人利益依旧看重，舍己奉献的精神依旧被赞扬和延续。这是边疆民族农村活力尚存，可持续发展潜力依旧的根本因素之一。

事件的直描式记叙，记录人并没有可以去挖掘背后宏大的背景意义，但具体的、连续的事件、生动的细节，可以让我们以及外来的读者从各自的视角和关注点，自然而然地读出事件背后不同层面的社会意义、文化价值等，这是日志话语的另一层价值所在。

（2004 年 2 月 26 日）下午两点左右，文笔山后面的山上起火了。火烟浓浓，镇党委政府打电话通知在开车营运的书记和国军"赶快灭山火"。和国军接令后迅速赶回村中组织满子师三个自然村（满上、满中、满下村）的村民赶赴火灾现场进行扑火。部分镇领导及干部也赶到现场组织指挥救火，村委会书记和国军、主任和继武、副主任和丽军也参加了指挥的行列。人民群众出于热爱家乡、热爱自然、热爱森林的高度责任感，与烈火展开了英勇的搏斗，大家齐心协力，有的开挖隔离带，有的扑打蔓延的火苗，到7时左右把大火控制住了。为了防止风起火燃，满上村和文屏村各选了身强力壮的男人20名，睡在火灾现场，严密监控，和国军、和继武、和吉红（林政员）、和习红（旱季巡山员）都在场和两村群众一起坚守战场。火扑灭后，满中村和满下村的群众摸黑回家，大家感到很累但很高兴，帮助邻村扑灭了山火，保护了其余大片森林。同时也感到很自豪，因为这么大的火灾，拼搏三个小时左右就战胜了。大家深刻理会到了"民心齐，泰山移"这句名言的真实含义。

2006年11月，村民和永光吃过早餐就去山上采剥松苞，不知道什么原因，天黑了也没回到家中来。家里的老人赶快找到了大儿子和二儿子，联合着家族里的人开着汽车、拖拉机上山寻找，但没有结果。村民们听闻消息，也陆续到和永光家表示慰问，并提出一方面去找算命先生算卦，一方面发动村里的人上山寻找的方案。

11月15日，满下村寨的绝大部分男人(每户一人)，个别户二人，如：和万红、和仕闰两弟兄，和尚军和朝柱两父子，参加了寻找和永光的活动。他们分成五个组，两个组分别去九河乡及金山乡，因金山乡的算命先生不在家，后到七河乡三义村打卦；两个组进村查询；和圣华、和亚华、五光三人到邻村吉子，高且到汝南；和仕闰、和亚军、和永贤组到后山木梳村、鲁图村、寒近洛村查访。上山寻找组(约五十人)分成三组寻找，年轻组由和永红带领去远点的木梳村背后查找，中年组由和顺明带领到鹿子村东南部山上寻找，老年组由和永良带领到鹿子村东山上寻找，还有妇女组到旦都村南边山上找。通过寻找，只找到前几天和永光丢失的篮子，手锤及剥到的一些松子。每组都带有手机或移动座机，随时都在联系。各组人员，走过一村又一村，翻过一岭又一岭，到天黑都未找到和永光的蛛丝马迹。人们在推测有两种可能，一种是摔死在山上，一种则有可能走到别的地方。和永光本人前些年因患轻症精神病，现时有复发的可能。他患此病而一直待在家三年多，偶尔出去劳动才有半年时间，以前两母子的农活大多由和永红、和永良、和永军家帮忙完成。

11 月 16 日，满下村寨每户一人自觉参加寻找和永光的活动……太阳已快落山，筋疲力尽的村民都到和国南家喝水充饥。吃过晚饭，失去希望的村民无精打采地坐在火边休闲，到 7 时接到从汝南打来的电话，说在汝南发现失踪的和永光，两兄弟相拥而泣，他们家族的人都激动得放声大哭，泪流满面。大家都不停地说："老祖宗保佑着他，是老祖宗把他领回来了。"原来和永光并不是人们所想象的旧病复发，而是在深山密林里迷失方向，在山里过了三天三夜，第四天下午才认出方向而自己回来。

男人们作为家庭代表，总要参加村落的各种集体活动，无论是有偿的还是无偿的。集体挖树卖树、认定村落林地界限等——"每户一名男人"或者"各户的户主"——男人们干得不亦乐乎。

记录人叙述这些集体性事件的过程，实际上也是特定集体劳作内容、程序和乡土知识的展示过程。而记录人的叙述方式并非说明书式的，而是白描情景式的。顺着记录人的记叙往前走，特定的景观自然而然地扑进你的视域；而当你不加分别任由这些包含了事件、背景、人物及其动作、话语、动作、表情、器物等素材的景观占据你的眼睛和心灵时，仿佛是佛学修行中所说的"观照"① 到景观，而非仅仅是看见或听见；亦非深描还是浅

---

① 佛教修行者修习禅定到一定层次后，看待事物时具有一种全息式的、同时观摄事物外相和事物意义的能力。通常也会用"照见"指代之。本文借用这一概念，试图表达另一种对知识的认知途径和方式，以及效果。当我们与日志特定的记录方式和记录内容进行互动时，感觉事件、人物、情绪、背景知识等所构成的图景以一种有别于通常的阅读感的形式直接进入我们的心田。

描，更非建构和阐释。事件和意义就在那里，无关其他。

（2004年7月9日）满中村全村每户一名男人，集结于足球场东边（满中村南边约两百米）的小山上，进行集体挖树卖树活动。每棵树卖价50元，都约三米高、挖时根部带土球。总数要500棵。这些树是由黄山镇五台行政村中和自然村的老板买了后，又种到云南大学丽江市旅游学院的，有7辆大型农用车来拉，今天拉了200棵。

（2006年6月19日）满下村58户每户一位男人（在城里开车的也回来一些），组织了集体公益活动，内容是上山砍木料。和学仁(61岁)、和玉祥（女）两人在村口排沙铺路。到山上抽烟休息片刻，村民组长和国兴布置任务，每人砍二根长九尺五寸的椽子，一根长一丈二尺的梁头（粗要天心三寸），不能砍邻村的树林地。他的话音一完，大家四处散开钻进树林去找料子砍，大家都首先保证质量。抬不动梁头的互相帮忙，两人抬一根。

这个任务完成后，抽杆烟，休息一阵，又布置第二个任务，每二人合砍一根长九尺五寸的（粗天心五寸）料子，并派专人砍两根一丈四尺长的过梁。砍到后陆续上车转回。今天很幸运，天阴而不下雨，所以一路很顺利地到家了。到家后下好车，先吃午饭。午饭后在木料堆旁休息，准备剥料子皮。大家说说笑笑，说笑话的也有，吹牛皮的也有，谈天说地的也有，有些还谈到老年人要有个老年协会的想法。好久不在一起劳动，今天聚在一块，真是另一番情趣。剥好料子晒好后，又回家拿了锄头去草坝里挖沟排水、修桥。一直干到下午4点左右，人多力量大、效率高。收工后，青年人和中年人又去赛足球，输家要请120元的酒。尽管中年组拼尽力气，使尽技能，也踢不赢青年组，青年人手脚灵活，跑得快，胜券是他们的。

（2008年3月13日）上午10时左右，满中村每户一个男人，驾驶一辆手扶拖拉机，排成长长的车队，气势浩大地开往东面山上去。他们是要去砍卖给种药材的老板杨老三在满中村建盖他们的"玛咖公司"用房的材料的。他们把车开到目的地后，抽烟休息一阵，利用休息时间，和国高把所要砍的各种木料的数量、规格向众人宣布，并讨论采伐的方式。通过大家讨论，认为还是以集体的方式砍采为好，于是就分工找各种不同大小、不同规格的木料。等各组把要砍的数量砍足后，就地吃午饭休息。

吃过午饭，大伙上车，并把每辆手扶拖拉机上的料子用钢丝绳拴得结结实实的。

这几则日志在叙述村社集体劳作活动的同时，反映了一个问题：直到2008年，南溪的森林木材砍伐还是按不同规模地进行。

接下来，农村各村寨间的地界划定和确认对我们是件新鲜事。

8月20日，南溪满下村召集各户的男主人（在城里开出租车的已在早晨返回家参加），去跟古城区七河乡前山行政村行茂洛村定林地界线。此前，林改工作组及满下村组长、副组长及两个识得山界的老村民曾去认定。但那天，因行茂洛村全体男性都来参加，很大一部分年轻男人不顾历史依据乱认山界，故这次满下村召集了各户的男主人参加。

快到交界地，工作组长和寿生要村民组长和永红向户长交代注意事项，有些村民主张一拥而上，全部去界线谈，但工作组长要和永红选几个代表前往交界地与七河乡工作组及行茂洛村人认定界线。和永红挑了十来个人，他特意请历次都参加山界认定划分的老人和福祥一同前去。结果，行茂洛村今天照事先约定的干部代表来了，没有以前乱哄乱叫的现象。他们的干部和代表依照历史，认定界线，由双方人员捡来石头把原来的山界标记垒大点，双方林改工作线人员忙着制图、填表、摄像，最后双方干部和代表在认定书上签名、盖章。

回到村里，和永红对大家说："今天很顺利，照历史上划的界线认定了，我们村历来既不要别人的，也从不失去自己的，以后的村界认定要像今天这样进行，随时通知随时到场，大家都累了，喝点酒和饮料。"于是大家坐在球场旁的房子里喝酒闲谈，大家有的谈过去，有的谈今天的经过，有的谈未来，大伙都谈得津津有味，有些村民一直到太阳落山才散去。

（2009年1月2日）满中村村民组长和国高、副组长和万里，带领满中村村民（每户一个成年男人）到2008年下半年划定的山林界线外走走，记一记。他们先去看与前山村委会高龙村民小组交界的地方，接着看与南溪村委会金龙村民小组交界的地方，接着去看与满上村、满下村交界的地方。他们这样做，其目的是想让满中村村民都知道一下本村的山林与界线，以防被别人强占了去，人人都知道一下界线，不至于丢了自己的林地，也不至于去乱砍邻村交界处的树木。他们的这种做法是好的，很值得各村民小组学习他们的做法，让村民都知道各村的林地和界线，对管好本村的树木，不乱砍别村的成材木是很有益处的。这样做，不至于以后发生误会，产生打斗和矛盾。

看完山林界线回到家还有好些时间，就召开了会议，公布2008年满中村经济收支情况，以及商定轮流看山的问题。

所谓一家之主，不仅仅是对外的家庭代表，还要在家庭内部的生活和劳动中体现不一样的位置。犁田、杀猪都是需要力气和勇气的活计，男人们当仁不让。而在大年初一这样的日子里，每家的男主人更是早早地起床烧火喂猪，还带上孩子上坟山祭祀祖先。

有关杀猪活动，记录人的直描中，带上了一些冷幽默。

（2004年12月16日）村民和朝泽及和永昌家杀年猪。两家主人一起床就先烧烫猪水、做早点。这顿早点一般做馒头或油煎粑粑，待来帮忙杀猪的人陆续到来时就请吃早点，喝茶喝酒。等烫猪水开了，大家再一齐喝杯"抓猪酒"，凡是在场的男人都必喝这杯酒，等这杯酒喝完，就开始抓猪。和朝泽家，帮忙杀猪的人比往年少了四五人，有人担心人少抓不翻猪，就叫主人家和朝泽用绳子拴住猪的脖子，拉出按翻（这样做省劲些），拴牢嘴巴和手脚后再由两人压住；他们用同样的办法把另一口猪也按倒捆好。第一口猪大些，主刀人和万琼，一手提着猪头，一手持刀杀，可刀子怎么也戳不进去，于是把头放下，又去磨刀。这样进行了四次，也戳不进。于是六旬老人和建良争着来试，别人都笑了，笑他不自量力，笑他不会成功，他在一片笑声嘲语中拿刀使劲戳，果真戳不进，就叫主妇和秋谷去邻居和作典家借把杀猪刀来，再由和方琼主刀。这次泉水般的鲜血喷涌出来，猪挣扎几下就呜呼哀哉。猪杀死后，几个人端来滚开水倒进大木桶里，先烫大点的这口，一部分人烫，另一部分人在杀另一口猪。第一口猪烫好了，接着在烫第一口猪的水里放下第二口猪，同时端出两桶锅里的开水，倒进木桶里。这口猪烫了好久，猪身上的汗倒烫得干净，但毛却烫得不干净。大家议论开了，有的说怎么这样难烫净，有的说第二口猪应该比第一口猪还好烫净，我们以前杀猪都是这样的。一个有了年纪而缺乏经验的人说，"我刚才往锅里掺了点冷水"，大家都说就是这个原因，所以难烫净了。人们只好把猪拉上来放在桌子上，找来松脂，沾在拇指和食指上来黏烫不净的猪毛，大家七手八脚硬把猪毛粘得一干二净。到12时半，两口猪都收拾完成。年轻人就动手做饭，上了年纪的人则休息……吃过午饭，女人们忙着准备做晚饭，男人除了做米灌肠的一两人外，其他人都休闲喝茶。

（2006年1月29日）公鸡报晓头遍后，就陆续听到噼噼啪啪的鞭炮声，这是年轻人迎接新年的欢乐举动。

早晨，每户村民都由男主人先起床烧火、喂猪，妇人则睡懒觉，直到男人喂完猪时才起来做吃的，一般都做糯米粑粑、虾片、粉皮，一边做一边先把上坟祀奉祖先的装好一盒。吃完饭后男人领着小孩带着供品去坟场进行供奉祖先的活动。

类似大年初一这样以劳动体现男主人地位的日子还有腊月二十四，这是大扫除的日子，每家每户的主事男人们要把厨房打扫得干干净净。

（2011年1月27日）今天是南溪村传统的"腊月二十四，旧年扫除去秽"。过去的今天，每家每户的主事男人要把家里（主要是厨房）打扫一新，他们用一块妇女围头的布块把头和嘴围住，只露出一双眼睛，手举长扫帚把扫厨房里的烟灰，从瓦片到横梁、椽子、过梁上都扫得干干净净。再把火坛打扫干净，接着收拾厨框及菜桌，把不适用的东西及挂了几年的猪尿泡、猪头骨都清扫出去，又准备在原处挂上过新年煮食后的猪头骨（牙床及牙齿这部分）。打扫完后，把扫到的烟灰和灶灰背到地里，或者专门堆在一处存好，准备撒麻子时作底肥撒在地里。

现时，五十岁以上的南溪村民还基本保持这样做，家里没有老人，只有五十岁以下的壮年人主事的家庭，不那么注重这一传统的规矩，但也有些年轻人还是学着老者的样子做。

5月1日是国际劳动节，但是在南溪男人们的眼中这是"男人节"。关于"男人节"的来历是在2010年5月1日的记录中找到的：在2005年的5月1日前，村民们都集中在"联营公司"前的空地上打牌，有村民说："三月有妇女节，五月有劳动节和青年节，六月有儿童节，九月有老人节，一年里就没有个男人节，妇女、儿童、青年们每年都在欢度自己的节日。今年五月一日我们成年人也约好去水源边打牙祭聚餐娱乐吧！"于是在场打扑克、玩麻将的成年男人都表示赞同，自此就有了南溪满中村的"男人节"。

南溪村的男人们确实将每年的5月1日过成了自己的节日，从2006年到2009年的日志中都可以看到"男人节"的完整记录。男人们凑钱买猪买鸡，吃饭、喝酒、打牌，甚至都开始相约着去大理洱源泡温泉。

（2006年5月1日）今天是"五·一"国际劳动节，在城里读书的学生及本地小学生们欢度"五·一"长假。村民们各自忙着各自的农活。

满中村的壮年男子自发组织了"男人节"，五福海、五四村、五四环、五福军等十多个男子参加，有的出了20元，有的出10元（出

10元的那部分人白天去帮满上村五富前家竖新房)。他们买了两口乳猪到满中村水源的草坪上杀吃,"打拼伙"。由出20元的那部分村民负责杀猪做饭,并吃一餐中午饭。帮忙竖房子的人只吃晚饭。晚饭后休闲、喝酒、娱乐到深夜。这是在南溪村寨组织的第一个"男人节"。

(2007年5月1日)南溪满中村的村民以休闲、打牙祭的形式来庆祝劳动节。休闲娱乐,打牙祭以男人为主体进行,具体方法是所有的成年、壮年男青年每人凑钱买来糖果、瓜子等食品,摆放在五三福小卖铺前的天井里,供来休闲的所用人吃。全村寨男人除了打工、在外脱不开身的(在观光大酒店打工的和志强,在照相馆打工的和建新,以及长期离开家庭不归家的和万春三人)外,都回来参加庆祝活动。大伙买了9只鸡(每斤价12元),一只鸭(每斤10元)由不喜爱娱乐的男人操刀宰杀,做饭。做饭的地点也就在五三福的小卖部边的空房里。其他男人在五三福小卖部天井里打牌,打麻将,有的进行"三斗一",有的进行斗地主,还有的进行"哈鸡"。围观的人群包括妇女、青年、老奶奶。到吃饭的时候他们中间的年轻小伙子请村里60岁以上的老人(男性)来同大伙免费用餐,但绝大多数人都很客气,请不来,只有和国良来参加。吃完饭,饭碗一丢,又开始继续打扑克、麻将,虽然有点经济刺激,但数额不大,只是为了消磨时间。

杀鸡做饭的人收拾完锅碗后,算了一下账,每人合23.5元。人们听到后,立即从包里拿出钱来,由村民组长和国高收齐后,转付给卖鸡卖鸭的村民,并付清了五三福的糖果瓜子、酒、饮料的钱。算账付钱诸事结束后,做饭的人们也加入了围观的行列,这更加助长了扑克麻将的爱好者们的斗志,他们迟迟不肯散去,到零时左右才有部分观看的村民陆续离去,玩扑克、麻将的斗士们到凌晨3时半才散去。

(2008年5月1日)南溪各自然村的村民以劳动度过这节日,而南溪满中村则以另外的一种方式来欢度"五一"国际劳动节。自2006年5月1日在满中村男村民和春红、和丽功、和国启、和国军、和三六、和仕军等人的倡议下，把 5 月 1 日定为南溪满中村"男人节"。他们的理由是，目前国家还没有"男人节"，五一正逢农活较松季节，可以休闲吃喝玩乐一下。这个倡议得到全村成年男人的赞成和参与……

（2009 年 5 月 1 日）南溪村民的过节方式不再像以往那样用劳动方式庆"五一"，而是逐渐在改变。以南溪满中村为例，他们在四年前（2005 年）开始，村中的成年男子、壮年男子自称五一为"男人节"，而进行聚餐打牙祭。前年在满中村水源边野餐，全村青壮年有三十个参加；去年在小卖部门前场地里聚餐、打牌、打麻将直到深夜。今年有人提议到洱源县下山口（大理地热国）洗温泉澡休闲一天，有些人赞成，但有一部分人只愿在本村打牙祭休闲，这样就产生了两种过节形式。"鱼化龙"家族和"纳布"家族的二十余个男人前去洱源观地热情景，看看外面的景象；其余二十多个男人则合伙买了五只鸡，带着餐具，饭桌，用手扶拖拉机拉到满下村的"鸡冠山"背后"跌水岩"边野餐休闲。

这充分体现了在发展经济的同时，山区村民过节，休闲消费方式也在发生着明显的变化。


# 三、三八节的女人们


女人们的村社集体活动，比较集中地表现在三八妇女节中。每年都不间断地将妇女们召集在一起，唱歌、跳舞，积极地参加政府组织的节庆活动。或许是因为日常的妇女们更多地隐没在家庭劳作当中，少有抛头露面的场合，因此在专属妇女的三八节这个时段里，妇女们往往彰显出更多的热情。另外，也许是因为基层组织中妇女主任角色的设置，推动了三八节日的活动；相比男人节，妇女们的活动不仅组织性更高，内容更丰富，自娱的同时无形中起到了传承纳西族传统文化的作用。日志的相关叙述，让我们清晰地看到以纳西族传统歌舞为主的传统文化在当代是如何传承延续的。女性以大地母亲般的耐力和胸怀，维系家庭，关爱温暖家庭，在当代传统文化传承中处于基础性地位。

（2004 年 2 月 29 日）村中妇女们这些天来，吃过晚饭后都集中在村委会妇女主任杨耀秀家里排练出席黄山镇政府组织的庆"三八"活动的节目。她们排练的节目以"民族打跳"①、"十悲"为主要内容。

（2004 年 3 月 5 日）村委会妇女主任杨耀秀组织了满下村妇女演出队在她家院坝里进行预演。下午，参加演出的二十多个妇女同志们穿上节日的盛装，梳理着整齐的头发又到和六娘家院坝里进行了预演。院坝里挤满了观看的人群，男女老少都有，最大的有八旬多的老妇和兔，最小的有还不到半岁的男婴和丽东。就连南溪完小的学生也由三个老师领来观看，把整个院坝挤得满满的，水泄不通。妇女演出队以嘹亮的歌声、动人的歌词，以纳西族"十悲"②的对唱开始，歌唱共产党的好领导，歌唱实行计划生育的国策带给妇女们的幸福，歌唱妇女当家做主人、顶着"半边天"的功绩。以优美的舞姿边舞边唱各级党委政府对妇女儿童的关怀。观看的人们赞不绝口。云南大学纳西族村寨日志记录员和尚勋老师用相机摄下很多幅优美的照片，还为全体演出的同志摄下了合影照。③

（2004 年 3 月 6 日）满下村寨妇女演出队身着纳西族的节日盛装，

---

① "民族打跳"是云南特别是滇西北少数民族传统圆圈歌舞的统称，具体种类很多，以欢快喜庆为主旋律。

② 纳西族情歌调式。

③ 最后这一句叙述，表明了记录员不仅在场，还在观察的基层上进行了影像记录的工作。这也是村民日志记录的另一个特色，不仅有事后的文字叙述，还会在某些场合展开即时的影像记录，与文字记录相互映照。我们感到比较遗憾的一个问题就是南溪的村民影像记录，虽然有大量的资料，但限于和尚勋、和丽军两位影像记录员没有学会编辑，没有专题的民族志影像制作。

由杨耀秀同志带领,分别乘坐村委会书记的车和满上村五卫东的车去参加黄山镇在中心校球场举办的庆"三八"活动。

她们是排在第三个登台表演的。当她们的节目进行到中间段时,全场响起了雷鸣般的掌声。演出结束时,再次响起了经久不息的雷鸣般的掌声。有的甚至高喊再来一次。有的老人交头接耳议论道:"南溪妇女至今还承传民间的艺术,不简单。"主席台上的领导们也窃窃私语:"歌词内容的丰富健康,歌声的婉转动听,舞姿的古老而优美,体现了纳西族妇女的勤劳、善良、热情的特点。与现代舞表演相比别有一番趣味。"评奖得了第二名。

晚上她们还到丽江市古城四方街跳,到 11 时还在丽江市七星街跳,得到了观众的好评……

她们第二天早上分手后,有些会晕车及到过云杉坪的妇女十来人回来了。有些没有到过云杉坪的妇女相约到云杉坪游玩了一天。

2005 年三月初一场大雪下了三天三夜,人们几天来都没有办法出去劳作,但是三八妇女节的庆祝活动还是要参加的。

今年的"三八节"庆祝活动轮到旦都前村妇女出节目。今天由和国军、和福兴、和七三开的三辆面包车把旦前村妇女打跳、唱歌队拉到玉龙纳西族自治县新县城(五台)所在地参加玉龙县庆三八活动。村委会妇女主任杨耀秀、村委会副主任和丽军、村委会副主任和继武也参加了活动。

2006 年,即使政府没有组织表演活动,但村子里的妇女们还是要热热闹闹地过节。

今天是三八"妇女节",满下村寨的妇女们聚集在和仕闰的院坝里休闲,接着跳舞、唱歌,还进行了女扮男装的情歌对唱,狂欢了两个小时以后,又进行"打拼伙"(打牙祭)。在满下村寨,身负繁重家务的妇女"打拼伙",近十年来还是首次。到 6 时吃饭,边吃饭边相约要到城里逛夜景,起初有近二十人要去,结果,因当天时逢南溪村寨的"祭祖节",有些妇女需回家给老祖宗敬酒,因此,结果只有十人去。她们以100元的价格包了村民和圣华的手扶拖拉机去城里。8点到城里,逛到午夜两点多返回,3点多钟到家。

这天的部分妇女尽情地欢乐了,家里人也支持她们这样过自己的节日。

南溪行政村妇女主任杨耀秀(满下村寨人),参加黄山镇妇联组织的旅游队到泸沽湖旅游观光。在此前她已去过广西桂林、大理等风景名胜区。在行政村一级干部中,数她的旅游机会多,这也是党和政府出于关心妇女干部的原因吧。①

2007年,妇女们改变了以往的庆祝方式。

尽管交通不怎么便利,但她们成群结队租车到城里游玩,以逛公园、景区为主,并在丽江古城四方街与城区、坝区妇女共同打跳。下午8时后还在丽江古城四方街跳起了"喂慕达",引来了众多观众,有些半会不会的中老年妇女还参加跳了起来。领唱的妇女和秋谷,声音清脆,音符清晰,合唱的众人也就整齐有序了。接着她们又唱起了"十悲"(纳西情歌),悠扬的歌声在回荡,听众越来越多,不想离去,赞不绝口。到12时她们离开现场,离开时好多妇女都拉着她们的手说:"我们跳个通宵吧,这样的纯纳西调很难听到。"妇女们都说:"我们今夜得回家,我们正处于种洋芋的农忙时期。"城区妇女们说:"那在三朵节又来吧!我们在这儿等候你们。"南溪妇女则说:"相见在明年三八吧!我们地方三朵节正忙。"听众都在议论,让她们多留一下,我们多听一下,那有多好哇。她们在凌晨4时左右才陆续回到家中,都感到今天很愉快,很满意。

2008年,随着社会经济文化的发展,山村妇女的自我意识得以不断

---

① 记录人(包括一般村民)对南溪妇女主任杨耀秀的评价应该是褒贬各半,但没有直接言明。如果从国家农村基层建设的角度,还可以有更多的解读。下同。

松绑和绽放，她们以不亚于城里和单位的妇女的，但又不同的方式欢度自己的节日。

南溪行政村妇女委员杨耀秀应黄山镇卫生院的邀请到大理地热国、大理风景区等游览。她兼任卫生院的南溪防保员，因此每年的"三八"节她都随黄山镇女干部或黄山镇卫生院女医务人员外出游览。丽江境内的景区都已游览过，最远的地方去过广西桂林，观赏过甲天下的桂林山水。

村中的妇女虽没得到公助游览，她们也不示弱，自费结伙去丽江境内的风景区游览，用这样的方式庆祝自己的节日。今天满下村妇女结伙包车到虎跳峡游览，她们观看到了虎跳峡险、峻、奇的景色，有些妇女还惋惜地说："要是也能看到汹涌的金沙江水推波助澜，凶猛闯过虎跳峡的猛劲就更好了。"最近几年以游览方式庆祝"三八"节的妇女，基本上逛过近郊的景区，使她们增长了见识，开阔了眼界，懂得了丽江以旅游促进经济增长的做法。

2009年，南溪村委会出面组织了庆"三八"活动。

活动仪式和节目主持人是南溪村委会妇女主任杨耀秀，及满中村村民组长兼南溪村委会团支部书记和国高，他俩轮流主持。主席台上就座的有村委会书记兼主任和继武，副书记和国军，副主任和丽军以及各村民组长、副组长。开幕式上和继武书记作了开幕词。活动内容是纳西族打跳，每个村民小组的妇女上演两场，共十六场，场场都跳得很整齐，妇女们的舞步和舞姿伴随着动听的乐曲，真是美不胜收，观看的村民常常报以热烈的掌声。其中满下村妇女和满上村妇女跳的节目里还反复出现了"三八"字样的阵容，充分体现了妇女们热爱自己的节日，道出了妇女们自尊、自重、自爱的思想感情。满上村妇女打跳的一个场次里插了一段纳西族情歌对唱（十悲），很动听，仿佛所有在场的老人们返老还青，附和着打跳队轻轻地唱起来，活跃极了。

从北京来的一位女记者（恒信生物种植有限公司杨董事长的朋友），以及种植公司和春华用摄像机把今天的全部活动内容拍下来，并且还答应制成八份光碟，送给每个村民小组一份作纪念。在场的和尚勋老师也向杨董事长要求帮他制一份，以便提供给云大调研基地作调研之用，杨董事长满口答应。

3点钟，庆祝活动结束，村委会领导给各村发了奖（每个村民小组获纪念奖状一块及黄山镇政府下拨的活动经费400元）。回到各村民小组后，各村民小组都组织所有妇女打牙祭、买鸡、煮肉、闲聊，各村都呈现出妇女们集于一处的景象。

2010年，政府层面没有组织专门的庆祝活动，但各村的妇女们都没有放弃开心过节的机会。

她们大多以出游大理、丽江风景区的方式庆祝自己的节日，连六十岁的部分妇女也参加了这样的活动。这部分妇女的行动，充分体现了下一代（儿子、儿媳）对公婆的关心，体贴爱护。如果是儿子、儿媳不孝顺长辈的家庭，公婆外出参加消费活动是不可能的。这部分老年妇女的参与，同时也体现了南溪社会经济的发展，说明一贯以艰苦为荣，以节约为本的山区人民，在一两天内消费三五百元钱，家庭已能承受，不须再像十五年前那样做什么都节节约约的。

2011年，妇女们走得更远了。

政府没有组织集体活动，她们就以逛街游景点的方式来欢庆自己的节日。满中村、满下村的妇女们有的包了车去游虎跳峡，有的去游观音峡，有的去游览玉水寨、玉峰寺等景点，没有统一组织，以平常脾气合得来为基础，相约在一起去景点游览。但有一个共同点，就是到傍晚7时半时全村妇女要相聚在古城四方街，和其他地方来的妇女们一起打跳，共度"三八"。到夜里两三点钟妇女们才回到家。

满上村的妇女们却有些例外，与往年的"三八节"截然不同，好像今年的"三八"不属于满上村妇女们似的，她们都悄悄地干活，种洋芋，全身心地投入到春耕生产热潮中。经打听才得知，现任玉龙县人大代表的满上村妇女和桂花，已在前些天召开的玉龙纳西族自治县人民代表大会第三次会议上，向有关部委要了点满上村妇女们赴昆参观旅游的经费，并得到允诺。所以，全村妇女期待把洋芋种完后（清明节过后）去昆明一趟，打开眼界，增长见识。妇女们都为和桂花的精明能干所感动。

年复一年的三八节，唱歌、跳舞、集体打牙祭、逛街、旅游，似乎就是生活的循环往复，乍看没有什么特别吸引人的东西，但把历年的记录串在一起时，可以看到其中的很多变化。妇女们从参加政府组织的舞台演出，到因为喜爱而自行加入到古城四方街的打跳、对歌，临时性地融入城镇的特定场景之中；从节日时克服交通不便到城里逛街游玩，到集体组织去到各个旅游景区旅游，再到有人大妇女代表为集体筹得旅游的机会和资金。一点点，一步步，妇女社会生活的变化都逐渐体现出来。

另外一个细节，从她们成为历年三八节这一天丽江古城内四方街的打跳、对歌主力这一事实，以及受欢迎程度来看，传统文化在南溪妇女身上仍然具有鲜活的传承力。

将记录人历年有关三八节的叙述串联起来阅读时，明显让人觉得一种节奏感，年节的节奏、活动内容的节奏、心情的节奏，还有这些节奏背后社会经济文化发展变迁的节奏。这种节奏缓慢而有力，仿佛是被南溪传统情歌调式"十悲"的节奏所带动，质朴却动人心弦。这种节奏感首先来自被妇女们赋予了特殊意义的节庆，然后被日志这个特殊的媒体所传动。

## 四、火把节悲喜剧

农历六月二十五日至二十七日是纳西族的火把节。传统上主要有斗牛、斗羊、燃火把等节日活动。20世纪60年代初以前，火把节是居住在丽江南片山头所有村寨年轻人的交游性节日，居住在南溪、太安、吉子、天红、汝南、前山、后山，乃至七河小南溪村的青年男女云集在吉子与南溪之间的山头上，唱情歌、叙情爱、结深情、订终身，一直到太阳落山才返回村寨。尽管很多情况都发生了变化，但集体欢度火把节的基本内涵一直存留下来。

（2004年8月10日）今日是"火把节"，饲养牛的村民们一起床就破例地把牛牵出厩去田间和山野放牧。一直放到11时左右，让牛吃得饱饱的才拉回来喂盐水。这天可算是牛儿们一年中最快乐、吃得最饱的一天，因为这天村民们无论怎样忙，也要把牛拉出去放，回到家再喂上一桶盐水，真是吃饱喝足，满下村寨的纳西族一年中给牛喂盐水的也只是这一天。到12时（比平时晚三个钟头）放牛号一吹，人们都赶着牛来到桥下面的空地上，只见牛儿们磨角踢腿瞪眼吹鼻跃跃欲斗。放牛人赶紧把牛往宽些的草坪地里赶，有些好斗的牛犊边走边斗了起来，小孩们及没事的大人跟到草坪去看热闹。这边一对，那边一对，同时斗起来了，不参加厮斗的围在一旁嘶叫，有个别的牛还乘机触上几家伙后溜之大吉。

满中村球场12时后热闹异常。金龙村的男青年用手扶拖拉机拉来三车青少年男子，跟中村青年赛球来了。他们先进行篮球比赛，双方的体能相差不大，但从整体看，篮球技术今不如昔，不如80年代的满子师年轻人。看的观众兴趣并不浓厚。篮球预赛完又约着到足球场里去进行足球比赛。

足球场是天然的，绿草茵茵，鲜花盛开，比人为的球场不知要美多少倍，只可惜该球场冬春季节干，夏秋季节有水，但年轻人火气一来就不管有水无水了。不到二十来分钟，球员们个个都全身湿透了，特别是年轻人所穿的白球鞋都因浸水而变成灰色鞋了，而且跑起来因为里面浸水而滑；白色的球衣球裤被球场的水和汗水浸得变成灰黄色的，但他们全然不顾这些，为了战胜对方，为了各自然村的荣誉，双方都在激烈地争夺和猛烈地攻击，满中村的和建新，出其不意地射中一球，最终以一比零的成绩，以满中村胜利而结束。

晚饭后，家家门前燃起了一把把火把，有些家门前有父子同观火把燃烧的，也有爷孙手拉手同观火把的，偶尔有母女同观夜景的。等到家门前的火把燃完后，青年男女们不约而同地来到球场，在球场边由和建新、和建华两弟兄烧起了篝火，青年们都陆续从家里来到球场，有的自个跳起了从学校里学到的舞；有三五个青年男女们跳起了青年"交谊舞"。到人聚多时，满上村、满下村的在家部分青年男女及小学高年级和中学生们却来到中村球场玩，于是开始了打跳。放乐曲的录音机和磁带是和振峰从家里拿来的，青年人跳了一曲又一曲，越跳越欢，一直跳到深夜3点时分才散伙。

（2005年7月30日）……到12时各家各户就把牛牵出来群放（比平时提前三个小时），牛就大声嘶叫，吹鼻子瞪眼睛，前蹄扒土，牛头撬土，在邀约干架。放牛的人和围观的群众把牛群赶到宽广的草坝里，边谈论，边看牛的动静。一头头牛嘶叫、热情接触半小时后，不少牛斗起来了，这边一对，那边一对，有五六对牛真的格斗起来了，不斗的牛也高扬着头哞哞地大叫，好似它们也要参战似的，人们边看牛斗，边防着不对斗的牛儿窜入牛阵中来帮忙。这样斗了几个小时才休战。除留下放牛的人外，围观的人们又回到村中和仕闰家小卖部，有的参加打扑克，有的参加打麻将，有的参加打台球，就连什么兴趣都没有的村民也来凑凑热闹。一直玩到天快黑时才收场回家。

火把节这天是无人下田的，即便不来凑热闹的村民也在家闲着。

下午3时后，满下村与满中村中青年们进行了场足球友谊赛。参赛者人人精神抖擞，都想把对方打败了，观看者随时都发出喝彩声，还喊"加油、加油"，为参赛者鼓劲。这些年的农村青年都是进过学校的人，都受过至少小学教育，还有相当部分是接受了初中教育的人，个别的还读完高中，所以，足球这玩意踢得较好，人人都有一手，个个都会几脚。结果以一比一战平。

2004、2005 两年都比较完整地记录村落过火把节的情景，除了传统的斗牛活动，还有进行足球赛的环节。2006 年的足球赛更是热闹了两天，和尚勋老师戏称"可能是邻近的年轻人和村里的年轻人，受前不久在法国大赛的世界杯的影响太大了"。2007 年则是把晚上篮球场边的篝火晚会推到了高潮。

　　吃过晚饭，青年或壮年每人从自家抱了一捆干柴，来到篮球场里，在球场边烧起了熊熊篝火，小孩子举着点燃的火把围着球场跑，你追我赶；青年人借着篝火的亮光在篮球场上跳舞唱歌；上了年纪的人围在篝火边看年轻人，凑热闹；还有一些喜欢玩扑克的村民围在和三福的小卖部前玩扑克。到晚上 11 时左右柴快烧完了，但年轻人还舍不得离去，就找来电线电灯，从和福生家接出电源，抬来录音机，播放起纳西打跳音乐，青年们随着乐声跳个不停，一直跳到凌晨 3 时才散去。玩扑克的这些村民更带劲了，他们一直玩到天亮才散伙。

2008 年的火把节，仍然是一大早就去放牛，让牛吃得饱饱的以后拉回家喂上一桶盐水，等牛吃饱喝足，难分难解的斗牛就开始了。球类比赛不仅有足球，还有篮球，不仅是男队，还有了女队。如火如荼的比赛，激发了运动员的热情，却也引发了一场村落间的争斗。①

　　（2008 年 7 月 27 日）……在足球场上，满中村与旦都村的学生展开了激烈的足球比赛，小观众和成年观众都很多。旦都村的学生是用拖拉机拉来的。比赛结果是满中村学生队以二比零的成绩击败了旦都村队。

　　接着满中村女子与旦都村女子进行了篮球比赛。由于旦都村女子球员接受教育的学历层次高，在校接受正规体育教育的时间长，有较好的球技，投篮命中率也较强，结果大胜满中村队。

---

① 争斗事件中的人名笔者后期进行了处理。

这场女子篮球比赛结束后，旦都村成年队及满中村成年队进行了篮球比赛，旦都村成年篮球队员少，满中村却都是成年篮球队员，比赛条件是由输家买一百元的酒和饮料。比赛一开始，双方都不放松对方，都在激烈的争夺中，比分一直都拉得很紧，旦都队的成年队员HW一上场就以人盯人的方式跟着满中村的HGG。

快到全场比赛结束时，HGG就用手拐子拐了两下HW，裁判员和银红（旦前村副组长），吹哨判他们两人同时开除下场。HW拉着HGG的手说："过节玩一下，何必这样动手。"场外的满中村村民HZQ，就冲到HW跟前说："你叫什么？"同时也出手打了HW的下颌，并用双手握了一下HW的脖子，HW声气不出，HZQ就放开他，不再理会他。可能HW也小声说了几句不服气的话，HCH把HW从沙堆上拉下来打了几下，这下可像捅了蜂窝一样，满中村的青年男人一群追打HW，由于旦都方的球队及观众大多数是学生娃（最小者是学前班学生），没有帮助HW，HW被满中村男青年追打得在球场周围乱跑，无处藏身。村委会副主任和丽军拦着追打的青年，仍拦不住。满中村的一个村民护着HW，并说："你们要打就打我。"村委会副书记和国军把HW护住，HW还是被打。其中，也有很自觉的村民，如和金凤，在护不住HW的情况下死死抓住自己的儿子的胸脯，不让他去打HW。又如村民和菊，拉住大儿子的衣服，不让其去打人。群（满中村部分男青年）打单（旦都前村HW）停止后，被打的HW及旦都村的人们离开现场回家。

回到家后，他们把事情的经过一五一十地讲给旦都人，旦都人很愤怒，都异口同声地说："火把节足球赛是满中村所约，他们欺负小娃娃，这种现象确实不能容忍。要是我们村的娃娃出了格，挨几下打，是情有可原的，但这样无理打人，我们一定要找HGG、HZQ、HCH讨个说法。"最后统一了由前村村民组长和述贤领着HW去黄山镇派出所报告所发生的事情，报告后，领着HW去医院检查治疗。

不知怎么的，到傍晚，在城里开出租车的旦都人都回来了，要满中村的 HGG、HZQ、HCH 出来讲清楚今天所发生的事情，最后满中村及旦都村从城里返回的人们发生了对打。结果，旦都村的 2 人被满中村人打着；满中村的 5 人被旦都人打着。所幸的是，黄山派出所民警及黄山镇派来的干部及时赶到，制止了事态的发展……

"小不忍则乱大谋"，本来想欢欢乐乐度火把节，为了一个球，为一时好强，惹下了大祸，埋下了苦果，结下了一时难解的怨恨。满中村的村民围坐在"联营公司"旁，有的妇人在哭，有的在唉声叹气，有的在互相指责，各有情态。派出所的民警从所里拉来铺盖睡在村公所。

7 月 28 日，大多数村民都在休闲，部分农妇下田割猪草或上山挖药材。上午 10 时左右，有十多辆警车从城里方向开来，在南溪村公所门前停下后，警察待在岔路口……

像昨天傍晚的事，满中村十年前发生过两次。一次是满中村与满下村发生口角后，满下村人来到满中村打骂，满中村的人四处乱逃，逃进家里把门死死顶住，大气也不敢出；一次是在满中村举办文艺晚会时，金龙村人打满中村人，满中村人同样四处躲避，结果金龙村人把满中一个村民打了个半死，这两次打架属于群体性质，也较为严重。

憨直的人常挨打，精明的人怎么也打不着。昨天傍晚听说 HGG 见势逃回家里躲起来，未伤毫毛。警车警察真的是为昨日之事而来。在村公所停了片刻后，他们分两路出动了，一路去满中村，一路去旦都村，做动员工作，责令开车的人回城，生怕在家待着再出乱子。一方面在调查事情的真相。满中村的村民无精打采，被打的家属只恨 HGG、HZQ、HCH 先挑起事端。

满中村的部分村民又上山捡菌子、挖草药，有一些人还在家唉声叹气，都怪年轻人不懂事，好强，而惹了这祸；有些村民则认为，一些年轻人，听不进父母的话，听不进村中长者的话，自以为是，自以为了不得，应该给予重重的教训，社会风气才会好转。

2008年集体打斗事件一直影响到2009年，火把节的热闹气氛少了很多。

（2009年8月15日）今天是一年一度的"六月火把节"。满中村的男青年们吃过早点后，开了辆手扶拖拉机到前面（东面）山上去砍柴，准备照例在球场边烧起篝火欢度"火把节"（去年因打球时发生吵打而没过）。到山上大伙七手八脚，争先恐后地砍，不一会就砍满了一手扶拉回家里，把柴下在球场边，就开始打篮球。玩了一阵后觉得不赛一场球不过瘾，但自去年那事后，他们自己也深知南溪各个村的人不会和他们赛，就到汝南化去，不知道赛了没有。

吃过晚饭，青年们在球场边烧起篝火，从和福生家把电接出来在篮球架上挂上一个150瓦的电灯泡，青年男女在灯下唱啊、跳啊，小孩和老人都围坐在篝火边看热闹。男青年们跳唱一阵，又喝一阵酒，一直欢歌笑语到鸡叫时才休场。看热闹的老人小孩在零时左右离开回家。

自去年火把节发生了满中与旦前两村吵打之事后，以往逢年过节都很热闹的草坝足球场却冷静了下来，以前的情景消失了。

不过庆幸的是，只过了一次冷冷清清的火把节，到2010火把节时，就一切都恢复了。

# 五、夭折的草坝开发

2018年11月，我们在南溪进行乡村振兴主题的调研时，曾经跟南溪村委会委员及个别村民进行过几次谈话。大家都谈到南溪有个高原草甸极具旅游开发价值。仔细阅读日志，果然发现，早在2004年就已经有过一个"南溪村满下落水洞及草坝招商引资项目"。

（2004年3月15日）有几个投资商由和国军书记陪同前往满下自然村落水洞考察，调研是否可以收回投资。调研结果还不明了。

3月24日，四川籍老板想来南溪满下村落水洞投资搞小型水库。今天他约了村民小组长和国兴去丈量了他们所要的地面面积。

7月22日，有一个投资商驾车来到满下落水洞勘察，因地形地质情况不熟悉，车开进大草坪而陷在泥水里，在那里苦苦挣扎了大半天，最后在镇驾驶员及村委会干部的帮助下挣出泥坑。

7月31日，按照四川老板的要求，满下村寨56户人家，除迁居丽江城的和学群家及男人在城里开出租车，妇人学驾驶执照的和建军家，因家中只有小孩及快八旬的老母没有参加外，其余54户，每户一人共计54人在落水洞进行堵水积水劳动。

把水拦堵起来，不让流进落水洞，积成水塘，观察到第二天早晨是否还有水。如果到早晨还有现在所积的水的话，老板投资的兴趣就大些。如若现在所积的水到旱季枯干，无疑老板投资的意图会烟消云散。今天积水的工钱由四川老板付给1000元，说是30个人就会堵好。和国兴组长就给老板说，这是村集体的活，不可能随心约上二三十人，只能是全村参与。于是跟老板再要了120元，平均每户合20元，堵完后当即分给各户参加堵水劳动的村民。

堵水的堤坝宽2米，高1.5米，绕落水洞（距离三米多处）堵成圆形。用三百多个塑料袋装满沙子堆积起来，一层袋与一层袋之间加了泥土。

8月27日，四川投资商，领着黄山镇干部，土地管理局干部来到满下村落水洞及草坝实地测量钉桩。但具体事宜群众却一无所知，看来要开发落水洞和草坝已成定局。人们议论纷纷，都说要从去年退耕还林的事公平做起，否则就会后患无穷。不知当村干部的是否在考虑现实客观不公正不公平的土地问题该怎样解决。

8月30日，丽江泉盛商贸有限公司的老板的助手（副经理），来到满下村寨与村民组长和国兴商谈堵水事宜，两人同时到落水洞现场调研洽谈。

8月31日，放牛的号声一吹，每户一人抬着锄头和簸箕从自家走出来，准备去堵水，等人来齐后，大家一同往草坝落水洞走去，村民组长背来一些老板留下的用作堵水的袋子，大家每人拿了一些。到落水洞边休息，抽一阵烟后，分两组进行两个出水口的堵水工作。一部分装口袋，一部分挖土，一部分抬土，大家干得热火朝天，争先恐后，有说有笑。农村实行包交提留后，集体干活的时间不多，所以一旦集中干活，笑声、笑话不绝于耳，有时甚至盖住劳动工地的上空。

干到6点左右，发牢骚的人也有了，有的低声嘀咕开了："干自家活都没这样带劲，像今天这样工效应分两天来进行！""为什么老板只与村民组长单独会晤？"当老板来到现场上边时，有些群众则大声喊："喂，下来吧！趁大伙都在，好谈！"但老板只喊组长和国兴上去，只是两人面谈。活一直干到傍晚7时，休工后组长发放了当天的工钱，每人劳动二日20元。每5户一组自行再分发。因为只有百元面钞。

经过前次的堵水，这里的地貌发生了变化，过去的荒草坪，变成了清清的小水库，水山连为一体，湖光山色，格外美丽。

9月11日，欲开发满下草坝及落水洞的投资老板，冒雨驱车来到满下村民组长和国兴家。并且还到落水洞视察截拦水的状况。

9月30日，想投资开发满下草坝的老板请来土地管理所的人及镇政府有关人员，同行政村委会副主任和万军一道测量用地面积。村民组长和国兴帮他们做午饭。

丽江泉盛商贸有限公司的副经理请来国土局的技术员及黄山镇的有关方面负责人，村委会副主任和丽军等同志对满下草坝及田地进行了测量，测量后准备进行预算。

打算投资进行草坝开发的老板一次次地来，他们逐渐与政府的相关部门进行接触，村民也参加了堵住落水洞的相关劳动，但直到"家长会议"的召开，才将草坝开发正式提上了日程。其中村民知情权、自主权的被剥夺非常明显，而这个问题并非记录者刻意提示，而是他所叙事的过程自然地反映了这一事实。

11 月 20 日，早晨 9 时召开家长会议，会议由自然村小组长和国兴召集并主持。参加会议的人是全村寨每户一人，有些是家长，有些是家庭成员，有的则是不到 18 岁的少年，反正每户一人。参加会议的还有村民委员会书记兼主任和国军，副主任和丽军。

会议的主要议题是：满下天然湖（落水洞）草地卖不卖或租不租。首先由组长和国兴向大家传达了泉盛商贸有限公司经认真观察调研，欲租用或买用此坝的想法，请全体家长商谈此事。和国军及和丽军也简单介绍了招商引资才是发展的唯一出路的道理，并介绍说经黄山镇政府考查调研，认为这家公司在丽江是经济实力较雄厚的一家公司，所以黄山镇政府特别引荐来，希望全体群众眼光放远些，千万不要失了良机。于是家长们进行了讨论，形成一致意见，同意租出或卖出。有些群众姿态较好，如和顺明就首先公开表态说："不管草坝落水洞值多少钱，除荒坝统一分配外，卖着耕地的是哪家的由哪家享受，退耕还林地，我们的退多了就属于我们，也不分给其他人。"有些人提出，重新核查土地，该退的退出一些（人员减少的农户、死亡或嫁出者），该补的请补上点（人员增加的、娶进和出生的）；有些则一言不发，观看着势头。

结果以同意租赁或卖出、但要价格合理、可转告开发商的结论而结束。

村民如何在老板的开发中得到应有的利益，这是大家都非常关注的问题，村民力图获取更大或者更长远的利益。于是在一段时间内会议不断、争论不断。其中还夹杂了南溪自包产到户以来存在的分地不均的矛盾问题。

11月23日上午9时，全村家长都集中在和仕闰家的院子里准备开家长会，等待着泉盛商贸有限公司的老板及乡政府的人员来召开满下村寨家长会。一直等到11时左右，老板及随行人员5人，乡政府的司法所所长和兴林，以及行政村主任和国军，副主任和继武，副主任和丽军都到满下来参加会议。

会议由村委会主任和国军主持。他简略介绍了今天的会议内容，并首先请乡政府代表和兴林介绍泉盛有限公司想开发满下落水洞及草坝的意图，说明只有招商引资才能发展满下这片热土，才能带动南溪经济的发展，希望家长同志们识大体顾大局，做到群众与老板互利互惠，要有老板发财我发展的思想。

接着，泉盛公司刘老板简要说明了要想用南溪满下草坝及堵住落水洞恢复原来的天然湖来做旅游业。并说草坝每亩付价300元，耕地每亩付价500元。接着和国军要求大家讨论，热烈的讨论在家长们中开始了。

首先，村民和天林大声说："喂，请首先让我说点意见，卖坝卖田随大流，但请调整一下地块，该得的得一点，该退的退一些。"说到此，立即有人马上反对，反对得坚决的是和尚军、和建华、和建忠、和福祥等村民，说是合同让我们使用30年，不到30年休想调整耕地。从满下村寨看来，地少村民是弱势群体，若政府不出面解决，少数田少人多的人势力单薄（有些只有二人的田，现有五人吃饭，有些则只有四人吃饭，而种了六口人的地）。人少地多的人占了优势。和天林提出："做什么义务工，地少和地多一个样，这合理合法吗？"

和天林这样一说，那些说手执有30年合同书的人渐渐咽气吞声了。和顺明就提出了疑问："荒草坝每亩300元，耕地每亩500元是指每年价，还是几年价？"老板及政府代表和兴林答复："是一次性补偿费了。"于是，家长们又讨论开了，一次性(欲用70年)，这太少了，虽不能与坝子里的"寸金地"相比，但比退耕还林补偿，以及与太安高美古村的荒地价比起来，老板开的价真是微不足道了，好些都说，这样的价还不如放几头牛还强些。

会议就这样欲停不停，欲开不开。后来采取了分组讨论的形式进行，以修水泥路面时的小组为单位，分四个组进行讨论。讨论结果由原来的施工小组长汇报。结果，四个组都不约而同地荒草坝每亩要价2000元，耕地每亩要价5000元。汇报完后老板及随行、行政村干部、乡政府代表到落水洞吃午饭（他们有人打前站做午饭的），群众就散会各回各家。

11月24日，村委会主任和国军、副主任和丽军，下午两点到村民组长和国兴家，与组长和国兴、副组长和圣伟交谈泉盛公司老板的意见：荒地最高每亩500元，耕地最高每亩1000元，这以上出不了。也转告了镇政府的意见，望满下村的干部群众，抓住机会，不要把好机会丢了。要考虑自身利益，同时也要考虑投资者能否承担。特别希望村干部做好群众的思想工作。

12月3日，黄山镇司法所所长和兴林专程驱车来到南溪满下村，与村民组长和国兴谈关于满下草坝招商引资的问题。他与村委会副主任和丽军及和国兴交谈两个多小时，说明这是一次千载难逢的极好机会，希望多做群众的思想工作，实在不行，和所长及村委会的干部愿意与和国兴一道到各家各户去做思想工作。但和国兴表示本人决不进各家各户去做工作。和所长在交谈毫无效果的情况下离去。

12月15日，黄山镇党委、政府派来以镇党委副书记木建华同志为组长的工作组，一行五人进驻南溪行政村村公所，准备解决关于满下落水洞招商引资租用土地的问题。

12月16日，晚上7时到9时召开户长会议，会议由黄山镇党委副书记兼南溪行政村工作组长木建华主持，参加人员有黄山镇人大主席王光红、黄山镇林业工作站袁站长、黄山镇司法所长和兴林、镇政府办公室李明，以及南溪村委会主任和国军、副书记和继武，村委会副主任和丽军，满下村寨每户一名户长。

会议的主要内容是：满下落水洞进行招商引资开发的有关土地有偿转让问题。先由木建华传达了镇党委政府开发南溪、引凤筑巢的计划，然后让大家就转让问题发表意见。方式是分成四个组，围成四伙逐一发表各人意见。发言你争我抢，都站在自我利益上发表了"不愿调整土地，不愿卖出，价格低不卖等意见"。在无法统一民意的情况下休会。

12月17日，村委会书记和国军、副书记和继武把满下自然村的组长和国兴及副组长和圣伟请到村公所，由镇党委木建华副书记给两位组长谈心、开导，并要求签协议。两位组长一直坚持推脱，说不敢签，只能是全体户长签了才行，我俩担当不起这份责任。工作组无奈，又决定明天再召开家长会，分两组开，以包交提留到户前的南溪满三队、满四队为一组分段分地点进行。满三队于明日上午9时和圣伟家举行；满四队于上午11时在和万仕家新院里进行。

12月18日，上午9时至10时40分，黄山镇党委政府派往南溪行政村的工作组在满下村副组长和圣伟家召开了满下自然村（人民公社时代的南溪满三队）家长会议。会议由工作组长镇党委副书记木建华主持，并作专题发言。参加会议的人员有工作组全体成员（镇林工站袁站长、镇司法所长和兴林、镇政府办公室工作人员李明、村委会主任兼书记和国军、副书记和继武、副主任和丽军），以及老三队全体户长。和家良家因本人不在家由退休在家的其夫和尚勋老师顶替，和朝珍家因两口子都在丽江城由退休在家的父亲和尚武老师顶替。

会议一开始由党委副书记开门见山地提出会议内容，他说："我们党委政府已研究决定，实施对满下落水洞及草坝的招商引资项目，征地价格不增加了，农田每亩价1000元，草坝每亩价500元，所用地一次性征租到所钉桩之处（农田三百余亩，草坝六百余亩，共九百多亩）。"

木建华继续强调，此项招商引资项目来之不易，的确是千年等一回，千万不能错过，为实现此项目，镇党委政府花了一年多时间洽谈了十多家投资商，并都领到南溪现场察看，结果只有现在的泉盛商贸有限公司敢投资、想投资。为了南溪的发展和幸福的未来，特决定要强行实施此项目，群众思想通也好、不通也好，要干了。各位家长有什么要求和想法逐一谈谈。于是户长一个接一个谈开了，都说价格太低了。有些展开了争论："你们都站在投资商一边，怎么不为老百姓着想呢？"有些则说："政府要强行做，我只卖下片的，上片的坚决不卖。"有些则说："要强行，确无法，但请统筹调整土地。"最后有些群众提出："无地可种了，做什么去呢？"有个别人说："群众是一个也不想卖地，但你们要强行，所以遵从你们。"

11时整，工作组及村委会全员到原来的（人民公社时代的）满四队（满下自然村下片），在和万仕家的新院里开会，会议的议程和内容同上。这里争论得很激烈。有的群众说："你们要强行，请出示上级机关的批章"；有的说："你们要强行就请安排满下村寨每户一人做他们的工，每月500元，食宿自理"；有的说："如果政府要用，我们宁可一分钱也不要，只要请政府给村民安排好口粮就行"。满下自然村的组长和国兴也说："为此事，以后不要来找我。"木建华说："你是村民组长，不找你找谁？"和国兴说："卖地的组长我不当，我不做千古罪人，请于明日就改选。"有些群众还提出："2004年度的退耕还林补助款，其他村寨的都发放了，我们村的为什么还不发放"？木副书记回答说："你们村搞得很悬殊，多的有二三十亩，少的一分也没有。这是中央对农村的扶贫项目，要拉平。"

总之群众的要求有两点：一、钱太少，要多给些；二、所租用地范围要小些，以免影响群众的口粮生产。如政府能协调好这两方面的事宜，阻力就会少些，否则，确实难以实施。

2004 年没有做成的事，2005 年继续着。老板、政府和村民的态度都没有变，最终是在不太情愿的状态下签署了相关协议。

（2005 年 1 月 13 日）黄山镇党委书记和积军、镇长和卫红、玉龙县政协主席和家伟来南溪满下落水洞视察。看来是要动员满下村寨村民卖地。有些村民担心无田种，有些村民则愿卖个好价钱，部分村民抱着可卖也可不卖随大流的态度。镇长对行政村及自然村长说：这项目一定要上，不上这项目不可能改变南溪的面貌，面积可压缩一点，以鹿子村旧时上街路为界，要租用 40 年，满下村寨从 2005 年起每户增加 10 亩退耕还林地，村寨将申报云南省民族文化遗产村。

3 月 3 日，原想召开自然村户长会议，签订满下落水洞及草坝开发的有关合同，但因雪天镇里的工作干部没来，因而没开会。

3 月 14 日，黄山镇政府南溪工作组长、镇党委副书记木建华及吴继忠两位同志受党委政府的重托，来具体签订满下村草坝出租事宜及发放满下村 2004 年退耕还林补助费。

村委会副主任和丽军把满下村组长和国兴及副组长和圣伟的夫人和尚花叫到村委会（因和圣伟已出工去犁田）商谈签订协议的事，要组长、副组长先签名，和国兴拒签，说是和群众一起签。木副书记怕会上群众秩序乱，就提出要晚上入户签名。和国兴不同意这样做，就定在明早 8 时召开户长会议，在会议上进行。

3 月 15 日，今天早上 8 点到 12 点召开满下村户长会议。会议议程是《满下草坝及草坝间田地转让协议书》的签名。56 个家长 56 颗心，各持己见，各保各利，进行得很不顺利。直到 11 时半才开始签名。第二个议程是发放满下村 2004 年退耕还林补助款（其他自然村已在 2004 年 11 月发放）。

4 月 25 日，南溪满下村寨母猪山顶上通信基站开工建设了。满下村寨的一些妇女们为施工方背沙子背水上山顶。从沙场到基站处约有 1500 米—2000 米左右，且都是上坡路。背一吨沙给 100 元的运费，背水每百斤给 9 元的运费，妇女们人人都抓紧背，这总比砍柴拉松毛要强些。一般妇女一天能挣 50 元钱，这是前所未有的事，有些人说："如果不在母猪山建设基站，我们能挣到这么多钱吗？所以招商引资是我们发展的妙计。我们的草坝应早就卖出去，老板发财，我们也有利可图，总比辛辛苦苦种洋芋好些。"今天参加这一活动的妇女都有同感。

想投资开发满下草坝水库的老板刘老三及父亲一行来到草坝准备钉桩，但刘老三看到水源太小，落水洞旁也一片干涸，可能有些不如意，说了句"水小、无积水"之类的话转回去了。不知会不会开发，有待一个星期后知晓。

4 月 28 日，早晨 8 时 30 分召开全村户长会，会议内容是：1. 发放补种退耕还林地的松树种(按面积比例发放)。2. 收南溪公路改造款，每户 300 元。3. 说明原先要卖的草坝里的田今年先种庄稼，老板要堵水观察能否积水，如积水后田里庄稼被淹由老板赔偿。4. 说明石场老板只开发一个月，每户能分到 50 元资源费。

村民这边已经签了转让田地的协议，但老板似乎又有了顾虑。

事态的后续发展情况，日志中没有涉及，但我们事后了解过。由于落水洞堵水效果不好，积水面积一直不大，形成不了湖泊，不符合其项目预期，投资老板自动放弃了投资计划。没人追究其违约责任。已经围成的小水塘，被满下村民承包做了养鱼塘。此后一直到当下，除了玛咖项目的进入，没有其他所谓的开发性项目涉足南溪。

其实，从南溪长远利益看，草坝开发项目流产实属幸事，否则南溪已经被这些所谓的旅游开发下面搞得面目全非了，乡村振兴发展之说也没有了可供施展的余地。对此我们在 2005 年的工作报告中曾经总结道：在此需要说明的是，本课题组没有及时在专题研究的基础上做综合的村寨发展规划的原因在于，其一，地方领导对南溪发展持不同观点和意见，例如前黄山镇镇长即自行主持开发南溪草坝的旅游度假项目，并强制性要求村里廉价出售土地。而开发商是当地靠低俗娱乐起家的，其旅游度假项目的性质也让人担忧。幸而该项目因草坝蓄水失败而不了了之。地方领导之间的各自利益和观点之争使我们难以从学术的角度取得完全的说服力。①

草坝开发事件，日志用照相式的话语，将中国市场经济发展过程中村民、外来资本势力、政府力量三方出场、表演相对完整地呈现了出来，我们非常直观地看到了村民与外来力量的交涉、博弈、退让。其中镇政府有关人员的行为留给我们很多的想象空间。

# 六、变味的村落集体劳动

村落集体劳动最能体现南溪村民的团结互助精神。如本章第四节里，满下村民最初集体参加落水坝堵水劳动时倍感欢快一样，中国农村集体经济时期的集体记忆，在个体化之后被逆向强化的集体感与集体归属感——当然也有当下集体活动的拖沓、重娱乐等相对消极的一面——不经意间，也被日志凸显了出来。但是，此集体非彼集体也！经由个体化洗礼的中青年村民，其素质与老集体村民的差异也在其间显现。

20 世纪 60 年代修路通车，70 年代通电，90 年代把土路修成柏油路和水泥路，并在后续过程中不断完善和拓展路面，90 年代中期通自来水。这几项南溪村的重大工程，都是由政府组织规划、提供原材料、器械，由村民投工投劳实施建设的。村民们积极性高涨，统一指挥，团结协作，在南溪的建设发展史上留下了光辉篇章。直观地，我们看到了国家对农村基层的协调、支持，国家机器在村寨层面的运作。

2006 年，一次修建公共活动场所的集体劳动拉开了序幕。

7 月 21 日，满下村寨建设公共场所的集体劳动今天 10 点开始，

---

① 参见本书第一部分第一章相关内容。

早晨九点召开户长会议，会议上讨论了建盖公共活动用房的有关问题，及公共活动场所——球场的建盖事宜。鉴于满下村寨对南溪公路（文屏村到鹿子村路段）无偿献沙献石，对改善整个南溪的交通贡献很大，镇政府资助满下村十四吨水泥、四千片瓦，一千块空心砖来改变满下村寨无活动场所的状况。

早晨会议分工确定：会木匠的村民做木工活，其余村民每户出一人，女的理河沟，男的一部分架一座从球场通往"当呢句"①的农用手扶拖拉机过路桥，和社兴、和万琴、和吉诚、和朝柱、和圣华等人下房子的石脚。虽有较大的阵雨，但下雨时避一下雨，雨停了继续干，直到傍晚才收工。

7月26日，今天的公共场所建设任务是竖房子，由杂公组负责进行。木工组继续进行没做完的木工活，采沙组继续采沙，妇女们负责下沙。杂工组将木料组合起来，之后就开始竖房子，到中午时已经竖好四间平房。

午饭后，杂工组开始砌空心砖，有的拌沙灰、有的搬运空心砖，干到收工时砌出五层。这样的效果属于进度慢。南溪古代就流传下来的"狗多不黏山"，这一口头语是形容人多干事效果却低下的现象。集体劳动就成了这句口头语所形容的现象。

木工组及锯料人员休息，其他人员继续昨天的项目，采沙上车组由和万军负责照常进行，砌空心砖的泥水师傅各就各位，他们是和丽军、和社兴、和朝柱、和汝浩等，妇女们有的筛沙、有的下沙。上了点年纪的人则搬运空心砖。集体劳动，人们的形态和表现形形色色，有的只注重吹牛皮、说笑话；有的站、闲的时间较多；有的带闲带做，手脚没有嘴巴得力；唯有上了年纪的村民在尽力干。

到下午出工时（15时），各组就商量打牙祭的事宜，装沙组在和

---

① 当呢句：地点名。

圣昌家买了一口乳猪做火烧猪；杂工组在和亚兰家买了一条狗（100元），一只鸡（40元）在她家煮；砌砖组则在和朝光家买了一只小狗（45元），① 在和朝光家做吃。参加打牙祭的妇女们说："满下村寨的男人只要有三人聚首，就先组织'打拼伙'（牙祭）。我们妇女，在家庭事务中顶天立地，平常不参与打牙祭这活动，在劳动时应该参与一下。"这样四十来个人分成三伙，各组派了两三人去料理晚饭事宜。从四面八方嫁到满下村寨的妇女还总结说："满下村寨'打拼伙'注重吃这方面是整个南山片② 最为突出的。"

集体劳动与以往已经有了很大的不同。20世纪六七十年代的人们可以一心为了集体努力奉献，现在这种精神已经没有了，大家干活难免都懒散了些。20世纪八九十年代大家经济上都还不宽裕，所以"打拼伙"也不是随便就能组织起来的。但是，现在的情况不一样了。

7月29日，满下村寨集体劳动正在加紧进行，休息了两天的木工组又上工地劳动了，他们的任务是：钉椽子、钉檐板、钉封边板，这三项任务中午1时左右完成。下午3点开始盖瓦，从杂工组抽调10名妇女搬瓦、再抽调四个男人传递瓦。采沙装石组，由于劳动强度很大，连续干了六天，今天作了轮换，新换上10个人去采沙上车，原先上车的换来杂工组铺石头。今天所盖房子只差地面没有灌混凝土，其他已基本完成。球场铺石，已把前久拉到场地的每户2方，共56户，120方全部用完，只铺了二分之一多点的地面，可能还要120方左右的石头才够。对于大部分球场地面都铺了80厘米以上厚的石头，大多数参加劳动的村民都私下嘀咕："球场不必铺那么厚的石头，这样搞了，反过来在球场运动的人们不安全，隐患大。"

今天才去采沙上车的人和社兴提出，采沙上石实在难，要每个人

---

① 吃狗肉并非南溪传统风俗。对此和尚勋在日志中有说明，详见日志。

② 南山片即丽江城南面的山区，从与鹤庆、剑川接壤的地方到与丽江坝相接的所有村寨。

都轮着干一下才好。今天上沙的十人又在和子红家杀乳猪打牙祭。

7月30日，集体劳动今天改变了方式，群体劳作改为个体劳作，任务是每户捡两方石头（两手扶拖拉机）。这个决定是村民组长和国兴在昨晚休工时做出的。

当这一决定在大伙中一宣布，就有人去发动手扶拖拉机，雷厉风行，马上就开到有石头的地方去捡。大概有十五户在昨天傍晚（下午7时后）就开始捡了，有些甚至昨晚就完成了任务，如和永昌、和建华、和国红、和永华等。今天天一亮就有村民去捡石头，大部分村民都在12时就完成了任务。在城里开出租车的农户，有些请亲戚帮忙拉，有些打电话夜间回来今天拉石（如和建军）。村民们你追我赶，有个别的两方一次拉了来（如村民和金胜请满上村村民五闰红用他的拖拉机一次从满上村的"社吉古"两方一次拉了来，又如村民和尚军从家里把上几代人砌墙的石头两方一次拉了来）。

从现象上看，个体劳动效率比群体劳动好。在群体劳动中光说大话笑话、不出力的村民，拈轻避重的村民，在手里捏着力气不使的村民，总之在群体劳动中很不带劲的村民，改成个体进行劳作后，爆发出全身的力，及早完成了任务，又去忙于做自家的事情。有的上山采药，有的脱粒大麦、豌豆，有的采沙筛沙，各行各事。村民组长和国兴在场上登记各户的车数。这充分体现了村民思想道德素质的差异。

7月31日，雨季难得的天晴，满下村寨集体劳动在紧锣密鼓地进行。除一组采沙挖沙外，其余全部劳力都集中力量铺石头。由于满下村寨所居住的地势为西高东低，偏东部分铺的石头需要量很多，昨天拉的一百一十四方石头都铺上了才勉强够，中午前完成了铺石的全部任务。

下午又多派了三辆手扶拖拉机去沙场拉碎石，拉来碎石，铺在石头上。好些村民都作了家庭内部劳力调整，挖重楼、捡菌子得力的人上山挖重楼、采菌子。如：和万琴家老婆和金燕挖药得力，和子一家老婆杨文花挖药得力，和金发家和金发挖药得力，挖重楼和采菌子不得力的人就来参加公益劳动。找钱劳动两不误的家庭还有和作典家，儿媳和爱花每天采药钱收入都在50元左右；和圣华家老婆和良命每天挖药收入在50元左右；和万琴家、和永昌家、和亚华家、和万元家收入都在三十元以上（一个人挖药）。

今天的采沙组前天晚上和今天晚上各杀了一口乳猪"打拼伙"。

商品经济的时代，每个家庭都得顾及自己的经济发展。村民组长和国兴正是基于村民的实际情况作出了各家捡两拖拉机石头的决定。正如村民也在家庭内部调整参加集体劳动的人员一样，都是现实而明智的决定。

8月1日起，满下村寨的集体劳动又改为分组进行。只有不断改变策略，才能更好地调动村民参与集体劳动的积极性，也才能提高效率。全村分为四个小组，每组十四户，每组由三辆手扶拖拉机来拉沙子。每天由十四人来作业，分四天进行（十四人里包括开车人在内）。每辆手扶要拉九转（九车），合27车，上下车由小组各自完成。

今天采沙的十四户（十四人），在10点已打电话请跑车的和永华买回鲜肉、鲜鱼等食品，准备晚上打牙祭，真是做到"兵马未动，粮草先行"。难怪邻村人都说："满下村人真正做到'民以食为天'哪。"不管在什么年代、什么场合，满下村寨的人只要有三五人聚首，就必定进行"打拼伙"，尽管包产到户，各干各事，也难以改变历史上沿袭下来的传统。

今天的劳动，虽然有阵雨的干扰，但有了定额，也就有了目标，十四人都干得很带劲，决心早点完成任务。心往一处想，劲往一处使，平常惯于在众多人群里偷懒的村民也只得挺住干了，所以到下午4时半就完成了任务。擅长做饭的主动去做饭，其余村民则做完家务后去吃饭。相信后面三个小组也不会例外。

8月4日，满下村寨分组轮流采沙、运沙的劳动，今天是由第四组来进行。也就是说采沙子、拉沙子的活计暂告结束。经过四天四个组轮流拉沙，每天拉 27 手扶拖拉机，共拉了 108 车沙子，可能浇灌一块篮球场也够用了。每个组都把劳动进程掌握得前紧后松，从早晨 9 时开始到下午 1 时就拉 21 转，下午（3 点半到 5 点）拉 2 转（6 车），5 时开始休闲做饭打牙祭。每组此次打牙祭的食物，都请和永华从城里买回鲜肉和鲜鱼，加上酒钱，每组都在 1500 元左右。四个组都大同小异，只是做饭的地点和人员不同而已。

除劳动以外的村民绝大部分都上山采药，经济收入各不相同，最高的每人 40 多元，最少的 10 元左右。

8 月 8 日，因过七月"迎祖""送祖"（简称"七月拜"），满下村寨集体劳动停止了三天后，今天又分工一个组（44 人）再拉公分石、铺石缝。由组长和国兴召集、指挥。剩下的劳动量已经不多了，因此，劳动进行得不那么紧张。部分人去上车、部分人下车、部分人拿着锤子补石头间的缝。

少部分村民已经在薅蔓菁了，很多蔓菁因撒得晚，再加上今年雨季雨量不充沛，蔓菁苗长得稀、长得弱小，还不能薅，村民都在担心会歉收。

8 月 9 日，满下村建公共活动场所，会议室及球场的公益劳动已接近尾声。今天每户一人分成四个组进行篮球场混凝土浇灌工作。人们从九时开始集中到球场，每户拿出一块板子做壳子板，男人们订壳子板，女人们用簸箕搬沙子，等待着和德华拉水泥来。和德华是昨天就去丽江城赶七月骡马物资交流会的，11 吨水泥的运费是全村寨每户出 15 元，共 57 户人家 855 元，（镇政府只给水泥费，运费由村民筹集）。到 11 时才开始下水泥、拌水泥。为了保证质量，今天只浇灌一半，留下一半明天继续进行。

8 月 10 日，满下村寨集体劳动继续进行。但十一吨水泥不够，昨天黄山镇镇长到现场调研，情况属实，他认为再用三吨水泥就会够了，他当场表示再给三吨。今天村民组长和国兴一早就和村委会书记和国军一道去办理这三吨水泥的手续。到十点钟，其儿子和德华开车进城去拉水泥。参加劳动的村民们上午把昨天用后剩下的水泥浇灌完后，下午就在球场等着拉水泥回来。有些村民主张在农户里借出来浇灌得了，但村民副组长和圣伟不敢。因此，大家只好坐下等，到下午4时半左右才拉到，一到场就先还了先前砌空心砖、修桥所借用的农户水泥，然后集中力量浇灌没有灌完的球场面，到5时半左右完工。

8月11日，满下村寨公益集体劳动（建盖活动房四间及修一块混凝土篮球场）进行最后一天的全民（每户一名）劳动。分成三组进行，一组浇灌活动房围墙石脚，一组用泥沙铺筑球场边，以防日后因石头垒高而垮塌，一组拉沙铺路，另修一条从球场边通往田间的农用车道。分组前，村民组长和国兴向大家说明了每户筹集20元，57户共1140元钱的去处（用途）。另外，他儿子和德华拉了三次水泥，和国兴到镇上要水泥、瓦等物误工三天，现还需每户出2.8元，共160元左右作为运费及误工款。分组说明后，各组进行劳动，劳动不紧张，前些天的紧张劲松下来了，因为任务不重，劳动量不大。中午后，每个组分工两人去买鸡杀狗，准备今晚的牙祭。

满下村寨的三人一见面，五人一聚首就组织打牙祭的这个传统，细细想来的确有些过头，应注意积累与消费的正确关系。再说，上山采药、捡菌的人也照样苦和累。谁能出来劝劝就好了，但对劝者如果加上"小气"一词，并一直喊下去，会传到后人。因此，在满下村寨谁也不会劝，只会是无声地参与其间。

劳动结束后，利用专门时间就和李福前天从前面山上砍了七手扶木料问题进行讨论，批评了这一做法。深更半夜去偷砍是不对的。经过讨论，木料给和李福用，但作了批评。

经过近20天的辛苦，满下村建盖了四间村民活动房和一块混凝土的篮球场。这也是政府组织规划、提供大部分材料的情况下，村民集体劳动完成的。全体村民还是把村社公共设施的修缮当成了自己的事情。村寨集体活动还将在他们修缮公共设施等的劳动中继续。

以上以满上村集体活动室和篮球场修建为主要内容的整个集体活动工程，不仅叙述活动本身，而且劳作技术、方式、程序、效果等也在叙述中呈现；不同角色的表现、打牙祭、干私活、偷砍木料等其他活动穿插其间，叙事的历时与共时交融一体，价值评判随机而出，说明也偶尔会随机给出——一种全景式的叙事感和叙事效果。这种感觉与效果回应了第一部分我们所提出的"蛛网效应"之说：主位记录人与家族、村寨、自然与社会文化环境的缘于生理、血缘和心理、情感思维、信仰等诸种因素的同构性，使其具有了一种上帝式的，或者说全息式的视角和叙述能力。这种叙事特点在家族叙事部分、丧葬仪式部分也有着非常充分的体现——当然，记录人本身的叙事能力，又是另一个层面上的问题。

# 第五章　死亡及葬仪

西南少数民族，特别是彝语支民族的传统观念中，普遍存在一个特定的"灵魂"的概念，"死亡既被看做是人生旅途在'此岸世界'的暂时终结，又被看作走向'彼岸世界'的一个崭新起点"。[①] 这个特定灵魂在死亡时由"气"所指征。

在纳西族传统的相关认知体系中，人的死亡是灵魂和肉体的分离过程；分离出来的灵魂要在东巴的指引下逆迁徙路线回归祖灵地，成为祖先的一分子，接受后代祭祀并因此具有了福佑子孙后代的能力；如果没有东巴指引，回不到祖灵地，就会变成游魂野鬼作祟于人。因此在葬仪方面，也着力于处理两方面的问题：一是尸体的处理，二是灵魂的处理。

南溪纳西族的丧葬在和尚勋老师的日志中，占有非常多的篇幅。他的记录，不仅顾及具体的仪式活动，还将各种人物在丧葬中的互动关系进行了详细的描述。记录成文的这些葬仪，有一个共同的特点，即东巴的缺位：葬仪由家族长者主持，并由全体家族成员共同承担，村民及外村亲朋共同参与。由于传统东巴仪式的缺失，现实的丧葬仪式在努力维系传统和传统虚化之间继续着。需要强调的是，有关丧葬的叙事，在第二章"生命延续之重——一个家族的叙事"中，从南溪纳西族对家族的重视与依赖，对家族生命的共同珍重与守护、对"绍沙"与家族和个体命运的深切关怀与忧思等角度，已经有较大面积的展开。换言之，本章我们将着重梳理文化层面的丧葬过程，而社会层面的内容则可以在"家族叙事"中细细品味。

---

① 和少英编著：《逝者的庆典——云南民族丧葬》，云南教育出版社 2000 年版，第 4 页。

# 一、死亡救度之"绍沙克"和"艾绍予"

从字面意思看，"绍"的基本含义为"气"，可以看作是"灵魂"的一个表征。"绍沙"指的是"口含"（托"气"之物），"克"是"放"的意思。"绍沙克"就是将口含物放进（亡者口中）去。具体做法是人去世咽气之前将用布包好的少许碎银子（男三粒，女一粒）、米粒（男九粒，女七粒）和茶叶放入亡者口中。反过来，没有得到口含物就是"绍没得"；"绍没得"的亡魂无法与祖先之灵对接上，无法被接引回祖灵住地。或许可以这样认为，传统上，东巴的指引和祖灵的接引是双保险，共同保障亡灵"认祖归宗"。在东巴断代后，失去东巴仪式保障的灵魂接引，只能仰仗祖灵的接引；而能否被祖灵顺利接引到，又仰仗于绍沙是否得到，"气是否接上"。接上了，就是正常死亡，是吉祥的死亡；没有接上，则被认为是不吉祥的，会有很多后患。① 即使是寿终正寝的老人，如果没能在落气时得到口含物，那么也被视为是没有接到气的非正常死亡，也就是"绍没得"的情况。于是人们还要尽量采取特定的补救措施"艾绍予"。"艾"是"鸡"，"予"是"拿""取"，意即以鸡替代亡者接纳口含，似乎有"续魂"的作用，这只鸡可视作死者替身。

发生非正常死亡的情况非常多。在日志有关家族的叙事中，阿四金家族就有多位"绍没得"死者。

> 四金吐被回民所杀，未得口含；四金吐之子五七因患传染病死，没得口含；五七之子五四哥因患传染病死，而没得口含；五七之长子

---

① 南溪纳西族在东巴断代以后，在认知和实践上采取了折中的处理办法，即以亡者是否得到"口含"（接到神气）而将死亡分为正常死亡和非正常死亡。非正常死亡者无法回到祖灵地而将成为游魂野鬼。而且更为严重的是，往后去世的人的口含，如不注意就会被"绍没得"的鬼神抢了去，更难如法照料，如此形成恶性循环。因此，临死时能否得到口含成为了一个于亡者于后人都至关重要的问题，是南溪社会临终关怀的核心要务。参见第二章有关部分。

五兴因殉情自尽，而不得口含；五四哥之子五木前因神经错乱，而不得口含；五兴的二儿子和尚典因突发病亡，而不得口含；和尚典的长子和国华因在金沙江游泳溺水死亡，而不得口含；次子和国军人车失踪半年余，估计已被人所害……①

为了避免"绍没得"的情况发生，当有人处于弥留之际时，一定要有家人守在一边，把握时机，在此人落气时将"口含物"及时放入死者口中。

所以，阿四金家族的长辈和尚武老人自2006年3月间开始病情反复发作，到2006年5月16日去世，其间还经历了和尚武老人的弟弟和尚典去世等大事情。但家族的人一直都不敢掉以轻心。

（2006年5月16日）病重半年余，花了医药费近2万元，卧床时间约150天左右的和尚武老先生终于辞世了，他的家族圆满完成了招呼他、给他放"绍沙"（口含）的任务。

为使和尚武老先生辞世时得到口含，他们家族的后生们团结一心，协同守候，连日昼夜轮流守护了近两个月时间，终于打破了整个家族近代男人无一得到口含的历史。虽然为此误了很多工时，付出了很大的精力，但人人心中都感到满意。因为世居南溪满子师村的纳西族村民长期以来有这样的说法和共识："族中一人得到口含后，后生们也易得到口含；若族中一人没得到口含，后代人都难得到口含。"……所以，和尚武老先生是家族中最近五代所逝去男人中第一个得到口含者，整个家族后生们怎能不为此感到高兴呢？

"绍沙克"是人落气之时非常重要的行为；如果有机会守到"绍"，那么嘱咐已经处于弥留之际的亲人走上"祖先之路"也是非常关键的行为。如以上的和尚武老人。

招呼他的人们七嘴八舌地为他送行："五林（和尚武乳名），你奶叫五构、你妈叫五恒，你妻叫五兰，你要紧紧地跟着她三个走，要拉

---

① 具体情况可参见和尚勋日志2006年5月16日的记录。

住她们的衣襟不放手，大胆往前走。你面前有三条路，你要走正中这条路。上条路是野牛猛兽路，去不得，下条路是野鸡野鸟路也去不得，中间这条才是你该走的路。路上尽管有荆棘，巨石阻挡，你要披荆斩棘，踏碎巨石大胆往前走。不要跟着其他人，要紧紧地跟着你奶、你妈、你妻，向他们大声说：我从家族人面前来，从村民们面前来。"

和尚武老人的小孙女，生下来没几天就因为妈妈的妊高征药物影响，肾功能先天发育不良而去世了。小女婴匆匆离别人世之时，家里的长辈精心守候着放到了"口含"，同时父亲和朝珍抱着她大声为她送行。

"吾女丽芝，你的奶奶叫吾兰，你的祖叫吾恒，你要紧拉住奶奶的衣襟别放松，要奶奶领你，你要帮奶奶烧水捡柴，不必怕，大胆地在中间那条路上向前走，上条是野兽豺狼之道，下条路是野鸡野鸟散步的小径，正中那条才是你跟随奶奶的路。"

南溪最早的居民是从丽江坝区的束河搬过来的，所以送死者的灵魂走上的祖先之路至少有七站：村中—堵可洛（文笔峰下的一个关隘）—文华（南溪下到坝区的第一个村子）—长水下村（往北的第二个村子）—茨满（往北的第三个村子）—普济（往北的第四个村子）—束河。不仅有具体的路线，还要交代死者跟着往上的三代祖先走。至于到了束河之后如何继续往前走，回归纳西族共同的发源地阿尼玛卿山，还是就驻留束河不走了，由于东巴断代不得而知。

送其走上祖先之路的过程纳西语称为"布补"，也就是"送别"的意思。然而，从村民日志的记录中可以看出，在南溪，人们已经没有再具体地强调祖先之路通往什么地方，也没有办法完整地上溯三代祖先。如和尚武老人只能跟着奶奶、妈妈和妻子走（三位得到口含的女性亲人），他的爷爷"五七"患传染病而亡，他的爸爸与别的女人殉情而死（在20世纪60年代那个特殊时期，将殉情而亡的二人就地烧掉，没敢进行任何仪式，也未将其收回家族墓地，刻名供奉），他们都是没有得到口含而逝的人。又如和尚武老人的小孙女只能跟着高祖母和祖母走——她年纪还小，她往上的三代祖先只有这两位是属于正常死亡的。

对于非正常死亡的人，如果可能，还可以通过一个"艾绍予"的仪式，来补救性完成放口含物并送其上路的过程。2006 年 4 月 27 日，和尚武老人的弟弟和尚典突然去世，家人在想尽各种办法进行抢救而无效的情况下，进行了"艾绍予"。以下过程，也是对"艾绍予"的叙事性注解。

在场闲着的年轻人捉了和尚典家的两只公鸡，一只准备用作"艾绍予"（以示给死者放口含），一只准备用作"芝步吉"①（得口含而死者只要一只"芝步吉"的鸡，死男用公鸡，死女用母鸡）。棺木做出来后，准备洗尸入棺。

首先村民和作典抓住一只公鸡，备上一碗面粉、一杯水，站在死者和尚典身边大声喊："五木青②老人病重危急了，阿四金家族赶紧来守他啦！"于是阿四金家族的男人全拥到死者身旁，和尚勋大声送行："五木青，你奶奶叫五构，你妈叫五立，你要紧紧地跟着她俩走，不能跟随其他人走。你前面有三条路，你要往中间那条大胆走去，披荆斩棘，遇石踏碎石，遇河涉过水。上面一条是豺狼虎豹道，下面一条是野鸡野鸟道，中间这条是你的路。你要说是在家族面前来的，是从村民面前来的。"与此同时，和作典抓住鸡脖子一边给和尚典送行，一边往嘴里放口含，塞面粉、灌水，把鸡灌死后，给鸡穿上事先就备好的新衣（用一块新布剪成可以包鸡的形状）。村民们就七手八脚把和尚典尸体抬出去洗尸，和作典把鸡装进事先备好的用松明条做成的三角形盒子（以示棺材）并盖好。又捉起另外一只鸡，用面和米灌死，口中说："五青，从今后，你烧你的火，你饮你的水，你做你的饭，咱们从此分锅。"灌死鸡后就由和永红、和社兴把鸡烫净、洗净，

---

① 在后面的第三部分专门做阐述。
② 和尚典的小名。

砍成块，把锅架在院子里的篝火上炒……

在后续的访谈中，我们了解到更多的细节。一般正常死亡（得到口含的）只使用一只鸡。这只鸡最后用面和米灌死，打理鸡时褪下的鸡毛要放在一个簸箕中，用于"芝步吉"①的仪式，鸡的头和翅膀要砍下来拴在一起，最后挂在棺材上，鸡心会专门煮汤后由孝子供于灵柩前，鸡的身体部分最终会被前来吊唁的人烧来吃掉。但需要特别指出的是，属于死者"崇窝"的人是不能吃这部分鸡肉的。"艾绍予"仪式中所用的鸡也是塞面粉、灌水而死，但因为他是死者的代表，所以还用新布做成新衣给鸡穿上，最后把鸡装入一个松明条做成的三角形盒子里。这个盒子放在棺材的一旁。

## 二、后续仪式紧相续

作为亡者灵魂救度的关键仪式"绍沙克"和"艾绍予"完成后，接下来便是相对常规化的洗尸、穿衣、入棺和停灵等一系列的守灵活动，直到出殡。具体包括洗尸入棺，点长明灯，供祭饭，把魂灵接到家中祖先台上，发放孝布，哭丧，设丧宴款待来客，守灵跳"喂慕达"；出殡前跳"窝热热"。但具体的丧仪又会有所差别。下面我们慢慢从日志记录中追寻这个过程，体察其中的差异。

临终者落气以后，就在其脸上盖上一块白布。然后家族的人就吹响牛角号。村里人一听到牛角号声，就知道是村里有人去世了。

（2006年4月30日）凌晨3点20分，村民和国坚（70岁，老党员，老生产队会计、队长）与世长辞了。他们的家族不仅吹起了牛角号，还派人到村道上喊："阿佬四友不行了，请帮忙一下。"听到喊声后，村民都陆续起床来到他家帮忙。

---

① 为死者另立锅灶仪式。

即使是凌晨，只要听到了牛角号声以及家族人的请求，村民们都会尽快赶过来帮忙了。大家要帮着做洗尸、穿衣、入棺、停灵等丧务。2005年4月7日凌晨，大病卧床一个多月的村民和作良去世了，村民日志中留下了关于洗尸、穿衣、入棺、停灵的完整过程。

这次记录很有特点。日志记录人对丧仪的记录，虽然时有发生，但详略不尽相同，有的细节也存在差异。究其原因，一是丧家对仪式的操办本身存在详略和细节的差异，二是记录人在观察和记录过程中同样会存在重点关注或疏忽的现象。毕竟人不是记录仪，何况记录仪也可能存在观察死角呢。这也是日志的一大特点和魅力，同一主题在不同时空中，记录会出现一些新的亮点，一些出乎意料的细节。这些异同点的浮现、缺失，或隐藏，有无意识的因素，也有有意为之的可能。由此，我们可以讨论一个概念：日志话语与事件的同步性。这个同步性可初步理解为，特定事件或特定叙述与特定时空共生共存；因而具有不可复制性，不可重复性。这种特性从另外一个层面诠释了时间的不可回溯性；类似地，知识之河长流不息，但从来没有回转。在这个意义上，日志与传统民族志、回访民族志，以及一般史志的区别也是再明显不过了。

凌晨4时50分，大病卧床（自正月初四起一直卧床至死）的村民和作良离开了人间。当夜除了他们家族的人外，还有很多村民来他家（不低于30人），大部分人到12点、1点左右离去，有一部分人到凌晨3点才离去，有些人则到4点才离去，也有三四个外家族村民未回家。和作良寿终后，他们家族的年轻人走出家门，边走边喊："阿佬不行了，请乡亲们帮忙一下！"听到喊声的村民们都不约而同地来到他家。

到6点左右，族人和作典拿出零钱请人买"九泉水"。和国兴、和建忠、和尚勋三人到水源头去买水。到水源处，和建忠用饭勺数着接水，把接满的水反手一勺一勺倒在碗里（古来就有男九女七的规矩），然后又接了一桶水，到家烧热作洗尸水。同时一部分人抬出棺材开盖，扫棺。有的人去砍树枝做死者的三脚（架锅灶用），他们找来土灌子、碗勺等生活用具架于三脚上①；有的人用蜡油与石灰粉捣烂成泥状敷在棺材里面的缝缝处，以防以后尸体化脓流出脓水；有的人砍来青刺果枝；有的人在棺材里放铺垫。等水烧好后，和作典说："请大家洗一下尸体。"于是七八人前去抬尸洗尸，他们是和顺明、和金红、和朝东、和金辉、和金星、和建国、和尚勋。大家七手八脚把尸体抬到阶沿石上坐好，和作良的儿子和圣昌把大公鸡递给和顺明，并把一碗面一碗水放于前边，和作典说："老大，用九泉水自己洗头吧。"边说边把一勺水泼于死者头上，洗尸者抬起死者的手比画洗头动作，紧接着就由洗尸人替死者洗尸，顺序是从头到脚。同时和顺明一手抓住鸡脖子，另一手往鸡嘴里塞炒面、灌水，一边塞一边大声说："哦，大胆去吧，别走偏道，要走中间道，遇石踏碎石，遇刺踏断刺，就说是从村民面前来，从家族们面前来"。边说边把鸡拧死（男用公鸡，女用母鸡），交给年轻人去洗净。洗好后，先砍下鸡的双脚双翅，连头和脖子找一块棕皮包好，然后把鸡切成小块放在篝火上架的炒锅里。洗完尸后，和作典拿出腊油大声说："大哥，自己搽自己的油吧！"接着洗尸人帮死者全身擦油，耳、鼻、眼里也塞上油，再给死者穿衣。穿衣的顺序是先穿裤子后穿衣服，再穿鞋子。穿完后就抬进棺材。装棺材时和顺明大声喊："十二生肖中羊虎不相好，跑快啊。"和作良的寿衣是较高级的，一套毛呢中山服，一双高档黑皮鞋，外加一件长毛呢大衣。入棺时还装了200元钱，和顺明把钱装进口袋时边装边喊："和老师，想吃啥就买啥去吧！买酒喝去吧，过去曾见过很多好酒的。"盖棺材盖的时候，在棺材边操作的人们大声喊："老天把死门关上！"然后大家一齐把灵柩抬到正房中间安顿好，把用棕皮所包好的鸡脚等挂在灵柩上面。和作良的两个儿子在灵柩前摆好鸡

---

① 详见"芝布吉"的阐释部分。

心汤，边摆边说："爹，请喝鸡心汤。"接着摆来一碗"吉子豪"（意为入棺饭）。

相关的过程和细节已经非常清楚。

首先是洗尸。有着买"泉水"的习俗，所以家族内的人拿着象征性的零钱去到水源处，用饭勺数着接水，把接满的水反手①一勺一勺倒在碗里（古来就有男九女七的规矩），然后又接了一桶水，到家烧热做洗尸水。洗尸水烧好后，先有家族里的人舀出一勺，泼于死者的头上，并说"请用九泉水洗头吧"，然后就由其他帮忙的人来洗尸，按照从头到脚的顺序进行。洗完以后，还要帮死者全身搽油，也是由家族里的人先大声说"请自己搽自己的油吧"，然后由洗尸的人来做，全身都要搽，耳、鼻、眼也塞上油。

其次是穿衣。穿寿衣也有顺序，即先穿裤子再穿衣服，然后是鞋子。

第三是入棺。一切妥当以后就是入棺，棺材一般都是提前做好的。

按照南溪纳西族的传统，过了49岁就要开始置办棺木，60岁就要开始制作棺材了。但做棺材必须要在农历上有闰月的年份里来做，特别是在这一年的闰月里做就更好。2004年的4月，正是农历上的闰月，所以，家里有老人并且已经准备好棺木的人家都争着在这个月里请木匠来打造棺材。有些赶不上的也争取在年内请木匠完成。②

但是也会有特殊的情况，这样就只能是临时请师傅来做棺材。以上提到的和尚典老人是突然离世，家里没有任何准备，所以棺材也是现做的。

村民们都到了，就连准备帮和建华家搬房子的村民都来到了和尚典家，请木匠师傅和国兴、和建良主持做棺材的事，还没有进到他家院子的村民和万仕、和天林、和圣华等人在门外帮忙借东西（木马、木匠工具、炊具等），等借完东西才进门。东西到后，和国兴、和建良、和作典、和尚军、和永红、和学仁等十多个会木工的人都参加了

---

① 传统信仰中，给无身鬼魂的用水或施舍要反手向外倒，否则它们得不到。

② 参见2004年4月26日的记录。

做棺材的工作，不会木活的村民都就地休息。木匠们七手八脚，弹木线的弹木线，量尺寸的量尺寸、砍的砍、锯的锯、刨的刨、凿的凿，紧张进行了约两个小时……①

用什么样的棺材也是有讲究的。2007 年 10 月 25 日的记录显示：和尚武老人的小儿媳病逝，她当时只有 37 岁。所以特别花了 1400 块钱买了一口黑漆的棺材。记录中还特别提到了以下的内容。

> 南溪的纳西族历来的规矩是按不同的年龄段用不同颜色的棺材，死者为八十岁以上用大红棺材，整个棺材都染成红漆，五十到七十九岁用身黑头红的棺材，成年人到四十九岁用全黑棺材，未成年人用薄板订成棺材，并且不上漆。

把尸体抬入棺材时，还要提醒与死者属相相克的人避让。入棺时还兴放一点钱进去，并把钱装进死者的寿衣口袋里，并嘱咐说："某某某，去买酒喝吧"，或者说"某某某，拿着钱去打麻将吧"之类的。棺材提前打制好的，棺材里一般都已经放上了一些零钱，因为做好的棺材是不能空放着的，所以一般都直接放进一点零钱，多少都没有关系。尸体入棺后，要盖上棺材盖的时候还有人大声喊："老天把死的门关上了！"

第四是停灵。停灵就是把灵柩抬到正房中央安顿好。如果是因为没来得及放口含物而后补做了"艾绍予"仪式的，则要把装了鸡的三角松明条的"棺材"也摆放在灵柩前面。灵柩摆放好，就要在灵柩前的桌子上摆放"豪沃"。

> 和国兴把备好的"豪沃"（尖尖的一大碗熟米饭，盖四块肥肉，正中竖一个熟鸡蛋，上插一根筷子，横放一根筷子成"十"字形）摆到灵柩前面的桌子上，点上油灯，献上酒和茶，点上香，接着煮来鸡心汤，放到桌上大声说："二哥，请喝鸡心汤。"②

---

① 参见 2006 年 4 月 27 日的记录。
② 参见 2006 年 4 月 27 日的记录。

# 三、生死诀别"芝步吉"

"芝步吉"这个过程其实是从洗尸前就开始的各种准备和操作，并且一直延续到入棺后。由于记录中比较零散，这里单独集中进行叙述（在第二章中也有解释）。

和尚勋老师介绍说，"芝步吉"的完整解释是"另立一个火塘"或者"给死者另立锅灶"。所以实际上这个仪式的目的就是区分生死、隔离阴阳。在日志叙述过程中，它有时是名词，有时是动词。

根据以上和作良老人去世时的描述，在洗尸的同时，家族里的人抓来一只鸡，死者为男性则抓公鸡，死者为女性则抓母鸡。有人要一手抓住鸡脖子，一手往鸡嘴里塞炒面，并灌水。一边塞一边大声地说："哦，大胆去吧，别走偏道，要走中间道，遇石踏碎石，遇刺踏断刺，就说是从村民面前来，从家族们面前来。"一边说一边把鸡拧死，并交给年轻人去拔毛洗净。鸡毛最后统一放到了簸箕中。

在洗尸、停灵的同时，还有人出去采摘了野桃树枝。据了解，这个树枝是拿来做了一个类似日常火塘三脚架的"三脚"（叙述中也有直接用铁三角的），即把三根树枝在中间一段捆住，然后拉动三个树枝朝不同的方向呈现"三脚"形状即可。

入棺停灵后，来到死者家中的男人们就抬着装了鸡毛等器物的簸箕出门去。簸箕里摆放的东西有：野桃树枝做成的三脚，三脚上架着瓷罐、瓷碗、饭勺、筷子、几根小柴火等生活用品，另外鸡毛、鸡内脏也要放入，还有洗尸体时用的毛巾和垫在死人屁股下垫过的板子等。2005年1月9日，村中的和益先老人去世，其中送"芝布吉"的过程有清楚的记录。

……吹牛角号的走在最前边，孝子和子一用簸箕抬着已备好的柴、铁三脚（说明也有的人家用铁质的三脚架）、罐、碗、杯等，烫下的鸡毛也装在簸箕里一齐抬去。和金星找着砍刀紧跟在吹号者后面，和子一紧跟在金星后面，一个跟一个，来到他家的男人都得参加"芝步吉"①。吹号人边走边吹，大伙边走边大声喊："入绪哈哈！入绪哈哈！"到"芝步吉"处就把和子一端来的东西放好，摆成烧火做饭的样子，之后开始转一圈，转时按男左女右的方向，就是说，男人死了，从左边往右边转；女人死了，从右边往左边转。由走在最后边的人拿着石头打烂铁三脚上的碗、杯、罐(要是在白天进行"芝步吉"时，就不一定是最后边的人打，而是争着打，哪个打中就说哪个大胆)，晚上由走在后边的人打是为了防止打到在转圈的人。"芝步吉"回来后，大伙都先回到他家，在大门口烧起一堆草，站着一个人用瓢洒水给大伙"嗅颂"(除秽去邪)。大伙把手伸在烟雾上，边沾点水口中边说："颂、颂"，然后大家围着篝火抽烟喝酒，死者家族的人忙着敬烟敬酒，男人们就吃和永红炒熟了的公鸡肉（这公鸡肉死者家族的人不能吃）。休息片刻人们回家去（来到死者家后，没有进行完"芝步吉"是不能回家的）。

摆放和砸坏"芝步吉"的地方叫"芝步吉古"，纳西语里所谓"古"就是"地方""处"的意思。村落中不同的"崇窝"有相对固定的摆放并砸坏"芝步吉"的地方。和老师说：砸坏"芝步吉"，也是生者与死者的一个诀别仪式，而"芝步吉古"也是一个分界线，出殡时送灵的人也就送到"芝步吉古"的位置。

## 四、守灵日夜歌舞续

入棺、停灵以后就意味着要开始守灵。直到出殡，家族里守灵的人一

---

① 因为是纳西语的音译，日志中有"只不几""芝布吉""芝步吉"等写法，在本书中统一成"芝步吉"。

刻也不得离开灵柩，特别要守护着灵柩前的长明灯。由于出殡的日子不能是死者家属的属相日，另外还要避开初一和十五，所以有时要守灵五六天以上。

守灵过程由一系列特定仪式构成：第一，制作孝布和戴孝；第二，唱跳"喂慕达"；第三，孝子女献饭"艾居八达毗"；第四，内亲祭献"吉子豪毗"。

出殡前守灵的第一天晚上跳"喂慕达"是一直延续的传统。吃过晚饭，村民都陆续聚集到死者家里，大家围着篝火歌舞。"喂慕达"是在婚庆和丧葬礼上均可进行的歌舞形式（只是在不同场合唱词和气氛不一样），其形式是一人领唱众人合，歌词是领唱者用古代典故的材料，以自己的语言艺术唱出来的，领唱歌手对唱、对答，常以一人提问一人答的方式进行。舞蹈时女人手拉着手、男人手搭着肩，基本脚步是向前迈三步，向后退一步，随着脚步移动身子向前摇一摇，整套动作既简单又优美。丧葬礼上的"喂慕达"，演唱时的内容主要包括三个方面：一是赞颂亡者德能；二是送死者离开，告诫死者不必留恋尘世，并讲述寿终时所需的物品（如衣、绍沙（口含）、棺木、孝布等）从何而来，死者最终去往何处等题材；三是劝慰孝子孝女生死乃人生之道，不要过度伤心。①

歌舞往往进行到第二天凌晨鸡叫时，这时还有一个重要的仪式叫作"艾居八达毗"——子女到灵柩前祭献一碗稀饭——据说这碗稀饭是死者能够吃到的最后一顿饭了。

> 吃过晚饭，在院坝里烧上了熊熊篝火，村民们围着火塘，跳起了"喂慕达"。有名的民间老艺人和建良领唱，之后，村民们都领唱一两段，一直跳到鸡叫时才休息。刚休息就进行了"艾居八达毗"——鸡鸣祭饭，传说这碗饭是死者能吃到。所以，每当鸡叫，儿媳及女儿就备一碗稀饭来祭灵柩，不免又哭泣一阵。所唱的"喂慕达"用录音机

---

① 夭折、青年亡者在守灵、出葬时不跳"喂慕达"和"窝热热"。

录好，准备明天在灵柩前播放。之后烧上些洋芋，人们围火而坐边吃洋芋边喝茶，边聊天。聊天内容主要是丧葬时唱的"喂慕达"的词和义，当然这主角是民间老艺人和上了年纪的老者。①

为亡者守灵时跳"喂慕达"

　　"吉子豪毗"，是"献入棺饭"的意思。主要是说死者的女儿及家族里的人要带着熟食来灵前献祭，而其他的亲戚则要献上酒、米等物。这个过程要进行两次：一次是入棺以后，是真正的"献入棺饭"；一次出殡以前，属于"献祭"。无论哪次，都有献祭者动情哭诉，表达对死者的不舍。

　　12时后，合每仕的大女儿和金合、二女儿和金花分别率各自家族中的人，前来给老母敬送入棺饭，随后合每仕的后家一族也来送入棺饭。顿时哭声、劝声混成一片，女儿伤心哭泣，随同前来的相扶相

———————

① 参见 2006 年 5 月 23 日记录。

劝。后家的侄儿们动情而泣。入棺饭的内容是：两碗新煮米饭、四块大肉、四块糯米粑粑、四块排骨、四块肝、一瓶酒（如果两个老人中只死一个，还有一个还活着的话，饭只要一碗）、两支点燃的香。有些哭者诉着老母的慈爱、表露出舍不得永别的心情。[1]

从上述记录中还可以看出两个细节：一是进行"吉子豪毗"的人员范围；二是"吉子豪毗"讲究献饭的数量。也就是说，"吉子豪毗"是死者子女及"崇窝"成员的献祭，如果死者是女性，那么献祭的群体还包括其原生"崇窝"的代表。关于献饭的数量，是说一对夫妻里只走了一个，那么只能献上一碗饭，如果夫妻二人都先后离开了，那么就要献上两碗饭。

# 五、出殡搭桥送坟场

出殡当天的仪式和过程在和尚勋老师的记录中也有相关体现，但可以对应和参照的比较零散，所以后期特别对和老师进行了相关访谈，两者结合整理出相关的过程和内容。

2004 年 6 月 17 日记录的一个"出殡日"：

　　一清早死者孙子挨家挨户去请厨师和蒸饭娘(不请也会照例来的，只不过是行一下规矩而已)。

　　村民副组长和圣伟通知村民们来称米、肉，纳西语称"足若豪丛"。每户半斤米、三两肉、一元钱。很早以前这份饭是单独在一家做好了，就在那家里每户一人吃了再来到死者家里的，但现在为了方便起见，这份米、肉、钱都归在死者家一起做好，接着每户一人从家里扛了一两根干柴到火葬场聚焚尸柴，纳西语叫"书鲁阿"。到吃饭时先伺候"足若"(村民)。对"足若"的待遇是较丰厚的：家族孝女，

---

[1]　参见 2004 年 6 月 11 日的记录。

死者后家还有死者至亲都要(为他们专门)换桌摆上特殊的酒、饮料、敬上等好烟,厨师也要加好几次肉菜。

12时"足若"吃饭。"足若"吃完,由四方来客接着吃。

招待完毕,人们就在灵台前跳起了"窝热热"。内容是:"死者快要出行了,孝儿孝女不要伤心,死者慢去,去到最美好的瑶池里享天伦之乐,不是人们抛弃您,是您离开了人们,安息吧!"跳了约一个小时,"足若"就围坐灵柩旁,家族孝儿孝女纷纷前来敬烟,"足若"们也坐着唱起了"窝热热"歌,院中和灵柩旁唱的相呼应,歌声此起彼伏,一阵盖过一阵。旁听起来好不伤心。

接着孝儿和国成、和国红由族中长者和国亮领着,手拿装有酒茶的盘子,燃上香来到灵柩前跪求老母回家中祖先台就餐,并从棺材上摘下大白花,拿到祖先台旁挂上。接着开始了由值事代表(总管1人、厨师1人,蒸饭1人、烟酒1人、家族1人,收礼1人)组成的村民祭饭活动,以上的人每人点一根香,拿一个小碗盛上少许饭,装扮成伤心哭诉状,并且每人由一个人扶着来到灵柩前转过身把饭撒向灵柩。这一有趣的活动纳西语叫作"古日古豪毗",意为乡亲们祭的送别饭。

"古日古豪毗"结束后,就举行发灵仪式,仪式仍由和国亮主持,内容为:献香、献酒、献茶、献昨日厨师们摆设在灵柩前的六大祭碗,每碗都必须由主持者拿给下跪灵柩前的家族长者和国武及孝男和国成、和国红,他们三人都以献酒茶香的姿势,双手高举过头向灵柩敬献并示意磕头,完毕后,这些祭碗由厨师收回。焚尸者主管和作典事先就备好一大碗水和一把砍刀,等仪式一完,手举砍刀砍向装水的大碗并大声喊:"起!""足若"就七手八脚抬起棺材到大门外边拴牢,拴好后扛的扛、扶的扶,搭了三次人桥,"足若"们边走边唱"窝热热",到抬过人桥时,齐喊:"过桥、过桥!"

抬到火葬场后,待放好棺材,"足若"们就地而坐,孝男孝女及死者后家、至亲纷纷向"足若"敬烟，酒管烟管也抬着酒烟而来敬酒烟。敬完酒烟后，死者家族和亲属先离开火葬场，等离开后，焚尸主管和作典备好焚尸准备工作，就点燃一把松明交给死者长子和国成来点燃焚火，和国成点燃后也就离开现场。

"足若"除了个别的好奇者外都相继离去，只留下焚尸人员。从火葬场回来的人们都必须到死者大门旁"嗅塑"：拿一些干草点燃出烟，旁边有一个人端着一盆水站着，来人就沾一些水，在烟上熏一下并说"颂、颂"，再各自散开。

到 7 时许火化工作才结束，焚尸的到家后才开始招待晚饭。晚饭后，年轻人和中年人围着火塘跳开了"纳西打跳"，到 12 时就休息。

家族火葬场的焚棺仪式

结合以上记录和访谈，出殡日的活动比较多，且环环相扣。主要包括戴孝、"足若豪丛""书阿鲁"、待客、跳"窝热热""古日古豪毗"、出殡搭桥等。

第一是"戴孝"。戴孝在传统上有着严格的要求，出葬前一天主人请东巴来制白，男九节女七节。到下午进行悬白仪式，由东巴主持戴孝祭灵柩等事宜，接着让孝子孝女用簸箕抬着白到大门口，把白高高挂起。之后，东巴就整夜诵经、跳舞一直到第二天发灵、出灵到"芝步吉古"才结束。孝子要穿着麻布的孝衣、戴孝帽，孝女和孝媳是围着麻布的孝围腰。亲属"戴孝"还因男性、女性及关系远近的原因，将孝布裁成不同的尺寸。所有的要求代表了戴孝者与死者间的血亲和姻亲关系。但是现在已经有了很大的改变，唯一保留下来的就是孝女和孝媳还会有"孝围腰"，即用白布缝制的围腰，其他头上戴的孝则是统一尺寸的白布。据介绍，一般都是在出殡当天才正式戴孝，但是现在很多人家也会在入棺前就开始发孝布给亲戚。和尚勋老师认为这是南溪人与丽江坝子里的人接触多了以后才逐渐改变的。

第二是"足若豪丛"。记录所提到的"足若"是村里帮忙抬棺材、参加土葬或火葬的所有男性。需要特别指出的是，死者家庭之外的其他家庭成员男性都是"足若"，包括死者崇窝的男性成员。比如，和老师的大哥和尚武老人去世，除和尚武老人的三个儿子及孙子等外，村里其他所有家庭的男性成员都是"足若"——要抬棺材到火葬场或家族坟地里，并参加土葬或火葬。"足若好丛"就是这部分人统一交纳米和肉等。据介绍，以前所有的"足若"以家庭为单位，每家准备一份的肉、米等食材，统一汇集在一家里进行烹调，所有的"足若"就在这家里吃饭。现在为了图省事，都是每家凑二三十块钱，统一交给死者的家属，由死者家来统一安排一顿饭。

第三是"书阿鲁"。这是一个跟火葬密切相关的过程，即要求村里每户都由一个人从自己家里扛一两根干柴堆积起来，用于火葬时焚尸。据说，这一两根干柴应随手从自家柴堆里拿来，千万不能挑来选去。

第四是待客。死者的家庭招待前来参加葬礼的亲属及朋友。以上记录显示，待客是先招待"足若"，一定让他们吃好喝好，然后就是其他的客人。据访谈，现在关于待客的顺序也在发生变化，以前考虑到"足若"还有重要的任务所以先安排他们就餐，但现在考虑说让外来的远客一直饿着肚子，并且拖延了他们返回的时间，而"足若"都是村子里的人不在乎一时半会，所以待客时先安排远客，然后是"足若"，最后是近客。

第五是跳"窝热热"。出殡前所有参加葬礼的人跳起"窝热热"，是生者与死者做最后告别的过程。"窝热热"是一种集体的舞蹈，男女老少都可以参加，大家手拉着手围成圈，随着歌声的节奏向前迈两步，再向后迈一步，然后深深鞠一躬。歌声则婉转哀伤，歌词表达了生者与死者告别，希望死者能顺利走向另一个世界的主题。南溪跳"窝热热"的时间和目的与其他纳西族区域似乎有所不同 ①。

第六是"古日古豪毗"，是村民给死者祭饭的意思。村民代表手拿香和小碗饭，做伤心状来祭奠死者，并把碗里的米饭撒向棺材，表示把饭祭献给了死者。

第七是"三献礼"。孝子孝女们最后一次向死者献上茶、酒和饭等。所有的祭品都由孝子孝女们双手高高举过头顶，向灵柩敬献并磕头。

第八是出殡。所有祭献和告别完成后，就可以出殡了。灵柩抬起前要有人手持砍刀将一个装了冷水的碗砍破，嘴里还要高声念到"起"，随着号召声响起，"足若"就七手八脚地把灵柩抬起，并抬到大门外。用绳索捆好灵柩，扛着、扶着就上了路。所有的女眷们则要赶到前面去"搭桥"——孝女孝媳等面朝家门的方向在路上成一列跪着，灵柩会从她们的头上抬过，抬棺的人和送葬的人都齐声大喊"过桥、过桥"——这样三次、四次，女眷们将灵柩送到"芝步吉古"就返回家里。"足若"将灵柩送到火葬场或坟地。将尸体焚烧或掩埋后，"足若"返回村落，还要进行"除秽"，简单用清水和焚烧干草的烟雾来除去可能有的秽气。

---

① 这是后期笔者对和老师进行访谈时提到的。和老师说他找机会去看了大东乡的"窝热热"，发现与南溪的还是有所区别。

# 六、归去来兮又"伏山"

以上提到了 2004 年 6 月 17 日"出殡日"的记录,6 月 18 日则是"伏山"。

　　所有戴孝的及家族成员们,煎些虾片、粉皮、糯米粑粑、带上一瓶酒、带上一些香到焚场"伏山",当地纳西语通称"上坟"。到焚场,由家族长者在焚尸地点插上香,献上酒茶,供上些所带物品。来上坟的人们分组围坐,吃些所带之物,好酒者喝点酒,闲聊一阵。

　　在家的做好饭菜,等着上坟的回来。上坟的到家后各种事情都由戴孝的来做了,戴孝的又招待执事们。饭后大家休息闲谈,负责记账、收礼、收钱的将记账本、现款、所收礼物(烟、肉、酒)移交给和国成、和国红两兄弟。烟管、酒管也移交所剩或说明不足而从收礼处拿用等情况。年轻人打扑克、打麻将,以这种方式解除前两天的紧张与疲劳,直到太阳偏西才散伙。

　　他们的家族及远处来的亲朋在他家用晚饭。

　　丧葬礼全告结束。

待到次年清明节时,家族成员将再次聚集上坟。至此一个丧葬活动才算彻底了结。

这是死者的亲戚们到火葬场或坟场进行祭拜的过程。从文化的意义上讲,死者在经过了一系列的仪式过程后,尸体得到了妥善解决,而其灵魂也被送往了祖先的故居地,死者的身份已经转化为祖先,具有了回魂返照、庇佑后代的能力。所以,"伏山"虽然是丧葬礼的延续,但是这时祭拜的应该是包括死者在内的众多祖先。

死亡救度与丧葬礼仪过程的复杂严谨,使生者的社会秩序和生活节奏也受到了极大的影响。因此,"伏山"日也给了大家处理和解决相关问题的时间和空间。比如,丧家要招待各种前来帮忙的亲朋好友,这是对于亲朋好友为丧葬礼所做的各种义务性劳动的一种礼貌回馈。又如丧家对丧葬礼的财务支出、收入等进行内部分配，这也是死者离开后社会结构变化结果引发的义务和权利的再分配过程。

由于历史上南溪地处山区，交通相对闭塞，传统上东巴宗教文化沉淀深厚等原因，相对于大部分坝区纳西村寨来说，东巴宗教文化事项或元素在历时性中以流变为民俗信仰具象的方式，得以更为长久地保留、传承下来。这应当是民俗信仰和民俗生活更具有生活性和大众性，从而也更具有社会生命力的表现。自古积淀于南溪村民心中的东巴宗教文化及其精神，绵延于当代南溪村民生活的各个方面。

# 第六章　生产经营的变与不变

如本论著前言部分所谈到的，南溪曾经有一个名字叫"满子司"，来源于纳西语"马场子"的变音。南溪纳西族的村落历史始于丽江木氏土司的养马场，最早的纳西族居民是木氏土司从束河古镇迁来的两户纳西族养马人。清雍正年间改土归流，木氏在丽江的统治结束，养马场子的历史也由此终结。但由于丽江马在明代时作为朝廷贡马而享有盛誉，清代康熙年间朝廷下诏在北胜州开辟茶马互市，丽江马的交易增大，满子司坝子的满上、满中、满下三个村也由牧马场变成了丽江马的供应地之一。由此不断有人从附近的太安、丽江坝子等地迁来，人口不断增长，逐渐形成了今天的南溪村。"大跃进"时期，政府倡导开垦山地发展农业，南溪村由此转向以农业种植为主，辅以少量畜牧业的生产方式，并在后续的发展中成为特色农业区域。

南溪转型为一个典型的农业社区后，由于地处高海拔山区，气候寒冷，主要种植土豆、蔓菁和反季油菜，以及少量燕麦和青稞。

历史上南溪与外界交通困难，村民以人背马驮方式翻山越岭徒步跋涉到丽江城区和鹤庆等地，主要以洋芋、柴薪，其次是青稞和采集的药材等来与周边村落交换自己所需的生活用品，属简单的物物交换。20世纪八九十年代，随着道路通达，商品交易的物品增多，主要以洋芋、牲畜产品和木材为主，而交易范围则扩大到邻近的大理州鹤庆县等区域，最主要的农产品洋芋甚至远销到了大理、楚雄、昆明、攀枝花等城市。

2000年以后，南溪进入历史上发展最快最好的时期，承包出租车营运带动南溪人从乡村走向了城镇；南溪的经济生产呈现多元化形势。本章聚焦出租车营运业的兴起，及其过程中玛咖种植的昙花一现式兴盛，以及后续的复归以传统种植业为基本依托、发展多种经营的经济发展过程。

似乎可以说，南溪人民以洋芋加出租车的经济劳作方式达成了其独特的脱贫致富成果。当代南溪的生产经营在维系传统和变迁转型之间呈现一种变与不变的平衡发展态势。

传统的家庭畜牧经济

# 一、城乡两栖"南溪帮"

20世纪90年代后期，与全国形势基本同步的，外出打工逐渐成为南溪乡村发展的重要途径。由于洋芋的市场价格越压越低，传统的木材交易又因"天保"工程的启动而被废止，而这一时期丽江旅游业逐渐升温，出租车生意也开始兴盛。当时在丽江城里开出租车的人基本上都只做白天的生意，晚上至多到10点就收车休息了。南溪人看准了这个市场缺口，凭着山里人的吃苦耐劳精神，开辟了晚上承包营运出租车的新市场。2000年，南溪村出现下山承包出租车营运的第一人和尚贤（旦前村人），在其带动下，南溪村更多的人走下山去考驾照，承包出租车。几年后，不少人陆续以部分贷款或者合伙出资、合伙贷款的方式买下了出租车营运执照。短短几年，南溪出租车运营几乎占据丽江城出租车运营的半壁江山。南溪开出租车的这帮人被丽江城区人或周边其他乡镇的人称为"南溪帮"。这部分出租车运营人开始是租住民房，资金积累到一定的额度，便开始购买商品房，并携老带幼进城生活，成了城市里的新阶层——富裕农民工。这是南溪村一大历史性的转变。此外，村中还有人在山下搞洗车业、修车业，女青年在外开饭馆或打零工。这一时期，大多数家庭的中青年劳动力都进入到丽江城里，只留下老人在家进行日常的农业耕种和牲畜饲养，到农忙时再集中回家帮忙。

现在，当我们站到一个特定的高度——中国农村曾经的发展历程、中国少数民族边疆农村特定的发展路径，来回看"南溪帮"这个非组织性的群体时，其内在和外延都十分丰富，且具有启发性。实际上，对于这个被我们冠之以"民族地区城市富裕农民工"的群体，相关研究还非常稀少，希望我们能够在后续的研究中将这个题目进行拓展和深化。

始于2004年的村民日志，刚好伴随了南溪出租车营运业的整个生发过程。日志对丽江出租车营运的起落走势、南溪村民挑战并融入丽江出租车市场所带来的一系列变化，以及其间重大事件等，都有较为全面而生动的记叙；这些记叙不仅反映了特定历史阶段南溪的生产经营面貌，更生动展现了当地边疆民族村寨的经济变迁及其走向。

日志之所以能做到这一点，一方面与出租车经济在南溪社会经济生活中的极大相关性有关，是和尚勋老师日志记录脱离不开的主题话语；具体地，由于和尚勋老师的儿子和朝亮也是南溪早期的出租车拥有者之一，并与妻子和福春一道通过艰辛的轮班跑车而成为村中较早致富的家庭之一。因此出租车成为他的高度关注点，也是顺理成章的。

当我们将这一主题集中梳理出来后，这种效果就更加明显了。

（2004年2月18日）到丽江城开出租车的和春红，开车已三年多了。正月初二他的爱人和四谷，携两个女儿前去探亲，一去就二十多天。直到今天和春红才把她三娘母拉回来。在家住了一夜，并告诉他的母亲和习芝："我要领她三娘母在丽江几年，他大女儿江闰让在丽江城上幼儿园。今年开始农忙我们不回来帮忙了，你们两子母看着办吧，能种多少就种多少。"第二天和春红果真把和四谷三娘母又拉回城里。这是该村寨第一例劳务输出者带家眷的有志气有理想的男人。

5月31日，村民和朝亮与和革会合伙买了一辆将要报废（还有一年）的废旧夏利出租车，价格是12.5万元。他俩的意图是买张旧车及牌照，让和朝亮之妻和福春实习几个月，待她的驾驶技术有些进展后更换一张新车。这样做车款好贷些，是由卖车方给做的贷款手续，不必到处求人，只要更换时备上四五万元，其余不足部分则由卖车方贷给。

这是南溪满下村寨里购置的第一辆出租车。满上、中、下三村村民胆小怕事，三个村才有满中村和占典一辆、和万山一辆，加上这辆才三辆，远远赶不上鹿子村、旦都村的人大胆。

9月29日，村民和国军与到满上村上门的堂兄和朝祖合伙买了一张价值14万多的出租车牌照，并一鼓作气，买了辆桑塔纳新车，这是满下村寨投巨资买车的第二家。

一部分人走出去了，但农业生产还是重心。人们还是在种洋芋、薅洋芋、挖洋芋、卖洋芋。除了洋芋，另外还要种植油菜、蔓菁等。村里很多人比以前还忙，农忙时白天回到村子里犁田运肥挖洋芋，下午时分又接着回城开出租。

经济生产多样化的背后，是南溪人勤劳苦干精神的不断发扬。

（2005年2月15日）和珍元、和福寿、和四前、和天林继续做洋芋生意，在他们看来，今年的洋芋生意越做越好做，越做越火红，越做收效越高。究其原因有三：一是，今年洱源老板年前来时遭金龙村洋芋老板伍金福等人的威吓，而年后一直没来；二是城里市价增幅比往年高得多，而村里的价格涨不上来；三是南溪青壮年男人去城里开出租车的人比往年多，故买卖洋芋的人少。满下村到城里开车的就有17人之多，还在学习驾驶执照的有4人。

3月3日，村民和万琼一大早从城里返回，抓紧时间用手扶拖拉机犁田，犁了好几块后，到下午5时半左右又乘车去丽江城开出租车（晚上开）。真是人到中年万事忙，农忙时既要犁田运肥、又要抓经济收入。虽是苦，也乐在其中也，因为任何一个父母为供娃娃求学，真是苦乐同在。特别是当娃娃的学习取得点滴进步时，还是苦不觉苦。和万琼也是属于以上所述的状况。他的儿子和丽锋就读于玉龙县第一中学初三年级，且学习成绩名列前茅，姑娘和丽梅也就读于南溪完小五年级，成绩居上。

和尚勋老师的这几句评价，还反映了纳西族一个世代延续的传统习俗。纳西族历来重教育，无论贫富，城镇还是边远山村，但凡生儿育女，都会尽一己之力、举家之力，鼓励孩子上学读书；以读书为荣，以读书有成为功。这种习惯苦了父母，却成就了纳西族成为中国少数民族中教育普及率最高的民族这一事实，甚至赢得了"中国犹太人"的赞誉。因此南溪村民举家进城，各家情况大同小异，但为孩子争取相对好的教育资源，却是共同的认识。

3月4日，外出开出租车的村民和实回来做自家的春耕工作，用手扶拖拉机往地里送肥。他是较早的驾驶员了，近三年来他每年都是生产开出租车两不误，是个善动脑子、肯干的实干家。他家的各种事业也发生可喜的变化，真是"功夫不负有心人"。

村民们大部分已开始犁去年种过蔓菁而今年准备种洋芋的田块。平日在家领子孙的休闲老奶们也携子孙在翻犁了的地里打土块，这些土块打碎后，勤些的农户还想再犁一次才种洋芋，懒散些的农户则只犁这道就要种了，这部分人占大多数。从犁二道者所占户数看，犁一道或犁二道似乎对洋芋的增减并无多大关系，要不然，家家户户都会犁二道。

如前所述，日志在记叙日常生产劳作活动的过程中，会把当时的村民生产劳作方式、技巧等自然带出；特定时空当中的人物、生产活动内容、活动方式、人际关系等细节得以共时地呈现出来；这些随着生产劳作方式的改变而不断变化或消失的内容，得以定格于日志，使村寨后人或研究者能够直观地感知一幅幅动态的全景式的信息量很大的图景。这也是日志记录的一大特点和贡献。

随着下面依循年月顺序理出的生产活动记录，我们再去感受学习一番年轮带动之下村民接连不断、忙而有序的劳作活动。

4月29日，村民和万林，停开出租车两天，回来参加种油菜。油菜是和万林、和万红两兄弟合伙种的。以前一家只需种一天，但今年他的妹妹和凤英（嫁到太安乡汝南村），借给和万林一块地种油菜。所以今年他俩弟兄要种三天才能完成。

香油好吃，但种油菜的工序是复杂的，犁、耙、打坛、点种、撒磷肥、盖土；除草、薅锄、收割，直到脱粒，才把油菜收到家，农民们才舒口气。最担心的是夏末秋初时节下冰雹，如果那时下冰雹，菜籽就会被冰雹打得受损失，造成减产，甚至会产生颗粒无收的状况。

6月6日，今天薅洋芋的人越来越多。有些没有锄完的也开始薅了，原因是：洋芋长到一定的高度就要薅了。长得太高后不薅，就会损枝伤叶，不好培土，会影响到洋芋的产量。因此，不少人手提化肥袋，肩扛锄头去薅洋芋。若在前些年，这段农时是不算紧也不算松的，但最近两三年却显得特别紧张，究其原因，主要是进城开出租车的劳力很多，几乎平均每家一个，而这些年种洋芋面积大的农户也比前些年多。

6月28日，有个别农户开始种绿肥了。村民和作典家已在今天叫在丽江城开出租车的儿子和圣武回来，与和作典一起犁田种绿肥。和圣武 11 时左右到家后就向和圣明家借了一头耕牛和自家的一头耕牛合起来犁地。大约种了三四个小时就种完了，下午就接着收割已成熟的青稞。和圣武干起活来很带劲。他的父亲和作典与母亲和八也干得很带劲。他老两口的精力不像接近 60 岁的人，和圣武的爱人和爱花更不像当今大部分少妇那样偷懒，而是干得更欢更带劲，是当今少妇中的佼佼者。

8 月 16 日，有部分村民已在蔓菁地里杖除过密的蔓菁苗。蔓菁这种农作物，不宜苗株过密过多，所以在薅蔓菁之前就一定要把多的、密的杖除，只留下适当的苗株。八十多岁的和文海老奶奶，因儿子和建军开出租车，儿媳和海也去考驾照，这些天她筛杖了两三块蔓菁，和燕花也在铲除。有部分妇女早晚铲筛过密蔓菁苗株，白天则捡杂菌或挖中草药，每天上山捡杂菌和挖中草药的，包括过暑假的学生娃娃达四五十人。和仕闰以每公斤 8 元价格收重楼，和国武则以每公斤 9 元的价格在收重楼。所以中村的村民大多到和国武家出售。

9 月 14 日，个别村民（和亚兰、和金雁）已开始挖洋芋了。和亚兰是一个人在家，丈夫和万林开出租车，写了两年合同，没时间帮农。两个姑娘，一个读大学、一个复读初三。一个人维持家务，并要干繁重的农活，所以她事事提前，学青蛇走路。全村人除在家找猪食撇蔓菁叶的，大多都到山上采药。

9 月 20 日，在家的青壮年们都到山上采松包、烧松包、剥松包，为参与过"中秋节"而备节日货。今年的松包结得比去前年多些，再加上南溪各自然村的不少青壮年进入城里开出租车，采松包的人也就比往年采得多些。一人一天十多公斤。要剥上六天左右的话，一人要剥到 70 公斤左右。

上了年纪的人们在家挖洋芋。目前挖洋芋的人们在交谈、在议论，都说今年的洋芋差、烂的也多。根据以往的经验这些说法是准确的，因为今年比往年雨水多，而雨水过多对洋芋生长是有副作用的（叶子死得快，埋在土里的洋芋烂得快）。

9月29日，回来过"中秋节"的在城里开出租车的村民们都回城务工。车子很挤，有好些人只好等到第二趟或者第三趟才能坐上。

人们在紧张地进行着挖洋芋的农活。手扶拖拉机上搭好了防雨篷布，停在田边地角。就连装洋芋用的篮子也备上了雨布，以防下雨时盖好。这些天，在城里开出租车的和万军、和立军、和永华也退车回来帮忙挖洋芋。

10月21日，满下村寨小姑娘和春兰的未婚夫和文伟（七河乡前山行政村高龙自然村人），把他所开的出租车退了，来到和春兰家里帮忙挖洋芋等农活。他打算今年把婚事办了，把心上人娶到家里后再回城包开出租车。

因为天气连续几天晴，很适合搓脱油菜。不少村民都在进行搓脱油菜的农活。干这活要男女配合紧密。一般是：男人搬油菜，小心地把干了的一捆捆油菜慢慢地拿来（拿的动作要轻，如若抽手或使力过大，油菜就会脱落在地上），放在篷布里，搓揉大多由妇女进行，妇女的任务是男人的两三倍，搓后，要扬风，把菜籽整成干干净净的才算完了。男人则把菜籽一袋一袋抬起来装进手扶拖拉机或背回去。搓完后点火烧燃油菜秆和油菜壳。一点火，立刻就发出"噼噼啪啪"的响声，在五六百公尺的地方听起很像枪林弹雨的战场；烈焰腾空，一个个火球能跳跃出二三十公尺远；如若在旷野里看真是好开心；如若在山林附近要分成几小堆来烧，要担心火球会跳进树林间，火星飞进树林间，会造成失火。这些事村民们都是很会掌握的。

村民和作才请来到满中村上门的侄儿和春立，用自家的手扶拖拉机犁田撒下了大麦（小春作物）。在城里开出租车的儿子和圣军买了些鱼寄回家来，以备今晚食用。

村民和永昌、和国春两家耕牛组，一边送肥，一边犁田，撒下了豌豆和大麦，两家一年的小春作物在今天内撒完。

10月31日，在丽江城里开出租车的村民和建军，应夫人和海之约，回来撒播小春作物。此前，和海已作好备耕工作，和建军一到家，立即脱下新衣裳，穿上劳动服，发动手扶拖拉机拉上犁去田里犁田播种。从早上12时干到下午4时就把要种的大麦和豌豆都种完了。

11月3日，村民和仕芬因在家干农活的小儿子和汝信身矮体弱，使不动用拖拉机犁地铧犁，又加上无耕牛，也没跟别人合伙耕田。故把在城里开出租车的大儿子和汝浩召回来撒大麦。和汝浩一到家随便吃了点饭，换了衣服，发动手扶拖拉机就去犁田。他身强力大，只是开车闲身三四年而有些累。他犁田，和汝信及母亲和仕芬耙田，他家是满下村寨撒种小春作物的最后一家。除不种地的和朝珍家以外，全满下村寨全部撒播完小春作物。但很遗憾的是，在"土黄"节令里一点儿雨也不下，这对种子的发芽有一定的影响。

11月15日，和金发的侄子和振康（丽江祥云村人）来到和金发家借手扶拖拉机，说是要搬一所平房到新宅基地。具体办法是：1.手扶拖拉机所燃柴油由和振康负责；2.驾驶员的吃住、烟、酒由和振康负责；3.每天出50元的用费。听到这三项承诺，和金发的岳父和建良也满意，他说："如果是这样，就比开出租车还强些，吾坚爸（指和金发），你去帮些天吧，挖不完的洋芋暂先搁下，不用慌。"

（2011年3月22日）出租车客运经过一段低谷状态后，南溪村老司机，和买车、开车较早已还清车贷房贷，生活足余的部分村民，在城里待腻了，开车也有些厌烦了，就把车出租，回村里休闲，边休闲边重操旧业，跟着老父老母又干起排田种地的老本行。这类村民可以随意干，因为他们离家开车后，仍有老父老母坚持在干"老年农业"，种子、农家肥、生产用的工具样样是现成的，田间地头上也有老人耕作和照管。而把老人也接到城里或者老人丧失劳动能力的村民就不能像上面的村民一样随意了，都得重新开始，困难和投入都大些。

有个别善动脑子的村民，把车租给别人开，自己又去做点临时生意，比如旦后村村民和保德，满上村村民和满文等。他们把从永胜、剑川、鹤庆、维西等邻县买来的鲜玛咖，在丽江卖出，找些差价，做点临时买卖。

出租车营运成为很多家庭经济增收的重要依靠，但全年的生产活动也没有荒废。每年的3月间开始犁田运肥、种洋芋，春耕生产由此拉开序幕，4月间开始种植油菜，6月忙于薅洋芋、种绿肥，7月、8月不但在田里筛选蔓菁株，还要上山捡菌子、挖中药材，9月则是采松包、烧松包、剥松包的季节。10月开始撒播小春，种上大麦和豆子等，11月以后挖洋芋、卖洋芋成为南溪的一景。季节流转，劳作内容轮换不断，"南溪帮"随劳作季节的变换，劳动强度的需求而往返穿梭于田间市头；蜿蜒的山路上，是他们匆忙的车影；村舍田间，则是多数"老年劳动力"坚持和守候的身姿。

如果不细加品读的话，就不会发现，正是由于不懈地记录这种忙忙碌碌，而使得日志具有了一种时日的节奏、季节的节奏和年轮的节奏。这种节奏感又反过来赋予日志一种变迁的特质，同时使其在年复一年的种洋芋、挖洋芋、卖洋芋等这种看似繁复的话语中，带出了不同的人物、事件和景观，还有隐藏于这一切后面的情绪与价值思考。"山村时轮"这个题目也正是在这个繁复絮叨中被不断地显现和强化。①

时至今日，南溪村产业特色，除了期间兴盛了几年的玛咖种植外，仍在于传统特色种植业和出租车运营。日志所透露的充分的信息，使我们可以明确，南溪村的出租车营运人有一个很大的特点，即城里乡下两头跑，城乡兼顾，开车种田两不误。进城闯出"南溪帮"品牌的南溪村民，在农忙时还承担了重要的农活。"南溪帮"实际上是区别于通常意义上的进城农民工的"两栖帮"。

---

① 我们将村民日志第二卷的书名定为《山村时轮——玉龙县黄山镇南溪村纳西族村民日志》。

从乡村振兴的角度来看，南溪以洋芋为主的传统特色种植业，悠久的种植经验、独特地理生态环境下的品质优势具有相对的不可替代性。洋芋种植虽然很辛苦，但收入具有相对稳定性，环境亲和性显著，产业可持续性明显。坚守并强化传统种植业，守住传统农业和发挥特色农业，不仅具有经济意义，还具有乡土文化振兴的意义。这种意义其实并非我们的刻意赋予，日志话语本身已经给予了充分的说明。这也是我们在即将出版的《乡村振兴蓝皮书.南溪村分报告》中以"自在发展的'防空'行动——乡村可持续性振兴的区域性范例"为题撰写专题调研报告的坚实基础。

## 二、昙花一现玛咖业

南溪在经济生产上还曾经历了一段非常时期——玛咖种植时期。

由于其特定的海拔、气候和优良的生态环境条件，2005 年初由杨勇武三兄弟（丽江大研镇人）从南美引入玛咖籽在南溪育苗试种成功，随即在南溪建立了有机玛咖的种植和培养基地，开始带领村民首次进行玛咖的规模化驯养和种植，南溪成为国内玛咖种植的发源地，并在随后近 10 年的时间内迅速发展，农民收益大幅增加。但过程中出现的公司出价过低、部分村民栽种后自行外销以获取更高收益，甚而自行育苗销售、南溪以外农村乘势一哄而上等乱象，导致这一新生产业过早凋敝。

关于早期的玛咖种植，在日志中留下了几段非常有意思的记录。杨老板最开始种植时，村民都不知道他们种植的是什么。[1]

---

[1] 有关杨姓兄弟从秘鲁引种玛咖的经过和相关问题，中央民大 2013 级民族法学研究生胡曼在 2014 年暑期学校南溪田野调查期间及后续调查后有一篇论文交代的比较清楚，题目是《云南丽江南溪村玛咖种植调查报告》。其中的数据和一些描述与日志的记叙有出入，我们认为是正常的，某种意义上更可以看出个体的村民视角与村委会、乡政府和玛咖公司的不同立场和话语差别。

（2006 年 12 月 28 日）满中村村民和志坚找来一些竹尖，给大研镇人试种的中药搭棚防霜。在北京工作的古城区大研镇人，在南溪满中村租了 8 亩农田，并在和国军书记的宅基地里盖了一所砖木结构的新房（他们停用后归和国军书记所有），配用一辆白色桑塔纳自用车，请了一个开车的师傅，专门供其弟弟和立强在南溪满中村主持药材的试种工作。同时，请满中村的村民和志坚帮忙看看鸡，工钱为每月 300 元，两条中上等烟。平常，和立强请和志坚做什么，他都积极帮忙。今天是他受和立强之托，在搭防霜棚。人们都在猜测着这种药材价格肯定会很高，不然不会出很高的租田费、工时款、车油款等那么多费用。药名保密，说是此药要运到北京去。今年租的 8 亩田，只试种了一半的地。

2007 年，杨勇武三兄弟成立格林恒信生物种植有限公司，在南溪村设立有机玛咖种植基地，并先后被中科院过程工程研究所、国家科技部高值特种生物资源产业技术创新战略联盟等单位挂牌为"玛咖规范化培育与种植实验基地"，开始把玛咖种植的范围扩大到满上村、满中村、满下村，面积在四亩左右，他们给农户提供玛咖苗，农户收成后，鲜玛咖由公司以 8 元 1 公斤的价格回购。该公司对外出售鲜果、玛咖，留大部分玛咖给加工厂加工成盒装，售到广州、深圳、苏州等地，初见收益。2008 年，玛咖种植开始扩大到南溪村八个村民小组，种植面积约一千亩左右。

## （一）2008 年：试种

3 月 4 日，在南溪满中村试种中药材玛咖的负责人杨老三，趁在春节前给满中村租赁荒地（户长会议通过）时利用修路老板在满下村沙场拉沙之机，与老板沟通后拉了近百多车沙子堆放在所租借的空地上。今天，又有鹤庆的汽车拉来了瓦片，丽江坝子的汽车拉来了红砖，车来人往，村民们忙着卸货下车，好一派热闹景象。所租借的荒地上堆满了沙子、红砖、瓦片，看起来药材老板真有大干一番的气派。建材目前就只缺木材及石料了。

如果他们试种药材获得成功，那将极大地推动南溪产业结构的调整，对推动南溪经济的增长会有益处。

今年他们要在南溪七个自然村试种五百亩药材（金龙、满上、满中、满下、旦前、旦后、鹿子，文屏村因海拔比这七个自然村低，不宜种此药材）。每亩付租金800元。他们打算以后还要逐年扩种。

3月28日，满中村所有农户已全部完成2008年洋芋种植任务，完成时间比往年提早一个星期左右……再有一点是，每户都留了一些种药材玛咖的地，如果以后种药材的收益比洋芋高或者与洋芋一样，那就将会用更多的地来种药材，因为种药材比种洋芋少成本以及少劳力投入。

6月7日，满中村部分村民已开始种药材玛咖了。村民和珍华是第一个在南溪种庄稼使用现代机械"起垄机"来耕地的，他驾驶着用手扶拖拉机带动的"起垄机"在耕种药材的地。"起垄机"是种药材的杨老板特意买来供农民种药材时使用的，只要加上动力燃油，种药户家就可以使用。用"起垄机"耕地，大大节省了劳力，耕、耙、合垄三大工序一次完成。和珍华耕和建明、和社华及他家的二亩多地只用了约一小时，在耕好的田垄上撒上玛咖种子就算种完。撒种子的方法也比较先进，跟种油菜一样，把种子装在瓶子里，在瓶盖上通个小洞，撒种时手拿瓶子，瓶盖朝下，手一抖，种子从小洞中渗出均匀地撒在田垄上。今天，满中村有五六家使用这种机械来撒药材种。

6月15日，满下村村民和家良家种药材玛咖。因为满下村是今年才开始试种的，虽说玛咖在南溪满中村已试种了两年，但因满下村民从未见过玛咖，杨经理把和家良家种玛咖一事当成示范性的，由他们的员工和春华、和国启来操作起垄机，由杨经理及他们的员工亲自下种，邀请满下村要种药材的农户前来观看，但因现时农事太紧没有人来观看。杨经理他们就同和家良请来三个人帮忙，共七人，到 12 时左右把两亩多地种完，午后又去种和圣昌家的。

出于好意，和家良叫老伴和尚勋做顿丰盛的午餐来招待参加种玛咖的人，大伙很乐意地来到她家吃午饭。今年满下村有三十户想试种玛咖，面积有四十亩左右，明后天会陆续完成玛咖的种植。

从以上的叙述中可以看出，村民对于玛咖这一新物种的种植有着非常高的期待，认为种植玛咖的成本和劳力投入都比洋芋少，市场的收益在这一阶段还不甚明了，但是有玛咖公司每亩 800 元的土地租金，好歹有个保底收入，所以农户都有一定的种植积极性。"起垄机"等机械耕种技术也由此逐渐推广开来。并且南溪也因为玛咖种植而成为玉龙县的创新增长点，各级领导的关注度和支持力度不断加码。

6 月 19 日，丽江市副市长杨静全及市长助理、市创新办、玉龙县长和慧军、黄山镇和晓芳镇长等各级领导及随同人员约三十人，驱车来到南溪满中村"格林恒瑞生物种植有限公司"，察看该公司的玛咖育苗、种植等情况。详细询问了该公司的具体情况和困难，杨老三经理就杨副市长提出的问题以及他们公司的计划、现状等一系列问题作了详细的汇报。听完杨经理的汇报后，杨副市长说："种植中药材玛咖不仅国内市场宽阔，而且国际市场对此种药材供不应求，因此，前景是宽阔的。在种植过程中可能一时难以改变村民传统的种植习惯，不能急于求成，资金及各方面的困难市政府和相关部门一定给予支持和解决。等几天王君正市长还要亲临这里视察，以后的情况会比现在好得多，你们公司也要为农民多种，增收方面做出努力。"

公司的人员深受鼓舞，他们在南溪种植大面积的药材玛咖的劲头更足了，信心更大了，他们相信暂缺的资金不可能全部依赖于政府和相关部门，但会统筹解决一部分。领导离开现场返回后，他们在窃窃私语："领导来得越多，越对我们的生产有利。"

7 月 5 日，……今天全村只听得到手扶拖拉机的噪音，很多农户都驾车忙着往地田运送厩肥，准备撒种蔓菁、萝卜；有的农户正用手扶拖拉机代牛耕地撒蔓菁；有的农户正用手扶拖拉机把刚割下的青稞运往家里，好一片繁忙景象。大家都感到今年太紧张了，锄洋芋，挖洋芋，锄油菜地，挖油菜地，撒种绿肥，割青稞，在青稞地里挖草根，送厩肥撒蔓菁，种中药材玛咖……

## （二）2009 年：新收获

2008 年的南溪因为玛咖逐渐成为一个焦点，市长、县长的专程视察，说明政府层面对玛咖种植的前景非常看好。农户忙于土地的耕种，玛咖也逐渐成为除洋芋、蔓菁、萝卜、青稞、油菜之外的一种重要种植物。

1 月 8 日，设在南溪满中村的生物种植有限公司，今天开始让种有药材玛咖的金龙村、满上村农户挖玛咖，挖出后切去叶子，把玛咖的茎块去泥土后交到公司里。种植玛咖的农户大多数以不管收成多少的包田（每亩 800 元）方式进行，种前公司把要种的地丈量后把地积计好，并按种植地面积的 50% 预付款在下种后发到农户手中；也有一些个别农户采取按产量计价的办法，每公斤 8 元，这样做的农户种前既不丈量地面积，下种后也不拿 50% 的预付款，待挖出茎块后过秤交货计价一次性收款。结果，挖出交货过秤时，金龙村的大多数种植户亩产超过二百多公斤。满中村的个别户也超过 200 公斤。这些农户很后悔，认为当初签合同时应该以过秤的方式进行，这种产量比按亩数取款亏了八九百元，他们认为如果当时签约是按产量单价进行的话，过秤交货的结果可拿到每亩一千六七百元的钱，而现在产量再多也只拿到每亩 800 元。面对现实情况，有些人提出能否按产量付款。公司杨经理说："我们双方在种下几天后就签下合同了，不能改变合同内容，明年大家看怎样做划算就怎样做吧！"人们也就无话可说，嘴上却说不出更多的不满，但心里总还以为"吃亏了"。通过挖交玛咖，大伙都总结出了一条种玛咖的好经验，就是：不能撒种，要移栽苗；再则不宜种得早，最好在火把节后移栽，这样不仅成活率高，而且茎块也大。

1月14日，设在满中村的生物种植有限公司，已基本收完2008年所种的药材玛咖，堆在温棚里。杨老板生怕把药材堆霉变烂了，就从城里拉来一架洗药材的机器，请了六七个满中村人来洗药材。洗净后，把药材切得薄薄的晾在温棚里。杨老板等看到今年所收的玛咖较多，脸上露出了满意的微笑。他们在南溪满中村试种玛咖已有三年整，第一年租了满中村几家农户的八亩地，由他和伙伴们试验种植。第二年在满中村全面推开租地请农户种，通过第一、二年的种植成功的基础上，第三年在南溪七个自然村（金龙、满上、满中、满下、旦前、旦后、鹿子）推广（在村民自愿的基础上推广）。收到的数量出乎他们的预料，高出了许多，他们也对自己的付出感到满意。村民们也窃窃私语："如果老板明年仍按今年的价格，那种玛咖比种洋芋划算多了。"就连今年没有种的村民也动心了。如果玛咖公司成功，南溪的产业将面临改变，南溪的经济将稳步上升。

2009年初，玛咖的收获真正开始。种植户开始挖玛咖交到公司，并且因为不同的合同方式产生了两种收益：一是按每亩800元的上交玛咖，二是每公斤8元过称成交。从亩产的数量上看，每亩200公斤的产量可以有1600元左右的收入。显而易见，第二种合同方式是比较划算的。在种植初期，玛咖栽种也是撒种和移栽秧苗两种方式并存，种植经验和种植技术在摸索中快速提升。对于农户与玛咖公司的利益纠葛，村民们有喜有悲，但不论怎样，玛咖带给南溪人太多的期待。

1月18日，设在南溪满中村的"生物种植有限公司"里，来了六七位贵客，这几位贵客来自北京、广州、深圳、昆明的几家生物制药厂。他们是因南溪村试种生物玛咖获得成功而慕名前来南溪村亲眼观察玛咖种植和收成情况。他们仔细听取了"生物种植"公司负责人的详细介绍后，表示对这一稀有生物很感兴趣，他们用洗晒好的玛咖在大簸箕里拼成玛咖字样，用摄像机从不同角度进行拍摄，意欲制作广告，打出品牌，然后投入制药生产。

1月21日，南溪各自然村（除文屏村外），都在进行玛咖的收交工作。对没有进行收交的农户，公司杨经理打电话告诉村民组长，通知农户尽快收交，以便各自然村都收交后，及时总结、计量、筛选出该奖励和该扣款的农户，并力争在春节前把留下的租地款那部分及以产药数量计价的款项发到种玛咖的农户手中，好让村民过个放心年、和谐年。

从收交玛咖的情况看，今年玛咖栽苗的收成好，撒秧的欠佳，栽苗并以数量计价的农户，户户都收到租地费的二倍多，租地费为每亩800元，而数量计价为每公斤8元，栽苗并过称数量计价的每亩都在200公斤以上。就是说这部分农户每亩收入人民币一千六七百元，经济收入比种洋芋卖的经济收入多得多，且劳力投入和农业成本的投入都比种洋芋少得多，村民觉得比种洋芋划算多了，心中也就有了农业产业结构改革的念头——多种玛咖，少种洋芋。

渐渐地，村民们已经总结出了诸如要移栽苗、不能撒种等不少种植经验。多种玛咖，少种洋芋——农业产业结构调整似乎势在必行。

4月5日，丽江市委常委、市政府常务副市长杨廷仁同志率几个相关部门的领导来南溪满中村格林恒信生物种植有限公司调研……杨副市长当场拍板，表示对玛咖种植给予支持。他指出：玛咖种植要形成规模，为山区人民脱贫致富奔小康起到应有的作用，由市政府出面解决100万元无利息贷款来支持玛咖种植生产，要该公司立即扩大育苗棚六个，玛咖苗要做到村民有求必供的地步。公司杨经理对领导的支持表示感谢，决心也挺大。

6月11日，生物种植有限公司通过两三年的努力实验，在南溪已种出很有保健作用的生物药玛咖。今年在南溪村委会大面积种植，而且公司向村民保证，签订合同书，以每公斤8元的价格由他们回收。合同中还规定，所收产品不得卖给别人，如果发现卖给外人就罚款，并要求赔偿公司育苗损失。今年他们把种植户以五户为一组编好组。今天，公司让满中村的村民以组为单位，到公司领取玛咖苗，按照原来报的亩数，每亩发放九盘玛咖苗，让农户边签合同边领苗。今天开始该公司里呈现出一片人来车往，拥挤热闹的景象。村民把自家所要种的玛咖苗拉回自己家里保管好，有的先放在菜园里，有的放在洋芋仓库里，还有的放在走廊里，准备把洋芋薅完后再种玛咖。

签订了合同，公司和农户都心中有数了，互相有了信赖，种植户不需担心价钱的高低，只要把玛咖种好就行。公司已不担心有人把玛咖卖给外人，一旦发现，可按合同处理事情，双方都不会违约。

扩大种植成为公司和村民的共识，签订的新合同规定每公斤8元的收购价，也要求农户不能将玛咖私自卖给其他商家。合同既是一种约束，也是一种保障，大家可以放手去干了。

为了增加亩产，村民们开始在用肥上下功夫，公司也邀请科技人员来进行相关讲解，提出了掌握种植密度和施足农家肥的方法。

6月24日，满中村部分村民已开始种玛咖苗了，他们把地里的杂草先拔得干干净净，再在地里撒上很多厩肥，地里显出一片黑黑的颜色，接着用手扶拖拉机犁成一垄一垄的。妇女手拿六齿铁耙把垄平整好，平整好一垄，就在平整好的地垄种上玛咖苗，种完一垄又去平整一垄，这样轮番地操作。

前两年按每亩补偿800元的方式计价，厩肥没放这么多，还需要公司的人提醒放些厩肥。今年按所收玛咖的数量付款，公司的人也不需向村民提出多放厩肥的话，而是农户自己会多投放厩肥，期望收到数量较多的玛咖，增加各家的经济收入。

7月15日，满中村格林恒信生物种植有限公司举办了"玉龙县玛咖产业科技培训会"，会议由玉龙县生物创新办和副主任主持，丽江市生物创新办韩副主任讲，"玛咖这一来自南美的生物，在南溪经过五年的栽培试验，已获得成功，今年已种了两千亩，是南溪乃至高寒山区的人民进行产业调整，快速致富的好的新兴产业。种植户与公司要相互依托，互守信用才能发展壮大"。接着公司曹总经理讲了公司和种植户的利益关系，要求种植户种好，公司保证按合同回收产品并及时付款。接着由黄山镇农科站站长讲解了种植玛咖的要领，他说："掌握密度是关键，不宜过密，株距与行距最低也要隔六寸到八寸。其二是种植前要施足农家肥，羊粪、牛粪为最好。三是田间管理要跟上，做到勤锄草，绝对不能让草长得高，吸收了土壤里的营养，会影响玛咖的产量。千万不能施化肥，要把这一产品培育成无公害保健品。"

8月22日，村民们都想多得到点家庭经济收入，家家户户都挑着大粪浇已薅锄的玛咖，都想使玛咖长得好，多收入些钱。先挑村公所里的大粪，再挑自家厕所里的大粪。自家厕所里的大粪挑完了，就把油菜榨油的油窟用斧头或小锤捣碎，装进袋子里，提着去给每棵小玛咖施上一点点，想让它起到促进玛咖生长的作用……杨老板觉得这招行，2009年就全部以产量计价，可他们又担心个别农户为了增收，就对玛咖施加化肥。于是，今天就让和春华从各个自然村中玛咖长势最好的田块里采摘几片叶子，由杨董事长（杨耀武大哥）带去昆明化验检查。

2009年底到2010年初，由于玛咖公司经营的扩大，玛咖的收购、加工又给南溪村民提供了新的生计出路。干个临时工能有每天25元的收入，切叶加工玛咖则有每天50元的收入，会用竹子编簸箕的手艺人也可以将产品卖到公司去。

新的产业和新的经营方式，在带给村民更多实际效益的同时，也产生了更多的不确定性、不平衡心。

10月7日，设立在南溪满中村的格林恒信生物种植有限公司，简称"玛咖公司",今天开始再投入巨资起一所六间的砖木结构房,准备用于玛咖粗加工。从这一行动可以看出,公司的人对种好玛咖下了很大的决心,投入也就逐年增多,这样的局面给南溪村产业结构的调整创建了一个好的前景。但村民对传统的产业一时还难以改变,他们思前想后,思虑重重,都改种成玛咖又担心老板压价。大多数村民认为:"种洋芋虽比种玛咖成本大,劳力投入大,但所产的洋芋要买的老板多,这个不要那个要。而玛咖只能交给公司,这又给公司有可降价或压价的机会。"所以,根据村民的思想观念,难以在南溪形成种植玛咖专业化、规模化的格局。

12 月 24 日,设在南溪满中村的"格林恒信生物种植有限公司"请满中村妇人来公司帮忙切玛咖叶子,由于玛咖收的很多,若不及时切叶,把根收晒好,就会发酵变烂。由于每天付 25 元工钱不能带动参加切叶人的积极性,在五六天前就推出一个新举措,就是计量付酬,每公斤玛咖切叶价为 0.40 元。这样就大大提高了村民的积极性,她们各显其能,大显身手,有的村民一天能切 250 公斤玛咖,工酬近百元。切下 200 公斤的村民占多数,人均日收 80 元。手拙、动作慢的妇女也能切下 120 公斤左右,将近也每天收入 50 元左右。来参加切叶的妇女们早出晚归,中午也匆匆吃点冷饭又投入切玛咖叶的劳动中。

过路人看见了议论说:"满中村设了种植公司,村民又可以去那儿挣钱,有了钱就什么都变通了,中村人抱着个金疙瘩了,这种引资进村,老板有益,富了村民,两全其美。前些年,政府引老板要对满下村草坝开发,满下村民及干部不变通,未能开发太可惜了。"

(三) 2010 年:热火朝天

玛咖的种植和加工给村民带来了不少的好处,但其实玛咖公司的命运是与村民的行为紧紧联系在一起的。一方面村民们担心公司里半干的玛咖片在雪天里霉烂掉，积极投入收拾工作中；一方面玛咖公司担心收购到村民施加了化肥的玛咖而抽样检验。最终，在2010年春节到来之前，玛咖公司将种植、收购的玛咖款发到了村民手里。公司有大好的发展前景，村民有新的发展路径。一切都那么美好。

1月12日，满下村民和吉诚受"玛咖公司"的人所托，用竹子在家里编簸箕。以单个计价，每个簸箕7元钱。他按公司人员的要求，一天就编下十个，傍晚他背着簸箕交到公司，公司人员对他说："这些天，若你没有事情做，就来我公司做几天得了。"和吉诚说："我倒不想干，也许我妈会来干。"公司人员说："你妈来也可以，反正公司里既有男人的活，也有妇女的活，满中村七十五岁的和桂贤老奶，年近七十岁的和五娘老奶都在这里做，欢迎你妈来。"

从公司人员所说出的话里，可以知道，公司正处于收玛咖、加工玛咖的繁忙工作，即使有满中村的很多村民在公司做工，但还是赶不上工作，人手还不够。机器声一响，在公司做工的人就忙得不可开交，抬玛咖装进洗刷机的、洗刷出来后抬到切片机的、片切出来后抬到晒架边的、把切片分晒在架子上的，各忙各的，真是呈现紧张的状况。

1月26日，"玛咖公司"的人员，因在开始挖收玛咖时堆积较多，管理和收拾跟不上而烂了价值三四十万元的玛咖。今天天气阴沉，很像要下雪的样子。公司人员很担心加工后晒在草坪上已成半干的玛咖片受雪浸而变烂变霉，于是就动员在该公司打临时工的满中村民，全力以赴紧急收装晒在草坪上的玛咖片。

1月31日，设在满中村的格林恒信生物种植有限公司已在昨天收完2009年种下的全部玛咖，一些人继续在公司维持加工、收装的工作，杨经理及一个员工去昆明化验各种植户的抽样玛咖，他俩还带了常在公司做零工的满中村村民和立黄。这些抽样的玛咖是各个种植农户在收交自家玛咖时，过秤后，捡上四五个，用塑料袋装封，并标上户名，以一个村民小组为单位封装在纸箱里，带到昆明有关单位化验检查，其主要目的是检查化验玛咖样本里是否含有尿素等化学促长剂。公司是杜绝给玛咖施化肥的，力求种植户做到只施农家肥。这样做虽然花时花钱，但对公司今后的发展是必不可少的手段，是防止个别种植农户图一时的经济利益而暗中施加化肥的必要做法。一经查出施用了化肥的农户，他们会对该农户提出严厉的批评，甚至扣款等。

2月6日，格林恒信生物种植有限公司已发完2009年村民种植、收缴的玛咖款。

这已经是第三个年头种植玛咖了。得到利益的村民们希望能够扩大种植面积，但是公司并不愿意突破2009年的总种植面积。尽管如此，村民们的热情高涨，玛咖公司发放秧苗时的热闹拥挤的场面准确反映了玛咖种植在人们经济生产中的重要性。

3月5日，格林恒信生物种植有限公司给南溪村民公布了2010年玛咖种植的方法。公布的方法说："南溪村玛咖的面积按照2009年的数量种植，不突破2009年总种植的面积，也不缩减，也就是说各农户去年种多少，今年也种多少。"

好多村民都想今年多种些玛咖，但公司定下了合同，不能如愿。

4月27日，格林恒信生物种植有限公司今天开始利用温棚撒育玛咖秧苗。参加这一活动的人们，首先拿来苗盘，在苗盘里已装上已拌匀的腐叶粉与土，装好后抬进温棚，一排排整整齐齐地摆放好，再由公司技术人员杨阿新，手拿装有玛咖种子的瓶子，轻轻地均匀地把种子撒到每个苗盘里，等把所有盘子都撒完种，就开洒水管，用喷洒的形式给苗盘浇水。

据该公司的人员介绍，撒好玛咖种后，每个苗盘都两天浇一次水，待出苗后，得一天浇一次。看来育玛咖秧苗得手勤心也细。

5月12日，在格林恒信生物种植有限公司工作的和春华、和国启、和春红、和云鹤、和冬梅以及好些村民都忙装玛咖上车。他们把事前已洗净、切片、晒干并用纸箱包装好的玛咖，一箱箱地搬到大汽车上装好，他们个个都干得很紧张，同时也感到高兴，今天已是第三车玛咖运出，公司把货出手，是公司的大事，同时也是南溪村民的喜事。事情的确是这样的，公司兴旺则村民增收，玛咖如在市场上畅销，对南溪的经济发展会起到极大的推动作用，村民们都希望能把去年收好的玛咖一下子出手，而且希望能卖到个好价钱。这样老板的收入多了，南溪村民也能在轻松地种植玛咖农事上把自个儿的钱包鼓起来。

将玛咖装完车后，除了开全年工资的这五个村民外，玛咖公司给其余村民都付了工钱。

6月4日，格林恒信生物种植有限公司今天把温棚室内的部分玛咖苗盘搬出来，放置在室外。究其原因是，生怕不够种，就把已长苗的一些苗盘端出来放在室外阳光下，在温棚内再撒一些，以便供足村民种植玛咖所需的苗。

6月14日，"玛咖公司"今天开始发放玛咖苗。按照去年(2009年)各农户的种植面积，每亩发九盘，以村民小组为单位，再细分成若干个小组来发放，今天发放给金龙村村民小组。天刚亮不久，公司的职员还未起来，部分金龙村村民就开着手扶拖拉机到了公司门口……等全村都领好了，大伙还坐一阵，喝阵酒，天黑时分才回家，近六十辆手扶拖拉机，一起发动，机声震耳欲聋，听不清村民相互间的说话声，一条长龙似的，浩浩荡荡，前不见头，后不见尾地向金龙村方向驶去……

领到玛咖苗，移栽和管理就是各家各户自己的事情了。家里年轻一辈都到城里开出租车，只留下老年人管理田地的家庭，请人帮忙也把玛咖种下地去，甚至觉得只种玛咖也是不错的选择。

6月21日，满下村村民和家良家开始种玛咖了。她请和金亮来犁地，同时也请和金亮的母亲杨文花、父亲和子一一起帮忙。他们家仨都诚心诚意地给予帮忙，送肥、撒肥、犁地、耙田，种玛咖苗需干什么帮什么。和家良老奶奶生怕把玛咖苗种下后枯死，就叫老伴从三百米之外挑来水浇给移栽了的玛咖苗，心里想着多一点收入。

兴盛时期的玛咖田

她家为什么领到玛咖苗就种了呢？因为两个老人都已六十岁了，儿子儿媳都在城里跑出租车，就不再管盘田种地的事了。所以，两个老人都力不从心，大部分地已借给亲戚邻居种，他们只种几亩玛咖。这在两位老人看来，种玛咖轻松，又不需下较多成本，经济收入也不错，只种点玛咖就好。

时近7月，要移栽玛咖苗，可天还干着。老天爷不帮忙，就只能靠人的辛苦与勤劳，挑水、拉水，都把水送到了田里。

7月2日，今年种玛咖苗（移栽）村民很多与前两年移栽玛咖苗时截然不同。今年一直不下雨，村民们都要挑水浇苗，有个别村民则用手扶拖拉机用大汽油桶拉来水。

7月5日，因昨天傍晚下了点小阵雨，南溪各村民小组的农户都在今天抓紧进行玛咖移栽工作。满下村村民种得特别认真，边移栽边浇水，其他村民小组有条件的（离水近）农户也这样进行。他们生怕嫩小的玛咖苗被晒死，一心想把玛咖种活种好，来增加自家的经济收入。

村民们一方面小心翼翼地呵护着玛咖种植，一方面还盘算着是否还有更好的收入渠道。公司方面也在忙于进行施工改造，保证新一轮的玛咖加工。

好些村民都在种玛咖的地里锄草。边锄草边谈论说："种玛咖一事，虽然本金不大，但劳力投入可不算少，锄两次草，薅上两次都有些烦，像今年遇到干旱，还得挑水浇。不如去山上采药捡菌子。"

眼下在锄的是垄间空地上的草，这些草已高过玛咖，如不锄，一来找猪食的人会践踏玛咖，二来村民边锄边撒上绿肥种，待到来年三四月份能割绿肥喂牲口，一举两得（一则给地增加了肥力，二则可喂牛、羊、猪，解决春冬牲口缺草之事）。

10月25日是雨天，村民们停止地里劳作，爱打扑克麻将的村民都不约而同地来到各村小卖部前（满中村在联营公司门前，满下村在和国武小卖部前）参与自己爱好的活动；在家闲不住、爱凑热闹的村民也前来观望助阵。

今天都谈论着这样一个话题："今年每斤洋芋已卖到一元二角钱，玛咖则跟四五年前洋芋每斤卖四角钱的价一样。当时以每亩产两千斤洋芋，每斤卖四角钱来折算，试种玛咖租地费每亩八百元，2008年玛咖要算每公斤8元。这几年洋芋价以跳跃形式上涨，今年玛咖收价会怎样？如不提高价钱，明后年还会像这几年一样有人种玛咖吗？"

对经济效益较为敏感的村民，在今天的闲谈中，道出了实质的问题，当今社会，不仅是农民，凡是成熟了的人都会向钱看，洋芋价的猛涨，的确对玛咖产业的发展造成了明显的压力。

### （四）2011 年以后

因为一些特殊的原因，村民日志的记录在 2011 年以后不再完整，但在总结概括性的记录中，和老师还是特别关注到了生产经营。如 2012 年的记录中提道：

> 党的各项惠民政策的感召，更激发了南溪村民奔小康的信心和决心，他们在种好传统的农作物洋芋、油菜的同时，积极进行产业结构的调整，不少村民都逐步转向种植玛珈，全村种植玛珈的面积比前些年明显增多，村民劳动强度比往年逐渐减少。同时，村民们通过及时掌握各种农产品的价格信息，经济收入有所增长。

2015 年的记录则显示大家都在想方设法地扩大种植：

> 南溪村民是很注重现实的，也很讲求实效的，看到 2013、2014 两年的玛咖市场行情，村民们都想把 2015 的经济收入指望在玛咖上。自新年开始，各家各户都心往玛咖上想，钱往玛咖上投，劲往玛咖上使，形成不谋而合的全村共识（除个别户外）。有些村民就花较多的钱买玛咖种，有些村民则投较多的钱搞温棚，准备自己育玛咖苗，自己种一部分，售出一部分苗；有些村民租地想增种玛咖，还有一些村民打算把已荒芜多年的轮耕山地又种起玛咖来……旦后村的和波得，与其弟和四哥、杨耀武、和万兴、和现成等开出租车的村民合伙去大理剑川县租五六百亩地种玛咖。南溪村民在外地租地种玛咖的人还有：旦后村民和合林，他打算到玉龙县鸣音乡高寒村租地两百亩种玛咖；鹿子村民和献才，和献辉两兄弟打算到太安乡太安村租地一百亩种玛咖；旦后村民和社元打算到古城区大东乡租地种玛咖。

玛咖的种植一直延续到 2015 年。在玛咖最火的时候，其销售的范围扩大到北京、香港、上海、杭州等多个大城市，名声大噪。玛咖快速成长为丽江特色支柱产业，备受关注。南溪村的玛咖种植逐渐步入轨道，种植技术逐渐成熟，产量也逐渐上升，格林恒信生物种植有限公司将玛咖的价格增加到了 12—15 元每公斤。到 2014 年，玛咖的平均亩产量为 250 公斤到 300 公斤，每亩玛咖平均收入约 4000 元左右，农民收入多至五六十万元，少的也有二三十万元，较单纯洋芋种植有大幅度提高。

但好景不长，由于玛咖价值被国内旅游业和保健品市场人为虚高，玛咖种植以及销售市场管理混乱，南溪一些村民为获取更高收益开始自行育苗种植或出售苗盘，或将玛咖出售给外地老板，泰安以及丽江以外地区如昭通等地也追风大面积种植，玛咖品质失控，市场饱和。至 2015 年，玛咖的价格一落千丈，南溪村家家户户玛咖堆积如山，无人问津，玛咖经济完全崩盘。

相对于悠久的洋芋种植传统，南溪玛咖只是昙花一现式的繁荣。但日志所记录的内容，甚至日志本身在话语量、记录频度等，都显示这一事件在南溪生产生活等方面的重要性以及深刻影响。不仅如此，玛咖事件的叙述，把这一外来物种从育苗、试种、铺开种植、种植技术、管理细节、村民与公司的合作与互毁过程全盘记录了下来。在南溪时论中，这是一首极其响亮的插曲。现在，事件本身已经远去，但日志却将这份热火朝天的景观永久地定格下来了。


# 三、"种子洋芋"成新宠


让人欣慰的是，玛咖崩盘并没有把南溪人带入绝境。

因为南溪土地多，农户在种植玛咖的同时，并没有完全放弃洋芋的种植，并且还不断以其品质的不可替代性，不断赢得新的声誉和新的市场。在周边太安乡以"洋芋之乡"扬名在外的时候，南溪也开始种植以种子洋芋品种，品质在太安之上。

和老师在 2016 年撰写的《玛咖种植的回顾》中总结道：

很多山区农民把奔小康的希望在前几年曾寄托在玛咖这种植物

上，到现在成了泡影，山区村民实现经济增收，生活实现小康水平，把精力都又转到种植传统的农作物马铃薯（洋芋）上来。经过辛勤的劳动，南溪村民又在2016年创下南溪村有史以来的洋芋最高产量，还有不少农户超出了洋芋收入80万斤大关。

洋芋种植的具体情况如何，《2017年南溪村生产经营的一些情况》中也有反映。

南溪八个自然村的村民（全村委会）自2015年与玛咖告别后，又掀起大种品种名称为"零一"的洋芋热潮。这一品种源于洋芋基地太安乡，自2014年有一些村民引入南溪村，后逐渐扩大种植面积。2017年已占到洋芋总面积的百分之七十。该洋芋品种在南溪种两三年后，村民都认为这一品种洋芋产量高，个头大，面光滑，色白嫩，价格高、出手快。所以，家家户户都种了这个品种的洋芋，有些村民甚至把拖搁了多年的轮耕地也种上了，满下村民和子黄自2016年就向前山村民借了三十亩山上的轮耕地种上"零一"洋芋。

"零一"这一高产洋芋，作为种子外销到红河州、德宏州、楚雄州、大理州、保山市的部分县，销量多，但要赶上这些地方的老板来买的时间，一般每年的9月中旬到10月中旬，是热销时段，之后就渐渐地少了。热销的这一个月每斤开价1元，之后就每斤六角、五角不等。南溪村民每户最低的也收四万至五万斤，最多的每户收16万斤到18万斤，中等的10万斤左右的居多数。种子、化肥、农药等的投入也较多，种植面积多，洋芋产量多的自然投入也多，支出请工钱也多，种植面积多的村民，在进行种洋芋、薅洋芋、收洋芋、卖洋芋的工序时都得请人来帮忙，每个工的工价最低100元，而且还管一日三餐。不投入、不支出，自家的收入就少；投入多、支出多，自家的收入也就多。怎样来理解这一现象呢？洋芋种要出钱从太安乡买来，多施化肥，多次喷洒农药，从城里或外地请来工抓住时机进行薅锄，请来工抓紧时间收售，这样做洋芋大，色好看，且按时能卖出，收几万斤洋芋，就收几万元钱。如果化肥施的少，农药喷洒的少，洋芋就个头不大，老板不喜欢，如若不请工帮忙挖洋芋，只是自家来挖，赶不上热销时段，以后就卖不到好价钱，一斤洋芋也只能卖到前者的一半价，自家做到增产，也不能做到增收同样的一个品种，卖不到同样的价钱。

2015 年以后，南溪村的洋芋种植出现三个大的转变：一是半机械化耕种方式的强化，小型半机械化农机普遍使用，在大范围推进玛咖种植的过程中，旋耕机、拖拉机、除草机等已经开始进入南溪，2000 年前尚可见到的"二牛抬杠""单牛拉杠"的耕地法，已经成为历史；二是受益于玛咖种植历程的科学种植观念的不断提高，使洋芋产量有了大幅度提高，单产 3000 斤是以前从来不曾有过的，个人种植能力也大幅提高，人均种植 10 亩以上已成常事；三是其种子洋芋基地的地位不断凸显，洋芋种的选择和处理、各种肥料和药剂的使用等，不断科技化和规范化（但是牺牲了生态化种植这一非常珍贵的做法，其负面效应还会在将来不断显现出来）。

洋芋花开的季节

所谓"种子洋芋"，是指种植和出售作为种子的洋芋。德宏、红河、西双版纳等地的冬作物为洋芋，但是这些地区气候炎热，没有办法储存洋芋种子，每年11月份种植前都需要重新购买洋芋种子，而南溪高海拔的气候环境出产的洋芋种子就成为热销产品。特别是以"丽薯6号"为代表的洋芋品种逐渐在德宏、西双版纳等地的农户中赢得了高产、高质的口碑。

# 四、药材种植添新业

南溪的多种经济发展中，值得一提的还有药材种植。

南溪是多种野生药材的天然温室。在"精明农民的小家庭生活"中，已经出现了和国武2004年收购岩陀、重楼、灯盏花等药材的记录。每年七八月间，村民们都背着篮子上山，一方面是在捡菌子，另一方面就是忙于挖药材。和老师在日志中说：

（2004年7月23日）……挖药材比捡菌子还能多找些钱，捡菌子有个别人一天捡十多元，但一般人不易捡的。

8月5日，……捡菌子没把握的人们都去挖灯掌花，最高的是和爱花及和良命，一天挖到二十七八元钱的灯掌花。一般的都能挖到十来元的药；捡菌子则不同，如捡不到"茸松"和"一窝菌"，要靠捡杂菌日收入十五六元是够辛苦的。所以，只要有人收药材，挖药材虽挣钱不多但稳当些，捡菌子则会有空跑的现象。

8月17日，村民中的青少壮年人90%以上都到山上去捡菌子以及采挖药材，一天的收入大约在10—15元左右，挖到"重楼"的要收入多一些。采药的到天黑才到家。

2005年，村民们都已经感受到药材的价格比野生菌的价格更为稳定，售卖药材在其经济收入中的比重有所加大。

（2005年8月17日）好多妇女（没有去交流会游玩的）成群结队到东面山上（文华文笔村上面）去挖重楼。她们经过两三年找挖药材而积累了经验，掌握了重楼生长规律的村民和社芬、和满谷挖到的最多，她俩都挖到了差不多同样数量的 2.8 公斤，这些天因收购价格上扬到一公斤 16 元，因此，她俩每人得到人民币 44.4 元，是今年采挖药材开始至今人均日收入最高的两人。村民一般都只收入二十几元；不善于采挖又缺乏经验，又不敢钻丛林荆棘丛的村民收入更少，七八元到十几元不等。

　　8 月 24 日，全村的所有蔓菁都薅完了。每家平均有一个妇女外出找猪食（割青草），除此之外都往山上去挖重楼、捡菌子。有些村民则去得很远，如村民和朝光、杨耀祥夫妇就去到后山行政村高美自然村的大山里去挖重楼，他俩打算住在高美村六七天才回来，一次性出售挖到的药材。

　　往年的这段时间村妇们是上山割青叶垫厩积肥的好时机，而今年却不然，全村几乎没有人割青叶了，这么大的一个村庄，只有村民和永秀、和溢社、和建国每天割一篮，还有和闰芝间或割一篮外，确实没人割青叶，大家把重点放在上山采药材上。

2006 年及其以后的几年，每到七八月间大部分村民们都在忙着挖药材、捡菌子。因为有人买，所以才会有人去挖、去捡来卖。转过来，有人卖，才会有人买，村里的个别人还因此做起了倒卖药材的生意。有意思的是，有个别村民从山上挖来的药材也不着急出手，埋在自家菜园里再培育几天，等待合适的价格再出售。

　　（2009 年 8 月 17 日）满中村村民和三友从今天开始又像往年一样收购中药材，而且重楼的价格每公斤为 30 元，比满下村和仕闰代和丽红收的价每公斤多 2 元。见此情景，满下村村民去东面、东北方面的山上挖重楼的人就在和三友家卖了药材才回家。这样就意味着再等两三天重楼收购价还会上扬。满下村民杨文花今天挖到的重楼就不出手，带回家里，埋在自家的菜园里，待隔些时日价格上扬到四十元再一次性出手，此前也埋了四天所挖到的重楼五公斤左右。她的做法是不外扬的，只是给丈夫和子一讲的。的确，她这样做是经过细算的，她审时度势，知道山里的重楼不再像以往年多，药材老板待些日子会提高价格，如果每公斤上扬8元，10公斤就增收80元。她的这种算法不再给任何人讲。

2008—2015年玛咖种植在南溪大涨大落，也正是在此期间，野生药材引种和外苗栽培方式开展的药材种植已经悄然铺开。

药材种植的兴起有以下几方面的原因：第一是省内外市场对生态种植药材的需求日益增大，例如云南白药集团对生态药材种植的扶持性供苗以及大量收购。第二，南溪村一些早期下山开出租车发家的村民，看到了药材市场的前景而主动开展药材种植，希望在出租车运营和传统洋芋产业之外找到新的经济增长点。例如旦前村民和尚贤等人创办了"玉龙三音种养殖有限公司"。

2018年10月底，我们为撰写《乡村振兴蓝皮书·南溪村分报告》而前往南溪进行调查，我们了解到了和尚贤及其"玉龙三音种养殖有限公司"的发展。

2012年，已经在城里开了10年出租车的和尚贤，与和他有着类似经历的同村人和万辉、杨志刚一起做了一个重大的决定——回南溪村搞个基地种重楼。他们回村合伙租下了十多亩土地开始种植重楼。虽然重楼等药材在南溪村的山林里就有，但是一时满足不了大面积种植的需要，于是他们前往丽江市鲁甸乡购买重楼苗，哪想买到了根本卖不出价格"毛重楼"，辛苦攒下的40多万块就这样没了。

2014年5月5日，和尚贤、杨志远、和万辉合伙注册了"玉龙三音种养殖有限公司"，三家人以公司的名义共同租下了280多亩的土地。

2015年，除了100多亩土地种植玛咖以外，剩下的土地都留给了重楼种植。这次，他们选择收购村民在山林里找到的重楼，他们认为这才是适合当地气候海拔特点的滇重楼。由于收购到的重楼相对有限，所以大部分的土地还是留置下来了。

2017 年，重楼种植有了第一次收获，7 亩土地达到 3.8 吨的产量。最后以 390 元 / 公斤的价格卖给了云南白药集团分公司，获利 140 多万元。另外，2017 年还有一笔 6 万多块的收入是来自出售种子。

和尚贤带我们去到他的种植基地，小心翼翼地扒开泥土给我们看正在长大的重楼，也指着重楼的苗告诉我们种子在哪里。他说他们逐渐摸索出了重楼的种植技术，甚至已经开始自行培育重楼苗。

据调查，以重楼为主的生态药材种植，虽然增加了南溪种植业的多样性，但存在种植周期长、长期市场不可控等因素，因而在目前条件下尚无可能大面积推开。此外当归种植也初具规模，2017 年有 251 户共种植 132.8 亩。①

2019 年 8 月，我们在暑假期间前往丽江看望和尚勋老师，在和老师儿子买下的丽江城里的大房子里也见到了和尚勋老师的妻子。和师母告诉我们：这段时间正是找菌子的季节，村子里热闹得很，很多在外打工的人都回去捡菌子了。另外，还有老板来收购一种药材，她也说不出药材的名字，是一种开着小朵红花的植物，说根茎才能做药。高山上也有，但根茎小，村边的草坝上也有，好挖、根茎也大。老板的收购价是 15 元 / 公斤。和师母说她在南溪三四天，每天都还可以挖到 70 块钱左右的药材。②

可以想见，南溪村从十几年前的挖售野生药材，到近年开始的挖野生药材的同时，驯养野生药材种苗并扩大种植，以及外购种苗进行种植，这一产业同南溪洋芋一样，由于其特定的不可复制的自然生态环境而应当具备较好的发展前景。

期待和尚勋老师后续的日志中再以主位的叙说，为我们讲述南溪产业发展的故事。

---

① 该数据源于《黄山镇南溪村委会当归种植统计表》。

② 2019 年 8 月 20 日，笔者整理访谈资料。因为各种原因，没有来得及上山去到南溪确认到底是什么药材，但是南溪挖药材、中药材的生产生活还在继续着。

# 下　篇　日志外的追问

独自一人，十几年坚持记村寨日志，这本身就是一件史无前例的事情。虽然其中也有诸多的无奈，诸如出于一贯的做人原则而难言放弃，找不到适合的接班人，不忍心辜负我们的努力和付出，对维持基地运行的价值认识不到位等。因此十多年中，尽管南溪发生了诸多的变化，唯生老病死的循环不变、生产作息的日积月累不变；还有与之相伴的坚持记录没变。

但微观上，围绕日志及其记录人的诸多因素却都在发生变化，包括记录内容的变化，以及"记录"这一行为本身的变化。村寨社会生活中的变迁、和尚勋老师个人及家庭事件等，都会影响记录；甚至记录过程本身，也会潜移默化地影响记录的视角、表述、写作手法等。

对此，在前面两个部分的基础上，我们采取了集中访谈的办法，将一些相关问题集中呈现。具体地，第一章是以学生的视角对和尚勋老师进行的访谈，第二章是我们基地负责人对记录人进行的访谈。第三章，则是综合前面各部分进行的一个总结。

# 第七章　外来学生的探访

算是一种预见吧，我们早在 2014 年学校暑期的田野调查时，即安排了两位学生，以和尚勋老师为调查访谈对象进行自主访谈，以此对基地和日志记录作一个十年期的小结。我们可以将这个访谈结果看作是反思民族志的理念之一——"多声部"实验的一个样品，外来学生在一次性的较短时间周期里，对田野和田野对象的把握与思考。虽然由于学生本身的介入程度，对基地本身的了解把握存在盲区等原因，访谈结果存在各种不足，但作为一份历史参照，整理如下，①并以脚注的方式进行再反思。

## 一、记录员个人经历

2014 年 7 月 18 日，我们一行 19 人前往南溪村进行 10 天的田野调查，走进了这一个风景秀丽的纳西村寨，见到了云南大学设立在此处的基地，也见到了村寨日记记录员和尚勋老师。

在我们眼前的是这样一个老者：身着一件深蓝色的工装外套，一条宽松的牛仔裤，头发微微发白，皮肤略黝黑，笑起来眼睛眯成线，皱纹停在

---

① 原文名称：《一个村寨日志记录员的十年——南溪村基地和尚勋专访》，作者李婉妍，
云南大学民族学与社会学学院宗教学专业 2013 级硕士研究生。另一位担任访谈的学生来自浙江大学，由于她的文章过于散、杂，很多自我揣摩的判断没有落到实处，故在此略去。详见 2014 年云南大学民社学院暑期学校南溪基地论文集（内部资料）。

眼角。这十天里，他带着我们拜访了许多村民，一直关心着我们的调查进展，对我们的提问都会耐心地回答。

从 2004 年至 2011 年，和尚勋老师坚持每天（除极少的偶有间断外）记录南溪村的生计活动、婚丧嫁娶、人口变化、外出务工等方方面面的事情。由于家里发生一些变故，他回去城里照顾家人，因此 2012 年时，村寨日记只记录了村子里的一些大概情况，没有再逐日记录，并且在 2013 年停止记录。直到 2014 年，和尚勋老师重新执笔，再次记录村寨日记。而他一开始仅仅作为日记记录者的身份在悄悄地发生着许多变化，不仅是我们调查中的向导，也是基地的管理者和保护者。

十年，基地、南溪都发生了一定的变化，和尚勋老师在这十年中，经历了家庭变故，中断日记记录，搬离南溪村去往城里居住，2014 年重新开始记录日记等事情，他的情感、生活也在发生着许多变化。他过往的记录，为我们展现这个有"小香格里拉"之称的纳西族村寨的民居建筑、生活习俗、宗教信仰、饮食服饰、音乐舞蹈等文化现状，用以调查研究纳西族社会文化传统及其发展变迁。因此，笔者决定为和尚勋老师做一次专访。通过他的个人访谈，他的日记，去了解南溪村的十年变迁，他个人的生活以及基地的变化。

根据和尚勋老师口述，他 8 岁刚上小学一年级时，父亲去世，13 岁时母亲去世，因此是跟着两个哥哥一起长大的。在小学六年级时当上了学校的少先队大队长，成为老师的得力助手，而他也一再自称是"小绵羊"，太过听话。小学毕业后以第三名的优异成绩考上中学，并且在初二下学期当团支部副书记，成为老师的副手。1966 年"文化大革命"导致学生无法上学，学校也成立了文化革命委员会。1966 年 10 月份，丽江选取红卫兵代表到北京，在北京待了 42 天，接受了毛主席的接见。虽然当时满腔热血，倍感光荣，但这段往事现在想起来会觉得十分不成熟。1968 年，毛主席下命令，要进行贫下中农再教育，于是他变成了回乡青年，回到家乡的时候，受到了家乡人的嘲笑，认为他即使到过北京，到过昆明，但处境仍然比不上在家乡的人。直到后来担任了南溪大队的团支部书记，村里的人将他视为知识分子，情况渐渐好转。1970年10月，南溪要选取一个去读师范学校的学生，支部扩大会议通过并确定了他的名额，也经过了家里人的同意。然而，当时的公社书记极力反对。公社书记认为当时村干部都是没文化的，好不容易来了一个有文化的，却要放他走，就等于放走了一个优秀人才，因此和尚勋无法如愿去读师范学校。1970年底，国家陆续安排知识青年回城，本想去财贸公司，但是当时大哥阻止，说怕万一发生经济问题，跳进黄河也洗不清，对名声不好，因此也放弃了这个机会。几个月后，有一个支援边疆教师的项目在县里找人。由于大哥的促成，还有当时村里人的话，促使他走上了工作岗位。1971年12月，在怒江福贡县教书，一年半后才转正，后来调到一个大队完小当校长。1974年，有一个推荐上大学的项目，但由于教龄不足五年，因此无法带薪读书。而且当时家里已有了孩子，经济条件、家庭情况都不允许自己去读大学。1976年9月，和尚勋被调到公社当教育办公室的总务主任，且于1978年入党。1990年，儿子上初中，女儿上卫校中专，因此为了照顾家里的生活，和尚勋回到了南溪完小。由于后来患上了气管炎，影响了教学的进度和质量，为了不耽误教学，也为了能在村子里可以有脸面地继续生活，和尚勋在2002年选择退休，退休之后身体才慢慢变好，但也有些村里人说他是装病，留下了一些误解。

2003年10月左右，云大在南溪建立基地。经过征求县里的意见，村委会推荐和尚勋、和国高二人当基地的村寨日记记录员。但是由于满下村和满中村有矛盾，因此也有人阻止和老师，经由云南大学老师的调解，才当上了记录员。2009年6月17日，在小外孙读一年级的时候，姑爷生病去世。因此9月份，他到女儿家里，帮忙带外孙。这个时期可以说是一个转折点，和尚勋老师推辞过几次记录员工作，但由于南溪村外出务工的人太多，没有找到合适的人选，因此一直在坚持。后来从2012年开始，只写了村子里方方面面的大概情况。2013年，停止记录。2014年开始，他的身体好转，家里事情也较为清闲，于是重新开始记录。

眼下，和尚勋老师最大的心愿在于家庭和睦，几个孩子可以继续做正当职业，不要学坏。他一直对外来事物比较敏感，在经济发展、居住条件等方面的改善比其他人快。他也希望自己的孩子可以干点实业，不要参与赌博，不要受到外面世界的诱惑，他也希望自己的两个孙子能够好好读书成才，因为只有读书才能有出路，才会有更好的发展。与他的对话中，可以感受到作为一个父亲和爷爷，他对家庭无比的关心。

## 二、日记记录中遇到的问题

和尚勋老师在记录日记的过程中，碰到了不少问题。诸如被采访的人是否会有所抗拒，其他人又是如何看待他的身份。在这个记录的过程中，当有外校的人来时，他扮演的又是什么角色。更重要的是，他虽然是从主位的视角出发，但他没有人类学或民族学等相关的专业训练，如何把握与人交谈的程度，掌控聊天中的方向，这些问题都让笔者十分好奇，而他也为笔者详细地叙述了在调查过程中遇到的难题。

1. 在开始询问的时候，您有遭过拒绝吗？他们在跟您说这些事情的时候，会保守一些吗？

没有被拒绝过。但是有些村民比较保守，比如说经济收入这一块，很不愿意开诚布公。不清楚是什么原因，我也摸不准，这一块比较保守。其他的就很不保守，有什么就谈什么。

2. 您一般访问对象哪一类人比较多？是妇女、青年，还是爷爷辈的那种？

这个不一定。有时候是在路上碰到的，就进行随意交谈了。比如今天有人卖东西回来了，买东西回来了。卖得多，回来的时候，就说你卖了多少，挖了多少。妇女、学生那些也有。但是我比较常问的是那种壮年了，他们这些人的胸怀比较宽广一些，比较好问。

3.当他们不再愿意说的时候，您会继续往下提问还是终止话题呢？

这个时候我会说明，做这些田野，学生的这些田野，不会对他们家庭的经济，对国家对家庭的支持造成什么影响，我做了一些解释，所以有些村民就如实地说了。比如说老村长和国高，他的经济收入是多，加起来有多少，买饲料多少，买口粮多少。有些就比较保守，不管我怎么做工作，还是比较保守，尤其是做小卖铺那些。①

4.在访谈的过程中，您是通过访谈比较多，还是观察比较多？

我写日记主要是通过观察，因为如果访谈的话可能来不及记录。而且有些村民，由于素质相差大，比较不好问。在这几个村子中，满中村的人还比较开朗，其他村的人会比较保守。比如，如果我问他们，他就会问，你是不是要给我发什么东西，是不是要给我救济。如果遇到这种问题，就需要做解释。有些人就会开玩笑，你是不是在赚大钱。好像云南大学的研究生下乡，我领着云大的研究生就像领着游客那样会赚钱，就会产生一些误解。②

5.记日记之前，您会有计划性地去采访一些人吗？

计划性的没有，比较随意，每天发生了什么事情都是偶然的。③比如说村寨事宜，比如村委召开了会议，参加的人是谁，谁来主持会议，会议里谈到什么问题，这些就好记，有些东西也是不一定采访。有些时候我不一定参与，就问参加过的，这里有什么人参加，谈了些什么内容，这些都好问。再一个是人生大事，今天哪一家人娶媳妇

---

① 从这句话可以反思我们外来人直接访谈村民所能获取的信息量以及信息的真实度。

② 为了收集信息，不管是问询还是观察，记录人其实一直背负着一个来自村民的压力：认为他的工作是功利性的。对此，我们心中非常负疚，但是又无能为力。

③ 这正是日志与客位民族志的一个根本差异：为了完成某个民族志式的项目，我们往往是功利性的，有针对性的，场景和素材的自我解读性的。日志对信息的收集虽然不能说完全没有目的性，但基本上是随意而为的，清风白云，风情本具。

了，请的客是什么样，做的菜是怎么样，以前的桌是怎么样，现在怎么样。收到多少礼，这个我不会去问，他们有记账的，会跟记账的人聊。如果是发生在我自己家族的事情，我就不需要去问了，我就可以按照我看到的，一目了然。① 再一个是生计活动，比如说今天这个和师傅上山采蘑菇了，捡了一些蘑菇，捡了一些什么蘑菇，捡到多少，卖了多少钱，这些都要记，这些方面有点不好记录。还有一块是人员流动，这一块是好搞一点，今天你们来了，搞了些什么，从什么地方来，你的课题是什么，这些都要问。这个时候我就会将他们的名字、所读的专业、学校、电话号码，写在本子上。

6. 像这些采访过的人，您还会回过去采访他们，做一个回访吗？

因为一年的情况跟一年的情况不一样，会有区别。有必要的时候还是会去问的。但是我会注意对象，能不能问，哪个村民才可以问，有些人认为，和老师记这个干什么，有什么用处。平时有些村民还跟我儿子说，对我有一些误解，比如我看到有些村民收获比较大，我会表示称赞一下，会说你们真行，能干。结果村民误认为我眼红他们，他们就会把这个情况说给我儿子。我儿子就会说，别人的事情你管那么多干什么，你自己日子过得下去就行了嘛。因此要知道哪些村民可以问，哪些村民不可以问。

当然如果遇到这种情况我不会再去问了，但是有些村民是会互通有无的。比方说今天我家卖洋芋，我请了一户人，帮忙摘洋芋，他们就相互知道了嘛。我家今天卖了多少，多少钱一斤，还剩多少可以卖，洋芋这一块大概能收入多少，这些是互相帮忙，注意或不注意的时候就传出去了。所以他们就会说，他卖了这么多那么多，这些数据就来了嘛，都比较详细了，有些事情就不一定问了。比方说你家卖一

---

① 记录人一句轻描淡写的"一目了然"，蕴含了日志的诸多特质：记录人与记录对境的同构性。有关这个特质，在第三部分第三章有进一步总结。

头猪，不可能是关起门来卖嘛，都有人看见，吹吹谈谈的时候，今天早上他家又卖了一头猪，他家这个是便宜了一点，村民都会谈论的。

7.遇到这样的情况，例如他们向您的儿子反映您眼红他们，你会做些解释吗？

遇到这些，我一般不会做解释，因为怎么讲也讲不清楚。可以说我运气好一些，比较会看时机。我在城里面的房子，比其他村民在城里买的房子好一点，环境也好，买在别墅区，那他们认为，"云南大学如果没有给和老师那么多钱，他会干的吗？他们家有车有房，又住得那么好。"所以我认为没有必要解释，当然也会有一些压力产生。但是我认为，单单计较压力那么我就有愧于这个坚持了十年的和晓蓉老师与洪颖老师，她们两个的精神，确实对我的影响很大。① 我从她们两个在近十年的时间里面，看到了学者对事业的孜孜追求，如果一天这样，另一天那样，天天不一样，想想这些，我不管云大给我150块钱，这个村寨日记的150块钱，我不写日记就不要了，前两年断掉的时候，就没有要了。今年重新写，又要了。对这个钱，钱多当然是好一点，但是我认为，过去一个月30块钱的工资也过来了，一个月130块钱的工资也过来了，300块的工资也过来了，所以我的心态很自然，所以我不比人家，我只跟我以前的经历比。我觉得2002年我刚刚退休的时候，九月份开始拿退休工资，那时候的工资是1171元，现在加到2800多，想想国家是很困难，像我这样的人有多少，国家的财政负担也是够重的，所以我对现状很满足，所以这个压力变为动力了。

8.您在调查的过程当中，有没有哪些事情改变了您的一些看法，带给您很多的触动，南溪这十年又有哪些比较大的变化？

有的，经济发展这一块改变是比较大的。因为农民的经济一天比

---

① 对此说法我们觉得很惭愧。我们的坚持除了对南溪的爱与不舍，还有更多是工作的要求。

一天提高，国家一天比一天强大。一个是往上发展，一个是物价上涨。过去的村民青菜自产的多，自产的吃得多，像洋芋、蔓菁花啊、干萝卜啊，这些吃的多一点。这几年在城里做生意的，就有老太太卖新鲜菜。南溪村吃的蘑菇也比较多了，所以生活是逐年地改善。

还有一个就是村民面对现实的事情太多了。因为过去两位老师也想主持一个东巴文化传承班，可以从东巴博物院派人过来。但是年轻人都是问，能给多少钱，所以说没有人学。采访了一下，一个人也不想学，所以这个培训也是办不起来。年代太久远了，不可能再恢复了。1964年以前，还有一两个东巴，要请他们做点法事都是偷偷摸摸的。村民们是很朴实的。政府们不让搞，就没有搞了。"文化大革命"的破坏很大，为了破四旧，法器啊经书啊都烧了。1976年以后，东巴就不存在了，东巴这个词在30岁左右的人的脑海里已经没有具体的概念了。之前旦前村的一个东巴去世，可以说是东巴文化落幕的一个标志。

此外，特别是村寨基础设施建设方面也越来越好了。以前和晓蓉老师他们刚来的时候，村寨是泥泞的水泥路，现在是沥青路面了。过去村子里没有活动场所，现在村村有活动场所了。夜间照明，各个村寨都有太阳能路灯，一个村寨大概有六七个。

人的性格方面，向钱看的多，人际关系淡薄了。以前的话，南溪村人看重义气、礼节。村子里哪家生产赶不上了，大家都去帮一帮。如果我家有地，我请你们家来帮忙，你帮上十天八天，一点怨言都没有。现在不是了，如果我请你，就需要花钱了。而且，今年如果是80元一天，明年可能就100元一天。当然这是社会发展的必然。我儿子出去开出租车赚钱了，他们会说你儿子出去赚钱了，我们却要来帮忙，会有这种心态。

9. 那么像文化方面的流失，您觉得有可能恢复吗？

文化方面的流失，基本不大可能恢复了。以前南溪村的情歌对唱，在我们南溪村很盛行，现在已经基本没有痕迹了①。还有民俗，祭天、祭祖、祭山神，那种仪式也没有了。再也恢复不了了，不可能恢复了，因为民众的愿望就是不恢复这些了。过去我们南溪有句话：请木匠，请三天也不够；东巴，只能请三天，因为请东巴那些，搞祭祀啊，要杀猪、杀牛杀羊，做完法事以后，有一部分要送给他们带回去。所以过去一般请东巴做法事的，比如大祭风、小祭风，这个都要请东巴来主持仪式。这些都是比较富裕的人才请的，一般贫困的人是不请的。

10.像您的这些信息来源一般是哪里，是新闻，还是政府政策文件呢？

主要是民间嘛。你把你的信息告诉我，比如说我们两个是亲戚，又经常在一个地方，不注意的时候你就把这个透露出来了。

11.您会很关注政策的变化吗？

这个看看听听是有的，一般政策我不怎么关注。我比较关注的是政府打算扶持什么东西，准备投入多少钱，要干什么事，扶贫怎么扶。但是我比较敏感的是该低保的不保，不该低保的又保。比方说我是村长，我们两个是亲戚，或者是关系好一点，你比这一家过得好，但是我在办低保的时候，把你家报上去了，这种事情比较普遍。这个村的村民就提意见了嘛，低保应该轮着来。②

12.记录日记是否影响到您的日常生活？

不会，很没有影响，前几年是有点影响的。因为我这个女婿不在（去世）了以后，我就下去了。我家女婿还在的话，我不一定下去。

---

① 和尚勋老师的意思是，情歌对唱在真实生活情景中已经不存在了。因为日志中也记叙到，三八妇女节的表演当中还有继续。

② 这里反映的是当时中国农村存在的一种不良情况：人人争当贫困户、低保户。国家层面大量的惠农政策，是否得到贯彻落实？是否产生积极效果？国家资源流失去哪里了？

我不会下去的，即使我在城里买了房子，我也不会下去，我只是会偶尔地下去一下。因为城里生活跟农村生活，在我眼里，农村的生活还好，食品安全，自然，天然的。这个城里的食品都是通过转基因的，吃了也不好吃，对人体不好。自己在农村住的，自己种一点，老两口自己种菜，养上一头猪，养上几只鸡。不一定下去，闲的时候，做客的时候下去，住上几天。结果事与愿违，我得下去照顾外孙，大姑娘的儿子。所以我推辞了好几次都推辞不掉，但是后来想这个基地还是要维持下去的。我跟和老师他们说，推掉算了，推掉好办一点，你们两个也轻松，他们说这个是学校的事情，这个也不好说。后来我只有天天打电话问，问村委会的干部，村子里的事情，时间一长以后，村委会的人不会觉得什么，但是村子里的人认为，这个人在城里买了房子，写日记的这个劳务费很高的，所以说有些人不轻易告诉我了，口气也比较生硬了。

## 三、与基地及基地人员的互动

在采访过程中，和尚勋老师带领我们拜访了玛咖公司的老板、老村长、满下村的东巴后人等，一直在当我们的介绍人。有时候，在去采访的路上，和尚勋老师也会拿出 DV 机拍摄一些片段，或者与路人进行一些简短的对话，在玛咖种植地时，他还对玛咖公司的老板做了一个简短的笔录采访。这些事情几乎都融入了他的日常生活，而来来往往的村民除了偶尔打趣一下，询问我们来自哪里，但对我们的问题，基本也会知无不言。由此，笔者也开始好奇，和尚勋老师在这十年里，如何去看待云南大学的这个研究基地？这个基地、基地人员、调查人员与他又有哪一些互动？

1.基地十年了，您怎么去评价和看待基地？

我有些时候觉得这个基地是浪费了。也可能是因为我的这个认识不足，觉得老师们也辛苦，过去的民风民俗的东西很少了，像东巴祭天、情歌对唱，是再也不会恢复，所以国家投入这么大的经费是没有必要了。我现在的想法还是这样。不过何明老师说的道理也是有，他说现在看起来好像很平凡，没有什么作用一样。但是时隔五十年、一百年，这个东西就值钱了，会有价值了。但是想想，往后一百年会有作用。但是自己认为做起来会觉得有点多余。

当然云南大学每年能够派一些研究生下来做调查，对学生也是一个帮助，学校也可以收集一些资料。当然这些资料我写的和学生写的会有出入。这样就可以做一个比较，能够坚持下去对村寨变迁的研究是很好的。因为学生来了，就可以做专题了，肯定比我更全面，所以希望可以坚持。另外，通过来南溪的这些研究人员，可以将南溪村的情况推到全国去。比如向亲戚朋友推荐。把这个贫穷落后的乡村让别人知道了，这是一个很好的交流平台。比如之前那个玛咖公司的老板说，让我多带一些人过去，因为这会起到宣传的作用。所以从不同程度上，推进了南溪经济的发展。只不过这个记录员、管理员有点难找。我这个六十几岁的人也觉得有些不合适了，但是找不到更合适的人了。如果有合适的人，我也会帮助他。如果以后云大需要什么资料了，我也会热心帮助。

2. 在您的设想中，你觉得基地应该关注哪些方面？

应该关注民俗民风。因为它的名字本来就是"纳西族研究点"，就是要关注本村的民俗，以前的传统习惯。这个难以找到了。但对民俗民风起的帮助不多。经济发展，农业生产，社会经济，大学生逐年增多，国家的经济在发展，社会在发展，不同的地方都在发展，好像这些方面都没有必要一样。

3. 你有看到基地对南溪村做出些什么帮助吗？

没有具体的。因为目前这些扶持啊，村民富了。学校经费有限，好像没有必要。有些时候，接水管之类的我们要出一点钱。因为这个是玛咖公司、基地、南溪完小，村委会，用到他们的水。当他们在维修的时候，基地需要出一点钱。这些钱有时候是和（晓蓉）老师垫出来的，或者是我先给了，见面的时候她再给我。好像要搞些什么活动啊，都会有些村民的要求。像是有一年要搞活动，云大资助了一点、玛咖公司也资助了一点。他们有些人会来找我，说和（晓蓉）老师我们要搞一个活动，请云大给一点钱。我就会打电话给和老师，他们就会说给一些。

4. 目前就您在管理基地吗，有没有咨询过当地村民对这个基地的看法？

一个人在管理，没有询问过当地村民对基地的看法。当地村民的看法是，云南大学在这里这么搞一个点，作用也没有，不要搞算了。干脆给我们搞搞活动，打打麻将、扑克，开开会，给他们作为一个活动场所。刚开始的时候，觉得这个基地不会长久，会给村民的。刚开始的时候，这个地址是在学校那里的，后来和国高把它定在了这里。因为如果云大不搞项目了，房子还在，可以用，可以活动。如果在学校那边，他们就懒得跑过去那边。这个想法是和国军说的。①

5. 您赞同和国军老书记的这个想法吗？

我不存在赞同不赞同，我只是一个记录员，我帮他们记录就可以了。因为当时有我和老村长和国高一起记的。当时建房是和国高弄的，我不沾边。我想是把管理基地的事情推给他，建在什么地方我无所谓。对当时和国高的想法，不持反对态度也不持赞同态度。有个云大的副校长，过来看地，左说右说才确定建在这里。当时建的时候觉得不会长久，不会有这么十年。

6. 毕竟记录十年，很多东西已经超过了作为一个记录员的职责，包括管理基地带我们去走访了许多人，您自己是怎么来评价与基地、

---

① 每次得知村里这种想法的时候，我们都有一种螳螂捕蝉黄雀在后的感觉。不过我们也深知村民和村领导的另一个面向：接纳、认同。二者的平衡保证了基地的正常运行和长期存在。这当中记录人的存在、村委会领导的一贯支持态度起了关键的作用。

调查人员之间的互动？

管理基地，因为两位老师的支持才开始。开始的时候我不想管理。因为满下村和满中村有乡邻纠纷。所以我住在这个地方，怕他们会破坏，这个是我开始的想法。后来在村委会干部的支持下，没有发生这样的情况。这个一方面是村委会干部对村民的教育。还有一部分是年轻人到城里的比较多。所以也比较出乎我的意料，没有想到。所以云大的学生要来，要跟和国军说一下。因为他说的话是金口玉言，有权威：你们小娃娃玩的时候，就是云大基地的东西不能乱碰。他的话比我天天守在这里还要抵事。我刚开始那几年是天天都睡在这里的，吃了晚饭就过来。后来有一年，七八月份，发生雷击灾害，我们基地也损坏了。经过这么一回事之后，两位老师说危险不要睡了，您早晚来看看就行，出于我的安全考虑不要过来住，东西丢了也没事。不然买个电视机，看个电视，吃过晚饭就过来，以前当作散步一样，还挺负责。想起来还是挺幼稚。一部分的时间都在这里了，基本上我在家的时间不多。万一东西弄丢了、弄坏了，有愧于云大的交代。有些东西坏了，是两位老师来了才丢出去的，不然不好说。当时我的想法是公私要分明，但两位老师其实人很好，不会有这样的想法。

有一些其他学校的人来找我帮忙的时候，我基本是不会帮的。但是云南大学的学生来，我是能帮多少就帮多少。如果你们可以多留几天，那我们可以多交流一下。我觉得可以跟你们这些知识分子接触，对我来说是比较荣幸的。你们走了，我反而不会觉得轻松。很希望跟调查人员在一起相处，时间长一些再长一些，但这确实是不可能的。

7. 那您觉得怎么样的人适合接替您的位置，继续来写这本村寨日记？

应该是长期在家，有知识，有责任心，对钱的概念比较淡化的人，但是目前村里还没有这样的人，相对来说和副主任可能是比较合适的人选了，他是村委会干部，是比较实在的人，也没有家庭拖累。

可他认为自己有点难干，不过我也想要慢慢动员一下。①

8. 记录了这么多年，有没有觉得力不从心的地方呢？

记录工作有两块，一个是日记记录，一个是影视记录。有（负责影像教学的）老师提议我们拍纪录片，但纪录片我们拍不了，我感觉年纪比较轻的比较了解技术，但我们这边比较难办，不熟悉，只能记录片段，把要拍的拍下来。文字记录这方面可以继续坚持。我想在南溪这个村，我与和副主任一起做，他也是拍拍照，拍一些片段这种，没有办法拍纪录片。因为在研究变迁，所以能够拍的就拍下。前几年还有二牛抬杠，但是现在没有了，以前还有单牛犁地，这在南溪没有过，这个比较有意思，也可以拍下来。在十年以前，南溪村人没有想过在城里买房，时隔十年，现在有 100 户的人家已经在城里买了房子。1990 年的时候我们也说过买车，以前的车就要五六千块，后来慢慢都有家庭买了，所以就是社会的发展。

9. 在这十年当中，您也有很多的个人经历，您有些什么印象？

（回答这个问题前，和尚勋老师思考了许久）和晓蓉老师、洪颖老师，她们两个，不辞辛苦地坚持这个基地，坚持了十年。我再推辞她们，又在村子里找不到合适的人选，我又停下来，有些对不住她们。我被她们孜孜不倦的心态感动了，我就想坚持下去。只要我能坚持，我就会坚持下去。所以才答应今年一月份，再坚持一下。我以前跟她们说过，干脆停掉算了，她们说这个是云南大学在全国具有独创性的实验基地，也算是做得比较好的一个点。所以今年开始，还是照葫芦画瓢，开始也有段时间干着干着有点厌烦了②。后来和晓蓉老师

---

① 南溪村委会副主任和丽军，与和尚勋老师一同承担影像记录工作。我们本想请他也承担部分日志记录，但因忙于村务，一直未能应承。

② 一是因为，常年的重复和反复观察、问询、记录，是一项非常需要意志力的工作；二是因为和尚勋老师在过程中所经历的家庭、家族变故；三是因为下山居住导致他信息获取的艰难。

说，你可以以你个人为主线，写你家的转型，也是一个变迁。① 另外可以和你们这些高级知识分子相处，可以交谈交流，我也是感到很荣幸，感受到全国各地不一样的文化。如果真的不继续做下去了，有点对不起她们。老伴经常说我，你赶紧记日记去吧，这几年你回去，又可以做科研资料去了，经常是这样提醒我的。她不反对我，她还说我可以回家，找材料，住上几天，找好材料才回来，不要拖拖拉拉。因为两位老师的事情，不仅感动了我，也感动了我的老伴。

# 四、双方的感思

在访谈结束时，笔者曾让和尚勋老师用一句话来形容自己的经历。和尚勋老师回答："一生辛劳，一事无成。"他解释说，如果事业有成，应该真才实学要有，名气也要有。所以即使这本村寨日记出版了，他仍然觉得没有功劳，而且还认为写得不好是献丑了。

笔者认为这是和尚勋老师的自谦，能够十年如一日地坚持日记记录，已经足够令人敬佩和感动。在这十天的相处中，我们见到的是一个宽厚温和、认真负责、热心善良的长者。他每天起床时间比我们早，中午几乎没有过休息，每天都会忙着为我们带路或者接受我们的采访，晚上会一再确定基地的大门安全关好之后才回家。他说和云南大学的老师、同学相处十年了，已经有感情了，这不是用钱就可以衡量的。他记得自己与老伴去昆明时，和晓蓉老师对他们的热情接待，也记得老师对他的关心问候，有时候觉得基地就像自己的孩子一样。而笔者也记得，他在闲暇时候会在基地四周散步走动，到处看看，会弯着腰除去院子里的杂草，会在聚餐时为我

① 笔者也曾建议他观察南溪下山进城居住群体的状况，但后来得知由于和尚勋老师购买的商品房属于城里高档小区，与大多南溪同村人聚居的小区不在一处，因此还是存在信息获取困难的问题。

们唱一曲戏，向我们敬酒。点点滴滴的日常，都令我们感激。

目前，在云南大学设置的十个研究基地中，似乎尚未有人对村寨日记记录员做一个专访，也未有对基地、村民日志做一个反思。而在这一次的专访中，和尚勋老师说他在记录过程中遭受过误解，但他对误解向来不会做太多的解释。他的记录更多的是来自观察，他的家庭仍然是他生活的重心。除去村寨日记记录员，他的日常生活并未与其他人有太多的不同。

此外，作为一个研究基地，它应该如何才能够去发挥它的功能。在这一次的调查中，可以很明显地发现，如果没有开展调查活动或暑期学校，研究基地一直是闲置的，这是一种浪费。而根据和尚勋老师所说，有村民提出建议，可以将研究基地作为一个活动场所，有什么节假日可以在这里举行。在问询到的同学中，有同学认为云南大学可以与其他学校进行合作，可以作为外校调查人员的日常居住场所。对此，笔者认为尚需要一个合理的计划。南溪村基地的存在，不仅是帮助学校收集到纳西族相关的研究资料，也是研究一个村寨文化变迁的驻扎点，是日后研究的基础。

作为人类学新型民族志的一种实践，"还民族志的话语权予文化持有者，是当代实验民族志的重要目标之一"。① 而这一次的专访集中在一个文化持有者身上，通过与他的对话，去尽量还原这个文化持有者的面貌，并且透过他个人的生活变化，看到一个村寨的发展变迁。这基本能够保证到信息的真实性、有效性，同时也可以看到作为一个村寨的文化精英、一个村寨日记的记录员，他如何去处理与村寨、研究基地，以及与本身生活之间的矛盾。因为在文化认同上，村寨日记记录员是归属于本村寨的社会文化的，他不会与之形成一个文化隔阂。此外，撰写村寨日志时，记录员可以不受到外界的干扰，因为没有陌生人的询问，他们可以想说什么便说什么，更能够从自己的角度去看待问题和解释问题。这样的做法丰富了人

---

① 何明：《文化持有者的"单音位"文化撰写模式——"村民日志"的民族志实验意义》，《民族研究》2006 年第 5 期。

类学的研究视角，也增加了调查内容的多样性，通过对日常生活、经济活动、节庆仪式等事件的记录，克服了以往做专题研究的单一，更可以展示村寨、村民生活的全貌。

当学生问道，什么样的人适合接替他的位置，继续村寨日志的记录工作时，和尚勋老师的答复是："应该是长期在家，有知识，有责任心，对钱的概念比较淡化的人。"这个答复代表着他对日志工作的认识深度。同时也证明了他一贯的日志态度，以及相应的日志效果。设想将这份工作交予一位外来的他者，尽管有着十万分的奉献精神，可否坚持如此漫长的时段？拿着每月150元的记录费①，却要承受被村民误解为拿了云大很多钱，才如此卖力的压力。日志的来之不易可以想见。

此外，学生访谈中涉及了日志记录的方法：观察与访谈。就主位记录员而言，他的观察与访谈几乎等同于村民间随意、随机的聊天和打听情况。没有语言、内外的障碍，使其得以在充分自由而随机的状态下展开工作。当然，我们也看到他所说的因村民误解所带来的压力，特别是在他下山居住，主要靠电话打听消息的一段时间里，有的村民因此而疏远他，不再积极提供信息，从而造成信息量受影响。另外我们从访谈中发现，记录人对基地以及我们的研究取向认识有偏差，认为我们的重点是民俗文化。因此当东巴断代、民俗文化事项不断消隐的现状，他因此有了悲观情绪，对基地持续存在的价值产生不确定感。这些潜在的问题，对于他的日志记录和信息收摄、价值判断显然会产生些许的影响。

基地利用不足、没有充分发挥其效用，这是客观事实。这同样与经费的支撑度有直接的关系。其他诸多因素的分析不再展开。但从积极的方面看，它对日志记录人的支撑作用、对学生田野实训的支撑作用则是无可替代的。

---

① 从2016年开始记录费有所增加，现为每月800元（日志记录费600元，影像记录费及基地管理费200元）。但因财务报账的困难，经费发放一直滞后，且需要扣除所得税。

# 第八章 "我们"的追问

作为介乎主客位之间的我们，在集中阅读日志内容，并梳理出一连串故事，从而对内容及日志人物有了新的认知和把握的情况下，觉得还需要对日志记录人再进行一次集约型的交流。其目的除了呈现我们的问题之外，更多的还是希望通过日志记录人的回溯性思考，对村民日志这一实验性民族志的再思考提供更多的空间和支点。

2019 年 4 月初，和尚勋老师自费参与丽江市老年协会牵头组织的中国东部五省市游览活动。应我们的邀请，回程时在昆明逗留了 5 天，其中 4 月 20 日、22 日、23 日，就反思民族志的有关话题畅谈。话题比较随意，大致围绕着两个方面：其一，他的日志以及他的家庭；其二，作为自然人、基地管理员和日志记录人三位一体的他，与村寨的互动关系。但显然，由于当时我们还没有进入写作过程，所提问题显得比较随机，没有太具体的针对性。

## 一、日志记录员及其家庭①

笔者和老师，虽然在您的日志中，在过去各种场合的交流中，我们都或多或少地谈到过日志记录对您生活的影响、对您的思想的影响等。我们彼此已经非常了解，不需要过多的客套和解释，借此难得的机会，想和您

---

① 本部分对话，"笔者"、"和"分别代表我们问询方与和尚勋老师。

敞开来聊一聊一些跟反思民族志相关的话题。首先我们围绕您的日志展开。

笔者：您觉得您的日志有意义吗？

和：我在个人总结中有一部分涉及。在听到何明老师的话之前觉得无用，但后来感受到，记录细微的变化能看到社会的变化，如，二牛抬杆—拖拉机—大型拖拉机，农民也不在乎这点钱，大型的只有个别人家有，但出钱请，一天就能犁完、耙完，到时再用拖拉机简单做一下。另如，传统的燕麦等现在不种了，说是营养好，但投入太多，都放弃了。另青稞、蔓青地里轮换种一下，我把洋芋卖了，买需要的玉米等饲料，都不用出门去买。以前起早贪黑，到6月底才能把洋芋台垒好，现在有机器了，拖拉机带动，人用锄头扒一下就好，这些变化是慢慢来的。对于"日志是社会发展史"越来越有认识。

笔者：对，有了日志，缓慢的、变化的过程也能看出来了，日志可以是一个村寨社会发展史，一个变化的过程。

和：刚开始，云大老师和学生下去，坐拖拉机、坐微型车就好，现在家家都有自用车（除13家贫困户）。以前，学了驾照，帮别人开，原来一两家合着买，到分开买，现在好的人家有旅游车、出租车、自用车。以前对"商品房"没有概念，现在100多户都有商品房了。80%解决温饱，到现在经济大幅提高。（但是由于我家庭变动，）南溪没能完整记录确实是遗憾。

再比如我记录到的我家二哥，满下58户中算富裕，2015年11月6日那天，他的小儿子连车失踪，后来二哥很是有些想法。当时我们是守着老大的"气"，他有三个儿子，小的儿子和媳妇不种地，在招呼老大，当时其他两个侄儿去忙种地，另外儿媳都每天回来问候，"爸爸，要不要吃个鸡蛋"，不见得都是真心话，但是至少在一大群亲戚面前，儿媳这样说也算难得。二哥就有些伤心，说自己养了两个儿子，一个连骨头都找不着了。我说：不怕，你不要想得太多，不行就我来照顾你，你关键是要把身体养好，把孙子养好。但他不这样，老是去怀疑是不是家里地基不好，要搬家。后来，二哥先走了，4月28日晚去世。小儿子失踪到二哥去世不足半年，我们是土葬，遇土黄节令，不能动土，5月5日，那天立夏，选择出葬。也就半年吧。我们那儿有说法，大体意思是"寡妇没有穷的"。就是寡妇是不会受穷的。可是二哥家后来是越来越穷了。说起来二哥邮电退休，由移动负责，有抚恤金。后来，二嫂（二哥的媳妇）跟一个拉市人姘在一起，被拉市人哄走，钱也骗走了。当时有8万的定期存款，我有密码，没告诉二嫂和侄女（在维西），存折给了二嫂，但二嫂打电话要密码，我不想告诉她，就想了一个办法，我说：我把密码记在笔记本上，还得找。拖了一段时间，但后来钱还是被取走了。

村里也对他们挺照顾的，比如村里干部也给5000元说修大门，但她也不干。另外二嫂有养老的补助，家里四口人也拿着低保，但拿着在城里用，难免还是不够花。她做母亲的就去缠着儿子要钱，儿子林工站打工的钱也被母亲拿走了，后来也是为了躲母亲，就放弃了林工站的工作，去城里打工，不稳定，所以，常常跟别人借钱。我儿子这边都借了1300块，我儿子直接说拿去用吧，另外200、300地跟人借，各种亲戚都借了。还说买手机，分期付款，也上当了，直到帮人家运毒，判了8年。

以前好好的一个人家，最终就这样落魄了。如此的例子也有几个。金龙村也去了一个，大理公安破案。有些父母帮儿子买了房，但儿子赌，借高利贷，家人也死了。不同的变化，每天都在发生。

我把这些事情记录下来，慢慢我才感受到"有历史的村寨"是什么意思。①

**笔者**：家庭的各种不幸，亲人去世，儿子一段时间有些不懂事，

---

① 其实何止是和尚勋老师，对日志的认识，我们也经历了一个不断省思、感受其价值与魅力的过程。

加上其他家族成员的事件，对您和您的记录影响大吗？

和：人上一百样样有。有些村民说真的是同情了、说可怜了，有些则说活该。像二哥，也小气一点。我家儿子的情况是有人在怂恿说："你这种都不玩一把，你条件这么好，你都不享受我们该怎么办。"所以儿子也跟着去了（参加赌博等），以为我拿工资，媳妇可以去跑车（经济条件已经很不错）。确实，在南溪完全可以节约。但在城里，各种开销多，包括水果都比米贵，儿子儿媳都每月拿3000元生活费给我老伴，这倒是一直在做的。但是你不安排好不行，还不能有病痛。家里的亲戚朋友看我们条件好，也会找我们借钱，如我小姨妹的两个儿子单独立户，他们都遇到要买房子。儿子的舅爷家借给了5万，我小姨妹就是去找我儿子问：二姨爹手头有没有点钱呢？儿子说我不知道我爸爸的情况。后来我也是各给了5万。另外我儿子还用自己的名义帮她贷款。

现在，我父子两个。我女儿跟我借钱，我说你跟弟弟说，他们没有了我才能给，后来给了85000，家族中还有拿去2万，姨妹家5万（大儿子），总之，借出去20多万了，现在姨妹家小儿子又要借。

现在丽江的风气好了。打黑扫黑早点来就更好了。我的日志也会记得好一些。①女儿的儿子6月份高考后，她也会有自己的生活。我和老伴可以回去住几天，又下来住几天，这样记日志也会方便一些。

笔者：日志上难免有隐私，以后出版了，会怎么样，您有考虑吗？

和：我无所谓，但也会有人介意吧，但南溪不会有人去看已经出版的书的。再说我记下来的，也是考虑了人家的脾气，说这样写行不行，有些是做了考虑的。

笔者：您考虑后是怎么处理的？

---

① 指对儿子放荡行为的忧虑担心直接让他无法静下心来写日志。

和：有些是转弯，有些是不记了。比如一家会对你介意，我可以记另一家类似的事。有些独特的事情，比如有一个驾驶员的事，我记了，别人看了也没事。

笔者：你记录事件，那人们的内心的东西呢？

和：因为把握不准，也不好去问，所以就事论事。也有力所不及的感觉，我学识也浅，文化也低，对传统的说懂也不精，说不懂但也懂一些。

笔者：日志中的描述已经非常不错了。

和：我觉得不够。

笔者：您对已经出版的第一本日志有什么看法？对我们做的村寨概况有什么看法？

和：我感觉第一本是记的比较简单，有些不够详细，拼凑数量①。其他文字材料上，是洪老师、和老师在开始做村寨调查，另外，杨杰红等在村子住了5天，调查比较细致，语言简练，内容与当时的村情也是基本符合的。我写的第二本日志就变了，因为深入村寨不够了，自己的心也静不下来写，自己心里经常浮现的是女儿"哭哭啼啼"的样子，担心儿子在做什么。后来听到什么遇到什么都记下。有一段时间我经常打电话到村里询问发生的事情，村民有误解，觉得我这么卖力，一定是拿到云大的高工资了，所以对我也变得有些冷淡。我感觉确实有没有做好的。以前是十分认真的，后来残缺了，感到内疚。

我记得跟和晓蓉老师有过一次交流，我说记不下去了，所以我想辞掉这份工作。和晓蓉老师开导说，城里南溪人的工作、生活也是记

---

① 日志记录的开始阶段，记录人使用云南大学民社学院设计的日志表进行记录。表里所列的记录项目有"生计活动""年节及休闲活动""人生大事""村务事宜""人员流动"五个方面。记录人根据当天的具体情况以及信息的获取情况进行较为灵活的记录。和尚勋老师说的"凑数量"情况即是在当天信息量很少或基本没有太多事情可记的情况下，勉强记录数语。不过就和尚勋老师记录的总体情况来看，这种凑数量的情况并不多。后来在熟悉记录方式之后，渐渐放弃了记录表。

录对象，也可以与南溪村民的生活相比较，像望远镜一样远看、近看。所以山下面也可以是重点，当然上面才是主要的。就这样断断续续到去年，2014年1—9月、2015、2016、2017按概况记，2018年基本也是概况。

笔者：用汉语书写是否有影响到你的心情感受？

和：不影响。有些找不到汉语翻译的话，我就用音相同的字随便代替一下。

笔者：您认为日志人物的性别、地位等对日志有什么样的影响？记录中女性视角的缺乏又会有什么影响？

和：在记录日记中，因为男性成人或老人参与的社会活动多一些，社会人际交往多一些，村组干部除了国家制定的"妇女干部"，都由男人当。在南溪村，传统上是，妇女们主要从事生产劳动、家务劳动、地里活路及喂猪、喂鸡、洗衣、扫地、做饭、领小孩，其他社会和群体活动都不参与，在一个家庭里，都由父亲说了算。绝大多数女性都是默默奉献于家庭。有个别的女强者，会为鸡毛蒜皮般小事而露出大吵大骂的凶相，这情景会遭村民的笑话，村民会把这种妇人称之为"恶婆""没家教"。因此，日志中妇女的角色的确少了。

笔者：您在城里的日常生活是什么样的？与乡村生活对比有哪些改变？

和：开初几年，接送外孙上学，买点菜。周末孙子孙女就送来我姑娘家了，我们两个就招呼这几个孙子，周天晚上儿子儿媳就接回去白华。差不多3年，姑娘买了车，就由她送接，或者早上她送，晚上我接。后来（我和儿子买的）房子装修好了，我姑娘就吃住在我家了。我就只负责买菜。老伴是做饭、打扫，也学着永胜人在外面（小区旁边的空置地）种了一点蔬菜。

时间是有的，但是自己闲着也就这样。保安也干不了了，年纪大了。云大的工作是适合我的了，随时想着动着，就是防止老年痴呆了。

一定时候也会回南溪家里去。但是现在自己回去也有些孤单了，因为大家庭都习惯了，特别是我自己做饭、洗碗懒了。冬天的时候我回去得多些，因为如果基地水管漏水，就影响人家的饮用水。那时我就去基地的时候多。出行也方便，只要走到文峰寺山门那里，就可以搭到车了。

另外，红白喜事也是我的任务。年轻人帮忙的时候他们去，不需要帮忙，就我去了，我老伴也不去。

我和老伴在想等明年外孙考大学了我们就回南溪。儿子儿媳没有表态，孙子孙女说你们两个是怎么想的，人老了么是在城里方便了嘛，为什么偏要回去。我只是说，下面住几天，上面住几天，烧烧火，火烟熏一下房子，否则房子坏得更快了。这也反映了很大一部分老年人的想法。觉得在城里一方面是不习惯，另一方面是感觉没有创造更多的价值，给娃娃增加负担，对比村中的"老年农民"，他们也萌生回乡的愿望。所以很大一部分是回去了，没有回去的是少部分。

还有一些人，如我儿子说，我们60岁后么不能开车了，打工也没有人要了，其他事情也不会做么，只能回去了嘛。现在年轻人的娃娃是爷爷奶奶领不着，他们年轻人一样不干也是会自己领起呢，即使向老人家要钱也是会自己领起。这也是真实的情况，所以不仅老年人，好大一部分村民也有这种想法，老了么就回老家去。①

**笔者**：您对自我的评价、对这份特殊工作的评价、您对自己日志的总结？

**和**：自我评价：我本人认为出生时辰不好，风华正茂，应当读书奋发时，成了"老三届"。不学无术成了我人生的基本格局，不幸中

---

① 这些话语启示我们，对农村空壳化、空心化的认识应当抱持更为长远的眼光。农民外出与回流是一个动态平衡的过程；因此我们认为当前农村土地商业化流转政策与农村"两空"问题，以及当下开展的乡村振兴运动并不相符，甚至是逆动的。

的万幸是，在1971年，国家逐步收回知青到机关、学校等单位工作，我以回乡知青的身份，得到社会招干，分配到怒江州福贡县任教。参加工作后有深造的机会，但终因我成家生子早，当时的经济条件只能顾及妻儿，无法顾及自己的离职学习，而导致一生的文化底子薄，办不成大事的结局。

对日志工作：村寨日志的记录需要一个通古知今的人来承担，但因南溪处于落后的高寒贫困山区，再加上有点文化的年轻人基本都往城里跑的村情，而落在我肩上。在写日志时，总感到有不好写的感觉，所写的日志内容空洞、意义不深、不详细，有些甚至避重就轻。前期写日记总体感觉还行，南溪村民的生产生活，民俗风情是基本不变的，每天都写就觉得没什么好写的，没有意思。如今回过头去看南溪村的发展，从二牛抬杆到拖拉机犁地；从人背人挑到用手扶拖拉机拉、到汽车拉、电动三轮车拉；从木楞房到土木结构房，再到钢混结构房；从传统的农耕生活到进城营运生活，打工生活；传统的很多农作物转变到主产洋芋；从传统的羊皮衣转变到皮大衣或羽绒服；从村民的贫穷到家家都有不同的汽车；从没有几个识字人到有很多年轻人接受高等教育。对传统群体性活动的逐年改变（婚、嫁、丧葬），这些用"翻天覆地"来形容确实不为过。从这些村情看，记录村寨日志真有意思，从日志里可看到南溪村的变迁，也可以说成是社会和人类的变迁。这样想，我是在做变迁见证的工作，感到很有意思。

**笔者**：您对我们将您作为反思访谈对象有什么想法？您觉得这样做有意义吗？

**和**：云大纳西族研究基地项目负责老师把我作为反思访谈对象，这一做法是较好的选择，因为我的年纪也迈进七旬，从七八岁会记事开始，对南溪的村情是比较了解的，再加上从2004年开始做村民日志工作，对南溪村的方方面面都比较关注，可以说我是南溪村的知情人。我会乐意地接受老师、学者的访谈，而且会毫不保守地交流，我为能帮老师、学者提供素材，配合访谈而感到自豪。除了我以外，还可以找村委会的干部，因为 15 年来，村委会干部是稳定的，没有变换的，他们对村情的掌握比我还全面、还多，特别是和国军，自 20 世纪 80 年代任村委会干部以来，一直到今天了，至于他记得记不得么是另外一回事，事情办得也多，忘得也多，全部也可能记不下来了。①

**笔者**：所以日志的作用之一就是帮助记忆嘛。您看过其他人类学或民族学的著作吗？您对民族学人类学的田野调查有什么看法？

**和**：在日常生活中，我没看过人类学或民族学的著作。一直以来我积极帮助云大老师领研究生下来做田野调查，只是出于我受聘担任记录员、基地管理员的职责而为。对田野调查的意义认识极为肤浅，现在才初步认识到，田野调查、经过专家学者的调查、了解、成文，能够起到挖掘民族文化、记录人类变迁的巨大作用。

**笔者**：您拥有村中长老、文化精英、致富能人、曾经的农村干部、教师和学校领导这多重身份，您对它们有什么看法？您最中意的身份是哪个？

**和**：云大老师对我的评价：村中长老、文化精英、致富能人、曾经的村干部、教师和学校领导。确实过奖了，有些不敢当。我认为，在我们南溪村里，我和我的同龄人比起来，我是不如他（她）们的，对农村里常应用到的技术，我一门也不在手，比如木匠、泥水匠、篾匠，我是门外汉，家里需要做这些事情，都只得出钱请人；干农活更不如他们。感到自己应该知足的是：我一心都想让我的孩子，赶上或超过村里他（她）们的同龄人，让他们改变面朝黄土背朝天的生活方式。这方面，我比我们村里的同龄人付出得多，也初步见到了点滴效

---

① 这就叫好记性不如烂笔头了。和国军老书记本人也是个乡村活字典，但随着年龄增长，村级党政事务的繁杂重复，所能提供的信息大多是概化的，而很难有细节了。日志的价值也在于此。

果。这一点，我是无愧于儿孙的，理应知足了。在我曾经干过的身份中，教师虽然清贫、辛苦，但我对这职业是最中意的，我听到"和老师"这一喊声，就感到这不是一般的声音，而是对我三十二年辛勤付出的回报，真是听在耳里，甜在心里。

人生总是不能一帆风顺的，总会出现一些违心的事和曲折的经历。我因女婿的去世而改变了我的生活方式，我从老家来到城里住在女儿家，接送外孙上学。退休后在家帮老伴干活、领孙子，变成城里闲人，一时也难以适应城里生活，但女儿有难，不得不帮。接送外孙两年后，女儿买了自用车，外孙基本由女儿送，由我的老伴接，我就找了一份保安工作在小区里当保安。月收入一千五六，干了两年半。我在当保安时，有些村里的人开着出租车来小区送人，见到过四五人。可能这些人当中的某个人，跟我儿子开玩笑时说："和朝亮，你是我们村最幸福的人了，你的老爸月收入两三份工资（退休工资、云大工资、保安工资），你爸真是一棵你用不完的摇钱树啊！"之后，我儿子就不让我当保安了。说："闲起，好好的闲起，可去玩、去跳。"我说："城里一日三餐都得买吃，娃娃的水果、奶水、衣物都花费大，上个洗手间都得出钱，支大于收啊，你的老人老了，两个孩子长大了，都得用很多钱，我这样做是帮助你解决困难的。"儿子说："再困难也我俩自己解决，您就开心地闲起，钱不够用找我说。"我说："你这下就拿给我 5000 元用一下。"儿子说："爸爸的工资不够用请随时找我要。"无奈之下，就这样，我就一样不干，闲起了，人越闲越懒，不想再干什么出力活了，害了我了。被害程度最大的，是我们在城里这段时间，老家的老房子也随日月而朽了。

**笔者：**作为南溪的村寨史，您认为在哪些方面不足？或者说，这部日志能够担当村寨史或村寨志的角色吗？例如对鹿子、旦都、金龙、文屏等村子的日常涉及较少，是否会出现以偏概全的情况？

**和：**南溪全行政村，生产生活、民俗民风、都大同小异，只是差别于有些村老板（做生产的）多些，如旦后村；有些村只种地，如文屏。过去的记录确实涉及其他五村的记录少，有不少人会有以偏概全之说，但我认为全村基本情况相同，只是少记那五村的事，应该说关系不大。

**笔者**：家庭成员对您工作的态度、看法？

**和**：儿子儿媳既不支持，也不反对，但是对我做基地管理工作，比如有老师学生下来，到基地去，晒被子、扫地等，他们都是不吭声。写日志，也不管，不会过问。但是，他们这也算是无声地支持我，比如我现在需要在昆明住几天，我们旅游团的团长说要跟儿子说清楚，我打电话给他，他说：要留你就安心留下来。

家里现在正在重新做装修，做围墙、大门等，找了个老板来做，工程没做完。另外南溪的老家的围墙边种了竹子，原想着会有保护围墙的作用，没想竹根把地基拱松了，围墙倾斜，这是有危险的，会伤到人，所以一个多月前，打了围墙，挖掘机重新挖基槽，打算浇灌。昨天孙子过来看我，也是儿子说让孙子陪陪爷爷。现在儿子和老伴在南溪。儿媳也是这样的，往年接送学生和老师，用自己家的车，有时吃饭完了，也会帮忙去送，这些行动也是支持的表现。

老伴的支持是非常明朗的。有老师学生下来，她都很高兴，我当老师的时间长了，会严肃一些，她会提醒我，也督促我写日志。以前刚到城里，就吃饭喝茶，和人聊天，感觉日子也好过一点，但老伴经常问：老头子你写云大要求的东西了吗？之前基地的房子还没盖好时，都是老伴给我们做饭，她从来没有计较过。如果没有他们的支持，我也不能坚持到今天。如果家人在我身边说，这点钱要了干什么，山上采松子就有了。那我就坚持不到今天。不能说只有我的真心，如果家人不支持，我不能坚持下来。

以下是 2019 年 8 月 20 日，李继群老师拜访和尚勋老师位于丽江束河古镇附近"锦上坊"小区的家宅时，特意对和尚勋老师的妻子和家良大妈做的一个简短的访谈。所谈内容，在延续她是否支持，以及如何支持和尚勋老师的日志这一主题外，非常赶巧地，为我们呈现了移居城市的南溪老人的生活状态和心态，非常具有代表性。由于是用纳西话交谈的，事后由李继群老师整理如下。

和老师的妻子名叫和家良，马上就满 70 岁了。

当我跟和尚勋老师提出要找她，和老师说她在小区附近开辟的菜地里干活。

那是一片已经征用但尚未开发的土地，就在和老师家小区的马路对面，大概 1 公里多的路程。据说这片土地上最早是小区的物管来种了一些蔬菜，后来小区里的各种人就开始各自占领，主要是宁蒗、永胜的多，很多妇女跟着孩子来这里居住，但是又闲不住，就把自己占到的土地进行耕种，种上蔬菜等。

和师母说，和老师来到城里都已经快 10 年了，她起初并没有跟着来，但是和老师后来出现各种病，所以她也下山来照顾一下和老师。刚到城里生活，她非常不适应，每天除了给他们做饭，就没有其他事做。这片土地也才种了四五年。她说自己占的地盘不大，往年就种点自己吃的蔬菜，这个季节还种上玉米，她考虑着这些玉米可以喂鸡。但是她发现，人家宁蒗、永胜人考虑得更周到，比如玉米也是种的其他品种，然后就拿去出售，一斤新鲜玉米都可以卖 3 块钱。自己去年差不多有 300 斤左右的玉米，都拿去喂鸡了。再加上儿子儿媳并不支持她种田，有的时候村里有红白事，她还得赶回去，所以她也不敢百分百地投入管理，感觉自己种的蔬菜都没有别人家的好。她想着如果这块地还能种，那就明年也种点能卖的玉米。儿子儿媳总劝她不要干了，但是每天想着能到这里来干点活，她还是觉得不错的。

她说，城里的生活非常方便，自己住的小区附近不到两站地的地方就有大超市，买菜买东西都很方便。她在城里的时候，就给和老师蒸馒头做早餐，她不在和老师就自己骑个车出去买早餐。但就是没有早餐摊子，其他都挺好。但是他们的小区里没有南溪村的人，南溪村在城里买房子，都基本买在玉龙县白华一带，从南溪下来也方便些。如果想找村子里跟他们一样的老人，可以去到玉河广场，那边就是聚集地了，各个地方的老人都喜欢在那里闲着。

和师母是今天早上才从南溪回到城里的。她说，这两天孩子还没开学，她就自己回南溪去了。在南溪待了三四天，这段时间正是找菌子的季节，另外还有老板来收一种药材，他们都不知道是什么药材，也不需要去到很高的山上找，在一些草坝上也有，但是南溪自从种玛咖之后就出现了一种长脚的蚊子，被这种蚊子蜇到就非常难受，现在忙着挖药材，也很容易被蚊子蜇到，有时候怕蚊子就不想挖了，但是只要挖的话，每天都还可以卖70块钱左右的。她说，昨天晚上自己有些发烧了，可能是太阳晒的，难受了大半夜，虽然有些退烧了，但是又怕自己的病反复，就一大早下山来了。她强调说，自己生病的事如果儿子他们知道了，会责怪她的，所以不舒服还是在儿子儿媳这边比较好。

她说，因为常年不回南溪，南溪的房子没有人管理，回去都是破败的样子。在村子里一比，实在是难看了，但是也没有办法。前几年，因为女婿的事情，老两口都有些想不通，所以精神上也有些紧张，身体也出现各种不好的症状。现在觉得，凡事都是要想得通。

她说，她还是喜欢在南溪待着。家里的田地已经让亲戚朋友种了，老两个想着等外孙高考以后就能经常回南溪了。冬天冷的时候就在城里，夏天热的时候就去南溪，那时还能捡菌子、挖药材。虽然现在洋芋的价格不错，但也确实不是种地的年纪了，儿子儿媳在轮班开出租，也不能经常帮忙，所以回去养一群鸡，干点自己能干的就好。

关于和老师在担任云大基地记录员的事。她说，既然答应人家做了，那就把事情做得认真一点，如果实在做不了，那就干脆不要做了。所以她会经常催促和老师完成记录。她说她也见到不少来南溪的学生和老师，但基本都是不会说纳西语的，她又不会汉语的表达，所以没有能够跟他们进行太多的交流。

和尚勋老师说，儿子儿媳总让他们什么都不要干了，原来和老师去做了保安，儿子也是极力反对，应该是村里的人笑儿子了。现在和师母种点菜，他们也说太辛苦不要做了。儿子儿媳有时候也是要面子的。

但是，儿子儿媳其实都很好，特别是儿媳，是满上村的人，对于两位老人专门到城里照顾女儿和外孙，从来没有埋怨过什么。在家里也能跟女儿他们和睦相处。非常难得。对于和老师承担记录员的事，也没有反对过。虽然也没有帮他做过什么特别的事，但是从来没有明确提出反对，这已经非常难得了。

现在儿媳是早上开始到晚上6点跑车，儿子吃过晚饭就接班跑晚班。这辆车还有几天就到期了，到时还得更新一辆车。

孙子孙女在外上大学，孙子都已经按照学校的安排去实习了，孙女去到东北，去得远确实有些担心，假期回来问她学校好不好，她说都能适应。现在孩子的想法也是管不了了。外孙明年无论如何都会去到一所学校，所以他们也没有太多需要担心的事情了。

## 二、日志记录与村寨互动

**笔者**：第二方面，我们想了解一下，自从您成为日志记录人和基地管理员后，对村民、村落有了什么样影响。

**笔者**：在南溪有看过日志的村民吗？

**和**：村民看日志的机会没有。我送过一本到村委会，但他们就是说说。和丽军应该是看过了吧，因为他在村委会的时间比较多，能翻看，但是没有提出什么。

**笔者**：村干部对基地、记录工作和田野调查的认识怎么样？村民的态度又是怎样的？

**和**：村干部的话，基本理解，能支持。他们知道这些调查包含了社会经济的发展。每年的经济发展，他们的工作也能突显出来。所以是理解的基础上全力支持。这与我和他们的沟通、和老师跟洪老师两位跟他们的交流、来往是分不开的。交流到位。我估计在村干部对基地的支持方面，（所有基地中）南溪可能是第一了。和国军、和继武他们也日常督促我："和老师，云大的老师学生来了，有什么需要的跟我们说，你自己年纪也大了，但他们的工作你也要克服困难做好。你的工作还有云大基地，在长远上对我们村子的推动作用是一定会有的！"虽然我自己也觉得写的东西"量少质差"，但还是对他们说："他们（云大）的这个工作对我们村子的推动作用现在看不出来，但是以后还是会有的。"

一般村民的认识不到位：不关我的事，来了也欢迎，有采访也可以配合，但是平常不关我们的事。一般村民的共同点是，不管是纳西族的学生还是外地来的学生，都一视同仁，拿出水果瓜子招待。后来不断有学生下去，村民逐渐知道了这里是云大民族学专业的田野实习点，也有部分人大致了解了我的工作。

刚开始一两年，满中村部分村民认为，和尚勋老师拿了"双工资"（退休工资和云大发的工资），和国高（当时村主任）也在建基中"捞"到一笔（所以富起来了）。其实，他家的富裕也不是一时之功，和他日常精于赚钱是有关系的。和国高刚退下时，村民们立马说"基地也是我们的"，也来跟我说："让云大给我们用地的款项"。我在会上解释：他们是出了六七千块钱土地使用费的①，另外用水的也交了钱，包

---

① 2004 年，根据当时玉龙县杨成兴副县长、黄山镇和卫红镇长的安排，我们已经将土地有偿使用费交到了镇财政所。

括后来水池的修缮，也让我先垫点钱给村里。这样之后，村民也比较理解了。

还有一件事，青年人喝醉酒砸了基地大门。我找了和国军，和国军在群众会上说："这是国家的东西，你们砸门是犯法的。"后来也不敢了。

有一年水管破裂，找人爬墙去修理，后来还是没有修好，之后，又把钥匙拿回来了。还发生了年轻人在水塘边喝酒，破坏路灯等。

满中村因经济原因有不满情绪①，年轻人喝醉破坏了一部分。除此之外，村民对下来的学生老师都接受。

一年，有一个学生采访小卖部，但村民在经济的问题上不想涉及，出于自身利益的考虑，比如担心村上有什么补助，被影响了，得不到，所以不如实回答。

当时和国军（村委会主任）考虑说："云南大学的项目不会太长久，所以造在满中村"，"以后云大不做了，那这房子就是我们的了，村里可以利用这地方"。原来是选在更高的靠近村委会的地方。

**笔者**：学生的入户访谈，对村民在一些相关问题上的思考有用吗？

**和**：有吧，但影响不大。采访互动会有一定的作用，但是不会大。少数如旦都村和尚贤那样的村寨能人，会比较重视外来学生老师的信息。但村民对学生一视同仁，热情招待。家里的特产拿出来，有时候也做顿饭，留学生一起吃饭，80% 的村民是这样吧。但学生大多是集体活动，所以也很少会留下来吃。

**笔者**：村民会觉得学生反反复复的询问影响了他们的正常生活吗？

---

① 指原村长和国高在基地土建过程中，在村有林木材售价上牟利等行为让村民觉得没有利益均沾；另外对云大已经出过土地使用费一事不清楚的村民可能会觉得心理不平衡。后来村委会副书记和国军对村民澄清此事后，不再有类似情况发生。

**和**：也许刚开始几年会吧。现在没有，在玛咖红火的一年，学生跟去地里做访谈（而不是只做入户访谈），村民的印象很好，说"他们能理解我们忙"，这是我听见村民在讲的。

**笔者**：村民与外来的学生、老师的关系有没有变坏的趋向？

**和**：没有，而是不断增进。南溪村民如果遇到一个老板，他会想方设法把火腿、洋芋、鸡等高价卖出去。他再忙都会忙于去招待老板的。但对学生已经算是很好了。

**笔者**：旦前、旦后、金龙那些村的村民对我们工作有认识吗？

**和**：一般中青年都认识，说"云大学生又来了"。另外像和尚贤那样的人，都采访过两次了，他后来也说："确实好，再过几年，我的经济也许衰落了，我还可以从采访中看看经验。"他还说，采访的东西能不能给他一本。这些受过教育的人也看得来。

另外老一些的人，怕是不知道有这样的基地。也有人在外传，说和尚勋老师在搞东巴文化基地，和老师会东巴文化。

**笔者**：云大没有对南溪有直接的资金投入，是否让村民失望？

**和**：希望也不大，失望也基本没有。南溪村民也有朴实的一面，如玛咖公司从发展、红火到破产都在他们眼前发生。每户最低2万元的欠款，是有的。我问拿到钱了吗？他们说："拿不到，但是算了，他们红火时，我们在他们那点打工也赚了不少钱，所以现在拿不着也算了，给了，是好，不给也算了。"

**笔者**：对记日志一事，村民如何认识？

**和**：村民认为以后村落历史，包括以前我们在书本上学历史一样，会留下记录吧。原来就有人感叹，"满中村读书的，连个记日记的人都没有"。确实，满中好像拿工资的人也不多。但总的说，村民应该不在意。干部认为："村里经济发展的变化，能够体现在日记中，老百姓不意识，但确实有记录了。"我想他们这样认为吧，因为他们确实支持我。现在的干部提醒我、督促我；老师、学生下来，他们都放下其他事来基地上，所以非常支持。

笔者：那和老师您本人怎么看基地？

和：我本人开始的认识是非常肤浅的，认为云大在南溪不会有成果，当时的理由是：南溪东巴文化失传的时间长，南溪属黄山乡，那时黄山乡什么都走在前面，"破四旧""计划生育"……四清运动后，经书、法器都没有了。另外，老东巴也去逝了，没有了东巴传人。第二个理由是：南溪受地理、气候制约，只有洋芋、燕麦，大家的人力、物力都投入生产，对纳西文化的发展没有太大的前途。记日志以后，我分生产生活、节庆活动、人员流动三块记录，年复一年，也没意义。后来，何明院长在培训会上说："你们不要认为现在的日志不值钱，50年后，100年后就值钱了。你们写的不要随便拿给他们（外来人）看，就像农民养了一头肥猪，被人牵走了。"我想想确实是，有文字记录的村寨，是历史的村寨了，所以我尽力而为。比较客观、实在地记下来了。比如我在日志中记录过一个事件：女孩子跟妈妈去山上采岩妥（一种中草药），由于山比较陡，山崖上面的人踩了石头，砸到山崖下妈妈，女孩急了，跟着跳下石崖（想去救妈妈），跳下去，女孩跳死了。接着，与她的同桌的男孩，文屏石场有个水潭，跳到"潭"里死去了。我如实记下来了，但也在想，别人会不会认为我是编的。再如，鹿子村的一个老人，家人来准备放"口含物"，很多天了，也没有落气。有一天，窗子里飞来一只小鸟，叽叽喳喳叫，第二天老人就去世了。还比如，旦后的村民在山上打着野猪。我想可能是野猪有病才被人打着了，但书写中有的想象没有加上，就是担心别人会不会认为我乱写。

自己的责任不小。日志现在的经济价值没有，但历史的价值上是有的。我因为家庭变故，只能到坝子里生活。第一手资料没有了。我姑娘性子比较急，外孙又想念爸爸，所以两个天天大吵闹哭啼，我的心脏也因此出现了早搏。只能吃药好一点。

和晓蓉老师说，南溪村民在城里的生活、工作也可以记录，这不难，但我的思想有压力，所以记不好。

家里房贷、车贷还完了，但儿子的事情又来了，天天赌。我后来又跟儿子吵。一天，儿子早上才回来，准备打一碗酥油茶喝了然后去睡，我对他说："你是为人之夫，要对妻子负责，为人之父，要对孩子负责。"他反问我"怎么了。"我说："三年怎么过的，你也跟我说一下。"他上三楼，我也跟上去，说："我们父子两个好好来谈一下。"他回嘴说："我都躲上来了，还能怎么样？"我也不好再纠缠，但心里还是不舒服。

我心里不愉快，本该写日志的，这时胡思乱想又来了：哪家借了高利贷，哪家又十万、二十万的经常有，有的卖车卖房，人死了，父亲也死了，也有我老伴的侄儿子还了两次十多万（高利贷）。这样的事情发生，我就开始想儿子会怎样，每天两三点就睡不着，开窗看儿子回来没有，自己胡思乱想，所以也不好写日志了。

现在抓赌，我心情也就好些了，我感觉这场风暴来晚了，不然我会写得更好些。

**笔者**：在您记录日志的 15 年中南溪发生了哪些变化？

**和**：这几年变化就比较大了。15 年来，变化大。有的人逝去，有人成长，有的变老，有的年纪轻轻就去了，有的老了也还在着。白发人送黑发人的也多。交通也变得便捷了，从城区到鹿子村都已经铺了沥青，村民的生活从进入温饱到算得上富裕的状态，经济有了很大的发展。那时村民还不敢买车，村民也不了解什么是商品住房，但是现在已经有 100 多户村民买了商品房，现在已经有 100 多辆出租车，四五辆的旅游车，这些车有些自己营运，有些出租出去。人的心理也发生了变化。以前就是坐手扶去城里，现在是坐自家车去，除了 13 户建档立卡户外，都是有自己的车了。建筑上，木楞房、土木结构、砖木结构、钢混小洋楼。全村差不多有 40 户左右有小洋楼了。以前从来不知道电话，到现在家家都是手机，进入信息时代。不在一起的家人朋友通过手机交流聊天。有些家庭是人手一部。生产工具上，单从犁田看，过去很大一部分是二牛抬杆，一人赶牛一人抬犁，但现在都是用拖拉机，耕牛就没有了，都是奶牛。现在还有大型拖拉机，可以完成犁田、耙地的工作，下种前用拖拉机翻一下就好了。以前是叉花式种洋芋，现在是一条的直着种，以前挖洋芋，是四齿耙，现在是拖拉机翻了就可以了。

大型拖拉机，最早是鹤庆人的。差不多两三年，后来有一家鹤庆人落脚的人家，他们把拖拉机转让给他家（和永军）了，现在都是他们家来犁地了。

以前只有几个大学生，现在接受高等教育的学生逐渐增多，有70人左右是接受过或正在接受高等教育，其中有3位进入一本，和婉清考入云大，毕业工作，鹿子村有个考入南京理工大学，我孙女去东北师范大学上学了（说是旅游管理专业，她自己是想学法律）。这是重视教育的变化。

坏的变化也有的。个别村民的生活是从有车、有房，到卖车、卖房，家破人亡。鹿子村的和四代家，我家的二哥家也是这样的。这类村民是因为年轻人不争气，不把握好玩的限度。这是南溪的反面教材，作为在城里拼打的人，都不要向他们学习，父母都在这样教育他们。有赌博后欠高利贷三四十万的。

人的思想观念的变化：过去重人情，家里亲戚朋友有困难，大家无偿帮助，但是现在经济利益为重，干什么都出钱请人。还有一种变化是：前几年好些，随着社会上就业难的情况，好多大学生没有能够就业，公务员、事业单位，丽江也没有多少企业，所以就业的少。和旭峰他们前面的民大的学生都就业了。到和旭峰那批就难了。所以有人认为读书无用，说还不如买辆车给孩子还好。我认为还是主要在于学生身上。有些东干几年、西干几年就耽搁了。

**笔者**：可以谈谈您对基地负责人的看法吗？

**和**：开初到基地，我只觉得这两个女老师很可怜，因为当时南溪的条件真的很差，吃住、加上高海拔，寒冷气候。洪老师患了重病，都是带病工作；和晓蓉老师也是经常带着药来，边吃药边工作。她的丈夫，也来过南溪五次，帮助支持和老师工作，这是非常不容易的了。何明老师也亲自来过两次。我当时想：何必这样苦？如果是我，就直接要求换岗。可是到后来，慢慢体会到这是学者对工作的热爱和执着促使她们去接受这份磨难。心里逐渐产生了崇敬的心情。这也是我在家庭遭遇变故，无法坚持住在南溪，而根据南溪的实际情况，两位老师又无法找到接替我的记录人的情况下，我又再次下决心继续这份工作的一个原因。

另外，我对学校有一定的看法。一是正常活动经费不足，特别是早些年，老师们都是自己垫支费用，我也因此垫付过很多零杂支出，和老师他们下来时又自己掏钱先结清给我。这次基地卫生间屋梁塌陷、外墙墙面剥落这些的维修款也申请不下来。老师们不算工作量，还要垫支各类经费，怎么支撑？如此下去，苦心经营的十几个研究点就有可能停掉，学校的人力财力就白费了。二是记录员的补助也不能按时到位，我倒是无所谓，但有的点，人家一年的主要收入就靠这点津贴来支撑，学院拖半年十个月的才补发，又因此扣掉好多税，他们心里不平衡。这是我看到的问题。

另外，早先我自己也想了一阵，这（管理基地）不会是他们两位老师的主要工作吧。后来经过交流，才发现根本不是，走了几次昆明才知道她们还有很多事要做，她们确实是可怜的。自己多次下来，还带了很多的学生下来。

对基地管理来说，我可以问心无愧地说"爱如家"。

对这一句"爱如家"我们感受最深。每次下去，不管隔了多长时间，到了基地，不会冷火秋烟，很荒凉的感觉。一进院门，院子早已打扫得干干净净，连杂草都拔掉了，床铺也铺好了，被子都晒过了，火塘里的火已经烧得旺旺的，茶壶里的水也已经噗噗地烧开着了；背包一扔，往木楞房里的火炕上一坐，互相嘘寒问暖，那种感觉的确就是回家的感觉，甚至有过之而无不及。

**笔者**：对学生来基地做田野实训您怎么看？

**和**：对学生来说是难得的锻炼机会，是了解社会、了解民情的好机会。他们在不同点上，了解到不同的民族文化民族风俗。凡是老师带来或者指派下来的学生，绝大多数，都给我和村民留下了好的印象，如杜悠悠等，他们都是主动积极地做洗碗摘菜等各种事情。当然，也有个别，比如别人端菜上桌，他自己端起碗就吃了，也不等别人，这样的现象也有。表现的确让人看不下去，我们看不惯了，但研究生么我们也不说什么；还有极个别的老师也忍不住骂了，也有其他人会教育他们。这些都是极少的。大多数都是好的印象。

最后和尚勋老师总结说：

岁月如流，十五年光阴一晃而过。十五年里，南溪这个小山村发生了很大的变化，感到欣慰的是，这十五年的坚持，得到项目负责老师的认可和理解，我和尚勋不违十五年之约！

# 第九章　反思民族志何以相约于日志

自 2003 年起至当下，我们与记录员及其日志相约相守已经一十五载，日志开篇至今已经近 150 万字。虽然其间各自忙于互不相关的工作和生活，但因为和尚勋老师的坚守（当然还有村领导的鼎力支持，以及村民的认可），我们的基地没有关门大吉，隔三岔五地，可以带学生下去做田野实训；有外来学者时，我们还可以慷慨地说，你们可以住到我们基地，管理员和尚勋老师会帮助你的！我们还写过南溪东巴文化传承项目计划书以及南溪乡村振兴发展报告之类的文论，更为珍贵的是，我们每年都会收到和尚勋老师寄来或者我们下基地时顺便取到的，或厚或薄的一摞手写的日志稿。我们将其录入，做初步校对后即存档保留，等候学院再次发起出版号召。

每当洋芋花开的季节，或者身心疲惫不堪的时候，往往会妄想可以放下一切拖累，不带任何任务，不存任何机心，回去到基地木楞房的火塘边，与和老师，以及所有有缘的村民们，漫无目的聊天喝酒，尝试做一回村中人，去帮忙抬几撮箕洋芋，甚或在田畴村道上闲逛，追踪村舍上面炊烟飘逸的身影，倾听白云爬过鸡冠神山的脚步声……只不过这个妄想一直以来仅仅是个妄想。不仅因为一直俗务缠身，更因为我们深切地知道，我们做不回村民。就算这 15 年我们安家落户在南溪，就算我们将全部研究精力放在南溪，我们依旧无法自发地像他们一样思考和感知、判断。顶多就是一种模仿或部分的融合而已。

终于，在这本反思民族志式的小书中，日志、基地、村寨、洋芋花、玛咖苗，和静谧的田野，与我们得以再次聚首，让我们以客位和中位的身份重新体会日志记录人，其坚守的坚毅与艰难，甚或些许的无奈和情面；回味游动于日志中的各种事件、图景和情绪，追踪逝去时光中我们的倒影……

十五年，似乎应该有很多的经验积累和思考。但实际上开始着手写作的时候，还是一头雾水，反思的主要对象、框架如何建构等都是问题。各个基地负责人都在依据各自的具体情况，各有侧重，各显神通。于我们而言，出于南溪基地日志的分量以及记录人的特殊性，我们确定了以基地为背景，以日志和日志记录人为主要反思对象展开书写，将志和人两相对照，在对照中深化对日志（包括日志内容、文本形式）的理解和反思。至于如何切入反思情景，则费神不少。幸运的是，我们找到了一个相对可行的方法：母题提取—串缀—呈现—对话，依据此方法，边梳理日志边发现问题，边验证或提炼新的概念（第一部分"何以反思"即是我们初步的思路和理论准备）。这也是我们将本书副标题定为"南溪纳西族村民日志的重构性解读与反思"的原因。

在书写过程中，我们又有一个很重要的发现：通过对日志的提取—串缀—呈现—对话，我们自己被带入日志的节奏，抑或说村寨生活的节奏，这种节奏感在传统民族志当中体会不到，只有在民族志影片中有所感受。那些零散的话语集结成的或大或小的叙事，具有一种无形的魅力，吸引着我们想要不断地阅读所呈现的故事，甚至想要在梳理出来的故事中不断搜索加入日志里的相关材料。其结果是，所提取的故事不断被扩容，明知有碍书写规范，但又不想轻易割舍。因为我们发现，很多貌似重复的叙事，其实有着不同的细节——话语的、情绪的、背景的……这些细节，在一个相异于时间节奏的层面上，形成另一种节奏感，这其中某些细微的变化，都可以捕捉到意义的律动。只不过在具体故事的呈现中，我们和日志叙事的互动（包括解读、阐释、串联、申发、注释说明），都没有肆意拓展，而是尽量"引而不发"，尽量简约化或适度言说。原因有二：首先，我们更希望尽量呈现原生态的故事，让不同读者各取所需，而不要被我们的过度阐释带偏，同时也不希望用过多的阐释对话影响故事的完整性和节奏感；其次，因为我们需要藏拙，因为来不及深入思考的方面还有很多，尚待日后以其他的形式弥补完善。在故事呈现和阐释对话的关系上，如何把握度的问题，需要我们进一步思考。

全书分为三个部分，通过对日志内容的重组、阐释与对话，对记录人的回访，对基地及自我角色的探讨，从不同角度回应村民日志倡建者对此一新民族志创新形态的理论预期，探讨基于日志记录员和民族学调查研究基地的村民日志这一独特民族志形式的理论与实践意义。

第一部分"何以反思"为全书总纲，在回顾村民日志倡建人及相关理论建构人何明教授有关村民日志的论述的基础上，围绕村民日志的若干问题展开初步思考，对村民日志本体意义和方法论的意义进行了初步的预设。

第二部分"日志内提取的故事"，以不同母题从海量的日志内容中梳理出若干相对完整的故事或主题叙事，以故事样本来探讨日志在各个层面的特点、价值或意义。

第三部分"日志外的追问"，以外来学生和我们的视角对日志记录人及其日志内容进行访谈，以"多声部"的方式，从不同角度展示记录人及其日志成果的"单音位"历程及效果。

在上述各个部分，一些相关的理论性阐释或理论概念的设置，已经有不同程度的涉及。下面，我们将从两个角度进行总结：日志本体的角度、日志记录人的角度。


# 一、日志本体的角度


（一）日志内容

日志内容涉及南溪村寨集体和个体生活的诸多方面。从大的方面来看，有我们书中所提取整理的例如家族、丧葬、节庆、村务等叙事；从小的方面，又有个体的突发事故、冲突等。正如我们在第一部分文中所说，从理论上讲，不同视角的阅读者都可以从中采集到不同的信息和故事。①因此我们说，村民日志除了具有下面谈到的若干特质或价值之外，它确实是一个知识库。

但我们也要看到，日志并非村寨百科，也并非人类学理想化的民族志文本，个人的、集体的、公开的和隐私的各种内容或信息都分门别类地包括在内。作为特定的记录人，他的视角、判断、信息渠道和信息获取能力，乃至个人遭遇、个人情感和情绪等主位因素，都将影响到日志内容的量、信息准确度、言说角度等。因此，在我们将村民日志称为村寨史诗的同时，我们应该客观看待日志文本的特殊性和唯一性。作为村寨一员，记录人一方面得以自在言说本体文化，但同时又需要考虑如何保护个人隐私甚至集体性隐私（甚或出于政治正确的考虑），或者一些客位学者所感兴趣的家庭私生活、性关系、草根与国家的关系等。另外，如记录人在访谈中所说的，有些人的心理活动他不好揣摩，所以只写他看到的。在很多情境下，他以这种相对折中的方式处理说与不说的矛盾。换言之，我们所期待的深度的主位性阐释，极少见于日志叙述。绝大部分内容是记录人观察和问询交流结果的直录。

（二）日志的价值和意义

无论南溪村的日志内容如何，它确然带给我们一种新的文本形式。这种形式有着独创的和多层面的价值和意义。

———————

① 例如以中山大学陈志明教授在 2019 年 6 月云南大学民族学与社会学学院举办的反思民族志研讨工作坊中提出的研究视角建议，村的寨历史形状、现在形态与环境、国家民族政策什么被增加以及什么被删减，什么是国家概念，什么样的伦理观念被加入，使用语言的变化，教育形式的变化等，这些方面都可以用母题提取的方式，辅以日志文本的整体阅读，来找到相应的叙事，以及叙事的变化。

村民日志的总体价值和意义，抑或说何明教授理论创设，通过本书已经得到了基本的印证，或实现。例如"消解话语霸权，还话语权予文化持有者"①（让文化持有者成为文化撰写者，这一举措从根本上消解了人类学民族志的一个最为关键的难题——主客位的对立与融合）。再如使"其视域与叙述对象视域的高度重叠与融合，并且具有独立与常态化的视角，克服文化叙述的断裂性，成就了文化叙述的整体性"②（日志以连续的和长时段的叙述，成就了村寨社会文化生活自然态与整体性的对立共存，这是我们的母题提取法得以成功操作的基础）。

在此基础上，我们总结了一些更为具体层面的价值，例如主位村寨史的意义、村寨生活活样本的意义，以及中国少数民族农村社会文化变迁活样本的意义。此外，还可以说南溪村民日志是南溪村民生活史、村民思想史的肇始。有关这几个方面的论述，在第一部分已经有所探讨，这里不再重复。

以下继续回应本书第一部分已经提出的几个特殊的理论思考。

第一，母题的提取方法与故事的重组功能。如前所述，我们发现，散布于不同时日的相同或类似的情节——母题，可以直接穿缀出专项史、主题志。换言之，日志叙事具有母题提取—重组功能（知识提取的功能）。这个功能或方法，将"日志以连续的和长时段的叙述，成就了村寨社会文化生活自然态与整体性的对立共存"这一看似矛盾而难以实现的理念具现为现实：首先，事件或叙事的连续性在日志中被彻底打散，弥散于日常话语当中。但是，当我们以任何一个相关主题词或关键词在日志中进行搜索，并将搜到的相关内容进行一定的串联或整合，则会令人惊讶不已地出现各种单项志；这些"志"的呈现，又生动具体地证明了日志体潜在的整

---

① 何明：《文化持有者的"单音位"撰写模式——"村民日志"的民族志实验意义》，《民族研究》2006 年第 5 期。

② 何明：《文化持有者的"单音位"撰写模式——"村民日志"的民族志实验意义》，《民族研究》2006 年第 5 期。

体性。因此，在普遍的意义上，我们可以断言，日志叙事是一种琐碎成就宏大的叙事，是细节成就文化整体性和境域整体性的叙事。

第二，作为一种语言形式的村民日志话语。何明教授在其文章中谈到了日志用语的问题，指出在中国多元一体格局下的各民族使用汉语言作为日志记录语言具有重要的理论研究意义，认为"村民日志除了其叙述的内容可以作为研究对象之外，文本本身亦可置于当代实验民族志研讨的学术背景下作为一种'社会事实'进行解读"①。这是日志语言之价值的一个层面。在本书书写的过程中，我们还观察到，在使用汉语这一大前提下，日志话语作为一种独立的叙事话语——相对于学术话语、意识形态话语、客位话语等——而出现的话语形式，其独特的价值和魅力，值得进行相应的学术探讨。

首先，日志语是一种独特而合理合情的叙事语言；相对于客位叙事语言、我们的次主位叙事语言，以及相对于国家的、主流的话语形式，它是自成一体的话语体系，其本身或许具有语言学的意义；另外从话语方式和话语内容来看，它在自我言说、自言自语的同时，与主流话语进行着程度不一的互动和对话，从中映衬国家视角和客位视角的盲区，映射主流话语的谬误或正当；反映核心与边缘、村寨与国家的话语结构下的村民心理结构框架。

其次，叙事话语与叙事时间的同步性。我们发现，在日志中，叙事与事件发生时间基本是同时的（虽然也有追记的情况，但这种追记亦有异于回忆、追溯历史，个中异同我们可以在日志文本中详加品味），这与以往民族志以及近年兴起的个人志等，存在一个巨大的区别：避免了话语被时间修饰或者被时间遗忘；或者，避免了作为历史被再叙述、回溯时所产生的变异。

---

① 何明：《文化持有者的"单音位"撰写模式——"村民日志"的民族志实验意义》，《民族研究》2006 年第 5 期。

这种同步性还有一个效果。日志叙述中有一些内容，是记录人在叙事的当下，主动将传统上或可回溯的历史时期，或近晚年的类似情况进行对比，仪式的异同、习俗、心态、人际关系、生产劳作方式、经济收入等，由于是当时那个当下的对比，不同年月类似内容的对比的累积，又拉长了叙事的历时性，带给我们一种深远的历史感。

由此，我们还可以揣摩一个概念：日志话语与事件的同步性。这个同步性可初步理解为，特定事件或特定叙述与特定时空共生共存；因而具有不可复制性，不可重复性。这种特性从另外一个层面诠释了时间的不可回溯性；正如哲学家们所说的，知识之河长流不息，但从来没有回转。在这个意义上，日志与传统民族志、回访（重访）民族志，以及一般史志的区别也是再明显不过了（更多细节可参见第五章"死亡及葬仪"部分）。

这种同步性，还让日志具有一种节奏感，年轮的节奏、节庆的节奏、劳作的节奏、生老病死的生命轮回节奏……有关这方面的具体阐释，可见于第四章关于三八妇女节的部分。

# 二、日志记录人的角度

从记录人的角度，我们主要想探讨"主位的流变性"问题，以及角色掌控能力问题。

## （一）"主位的流变性"问题

诚如何明教授所说，我们选择了"村民日志"这一书写路径，目的是探讨一种让文化持有者的主体性从主流文化的"话语霸权"束缚下突围出来，而从其文化内部的"主位"视角自主地叙述自己的社会文化与表达"自我"的模式，以求"描绘出更全面、更丰富的异文化经验图景"。记录人书写的是他的文化，以及基于他的观察与认知的感悟和反思，在反思中加深对自我个体和群体的认识。因此，何明教授这一主张，在日志中确然得到了实现。

但同时出现了一个新问题：随着时间推移，随着记录岁月的洗礼，文化持有者在自主自由的书写过程中，也在产生某种变异，逐渐从单纯的文化持有者成为"次文化持有者"。一方面他对主位文化越来越熟识，另一方面也对客位的文化书写目的、话语等越来越熟悉，从而渐渐发生某种下意识的迁移——视角的、思维方式的、话语表述的方式与内容，等等。其结果是记录者视域由高度叠合趋向漂移，由"主体"向"次主体"移位。

就南溪个案而言，这首先是记录员个人和家庭原因造成的外力型分隔（其分隔原因在第三部分第二章的访谈中有集中说明），但他的个案在主位渐变这一问题上具有普遍性。随着记录人个人经历的变化，记录经验的累积、反观自我个体和群体时所自然产生的"文化间距"与客位互动交流的影响等，都会或多或少地造成这种飘移，使其在某种层面上渐渐游离于主体之外，反观自身和所属社会，从自在书写向自觉书写过渡。

但是，主位就是主位，主位的思维结构以及在此结构在蕴生的民族意识、环境意识、经济意识、道德伦理、审美取向等都是主位的。其与村民的视域叠合度依旧是最高的。只不过在对日志的反思过程中，我们不应回避这个现象的呈现。


## （二）记录人的角色掌控力问题

这与我们在第一部分理论预设中提出的"蛛网效应"相关联。

就"蛛网效应"一说，我们是这样论述的：无论是日志本体，还是经过我们依不同母题"提取"的主题志或故事（只不过在提取过的主题之下，这种感观会更加强烈），潜心品读，不难发现，记录人虽然置身事件或贴近事件，但他的叙事似乎有一种上帝的视角。我们暂时称之为"蛛网效应"①。

情绪的带入与控制，在本书第二部分第二章的家族叙事当中有最为集中突出的表现。该叙事除完美呈现了纳西族家族生活的现状之外，毫不隐讳地、客观冷静地记录了本家族亲人接二连三的非正常死亡事件以及相关仪式的详细过程，一条非刻意建构的主线——家族命运与"绍没得"（非正常死亡）的关系亦即家族生命循环和家族生命维护的关系贯穿始终，且所占的话语分量非常大。而且，这些记录与事件和仪式基本是同步。我们在文中感叹说，和尚勋老师，他何止是为记录而记录，他是在用生命来叙述生命，用生命来观照死亡，来看护族人。对于这种情状，除了可以用客观冷静、坚韧大义、内心强大等概念形容其个人性格之外，我们认为，"记录人"这一身份与记录过程中的情绪形成一种相互赋能的状况，使其得以超越自然人身份的局限而同步书写。

但同时，我们又可以看到，在尽量客观和同步的情况下，记录人一些潜在的价值立场和不时明显表达的价值判断、情感偏好也蕴含其中。潜在的立场恰如一条静静流淌的河流，而直接表达的情感与判断则是这条河流涌出的一朵朵浪花。这个特征与传统民族志刻意保持的中正客观形成鲜明对比，与人类学的价值无涉立场相背离。换言之，传统民族志所倡导的价值无涉、立场中正实际上是不可能的。任何视角，无论主位的还是客位的，首先都是个人的，然后是特定群体和特定社会环境与自然环境的。这层层相套的视角，本身就是一种特定的立场与判断。

至于上面提到的知识盲点和视角盲点的弥补，则是说，记录人并非全才、全能、全方位。对特定事相的描述或解释，由于对其缺乏深入的理解，开初的言说不一定全面、得当，但由于日志的持续性与反复性言说特点，相同或类似事相在后续的言说中会不断得以添加、矫正、扩充或简化（或者阅读者可以从前后对比中发现更多潜在的内容），这种弥补能力源自

---

① 参见本书前言第六部分。

日志文本的特质，以及记录人的自主能动性。所谓视角盲点的弥补能力，与上述知识盲点的弥补能力情况类似。因此就角色掌控力一说，似乎也可以认为，记录人和日志文本形式之间也存在一种相互赋能的态势。

# 结　语

2019年6月中，云南大学民社学院举行反思民族志书写工作坊，北京大学的景军教授，曾经提醒我们注意，"文化是否因为你去描述就是这样的？"

肯定不是，但又不得不是。《金刚经》有云，"凡所有相皆是虚妄"，只有离言忘形才能照见宇宙人生真相。因此佛陀又说，他讲法四十九年，实际上无一法可讲，所说之法，只是示人明月的那个指月之手。语言的实质不过如此。日志如是，反思民族志亦如是。因此，尽管我们在整个反思性书写过程中，不断发掘探讨日志体、日志方法、日志内容的特质，提炼其相较于传统民族志的各种优势，坚称日志是与文化主体有着共同的语言结构、思维方式、价值判断、审美旨向的主体性记录者对其所述主体的认知和情感表达，是客观性和个人性的有机结合，是最接近文化本体的文化书写，可我们同样深知，即使是如日志记录人这样的主位人物，用不加任何修饰的直描式的话语来讲述的本村寨生活，甚至是用十五年之久的生命历程与日志记录相伴相依，其所呈示的，依旧是他个人的叙述；日志话语与那个自在的南溪文化本体之间，依然存在张力。只不过有了日志，南溪便拥有了一部讲述她自身故事的"另类"史籍，她的文化得以表述；而外来的人们，则各自获得了一双"看见"南溪的眼睛。因此我们认为，日志是唯一的和不可复制的。

在即将出版的日志第二卷《山村时论——玉龙县黄山镇南溪村纳西族村民日志》后记中，我们写道："这是一本书写了十五年的书。一本可以把人写老的书。写书的人老了，陪伴整个书写过程的我们，也老了……感恩南溪这片世外热土，将她美丽淳朴的容貌和她子民的生老病死、喜怒哀乐、社会文化变迁毫无保留地呈现给世人，定格于日志。"唯望本反思民族志能够在一定程度上合璧于记录人的村民日志，方不负这本把人写老的书，及所有一起老去的参与者。

　　如果说，南溪村寨及村民生活本身是在渊潜龙，那么日志则是在田见龙，但愿我们的反思可以算得上是一条小小的在天飞龙。

# 参考文献

一、著作

1. 洪颖、和晓蓉主编，和尚勋记录：《雅阁丽轮——玉龙县黄山镇南溪村纳西族村民日志（2004—2005）》，中国社会科学出版社 2008 年版。

2. 和晓蓉、李继群主编，和尚勋记录：《山村时轮——玉龙县黄山镇南溪村纳西族村民日志（2006—2018）》，学苑出版社 2019 年版。

3. 和晓蓉、和继全：《民族文化保护与传承的实践总结与理论探索》，知识产权出版社 2013 年版。

4. 乔治·E·马尔库斯、米开尔·M.J.费彻尔：《作为文化批评的人类学》，王铭铭、蓝达居译，生活·读书·新知三联书店 1998 年版。

5. [美] 玛乔丽·肖斯塔克：《重访妮萨》，邱金媛译，中国人民大学出版社 2017年版。

6. 王铭铭：《社会人类学与中国研究》，广西师范大学出版社 2005 年版。

7. 庄孔韶：《时空穿行》，中国人民大学出版社 2004 年版。

8. [美] 詹姆斯·克利福德、乔治·E.马库斯编：《写文化：民族志的诗学与政治学》，高丙中，吴晓黎，李霞等译，商务印书馆 2006 年版。

二、论文

1. 何明：《文化持有者的“单音位”文化撰写模式——“村民日志”的民族志实验意义》，《民族研究》2006 年第 5 期。

2. 黄剑波：《写文化之争——人类学中的后现代话语及研究转向》，《思想战线》2004 年第 4 期。

3. 和继全、赵秀云：《信仰需求与传统延续——基于南溪纳西社区非正常死亡观念的调查》，赵心愚主编：《纳西学研究》（第一辑），民族出版社 2015 年版。

4. 王铭铭：《远方文化的迷——民族志与实验民族志》，《西北民族研究》1996 年第 2 期。

5. 王铭铭：《当代民族志形态的形成：从知识论的转向到新本体论的回归》，《民族研究》2015 年第 3 期。

6. 文苹、李银兵：《从描述、解释到批判：嬗变中的民族志写作方式》，《思想战线》2009 年第 3 期。

7. 徐黎丽、伊西旺姆：《对西方民族志文本写作的再反思》，《青海民族大学学报》2016 年第 1 期。

8. 杨福泉：《社会与文化变迁对民族宗教文化认同的影响——纳西人对东巴教的认同及其变迁研究》，《思想战线》2010 年第 4 期。

9. 朱炳祥：《反思与重构：论"主体民族志"》，《民族研究》2011 年第 3 期。

10. 周建新：《天真的人类学家与人类学的"天真"——民族志反思的反思》，《中南民族大学学报（人文社会科学版）》2004 年第 3 期。

11. 张岩：《文化的忧郁——以南溪村寨丧葬礼仪的变迁为例》，李志农主编：《全球化背景下的云南文化多样性》，云南人民出版社 2010 年版。

责任编辑：武丛伟

封面设计：林芝玉

## 图书在版编目（CIP）数据

山村史诗：南溪纳西族村民日志的重构性解读与反思／和晓蓉，李继群 著 .—

北京：人民出版社，2021.9

ISBN 978－7－01－023516－5

I.①山…　II.①和…②李…　III.①纳西族－民族历史－研究－玉龙纳西族自治县

IV.① K285.7

中国版本图书馆 CIP 数据核字（2021）第 123366 号

### 山村史诗
SHAN CUN SHI SHI

——南溪纳西族村民日志的重构性解读与反思

和晓蓉　李继群　著

人民出版社 出版发行

（100706　北京市东城区隆福寺街 99 号）

北京汇林印务有限公司印刷　新华书店经销

2021 年 9 月第 1 版　2021 年 9 月北京第 1 次印刷

开本：710 毫米 ×1000 毫米 1/16　印张：21.5

字数：310 千字

ISBN 978－7－01－023516－5　定价：88.00 元

邮购地址 100706　北京市东城区隆福寺街 99 号

人民东方图书销售中心　电话（010）65250042　65289539